기독교 의례와 심리학과의 대화

예배와 목회돌봄

Pastoral Care in Worship

닐 펨브로크 지음
장보철 옮김

기독교문서선교회

기독교문서선교회(Christian Literature Center: 약칭 CLC)는 1941년 영국 콜체스터에서 켄 아담스에 의해 시작되었으며 국제 본부는 영국의 쉐필드에 있습니다.

국제 CLC는 59개 나라에서 180개의 본부를 두고, 약 650여 명의 선교사들이 이동도서차량 40대를 이용하여 문서 보급에 힘쓰고 있으며 이메일 주문을 통해 130여 국으로 책을 공급하고 있습니다.

한국 CLC는 청교도적 복음주의 신학과 신앙서적을 출판하는 문서선교기관으로서, 한 영혼이라도 구원되길 소망하면서 주님이 오시는 그날까지 최선을 다할 것입니다.

Pastoral Care in Worship

Liturgy and Psychology in Dialogue

Written by
Neil Pembroke

Translated by
Bocheol Chang

Copyright © 2010 by Neil Pembroke
Originally published in English under the title as
Pastoral Care in Worship: Liturgy and Psychology in Dialogue
by Bloombury Publishing Plc.
Translated and used by the pemission of
Bloombury Publishing Plc, 50 Bedford Square,
London, WC1B 3DP, U.K.

All Rights Reserved

Korean Edition
Copyright © 2016 by Christian Literature Center
Seoul, Korea

Pastoral Care in Worship

추천사

김운용 박사
장로회신학대학교 예배·설교학 교수

성경에 의하면 예배는 하나님이 직접 디자인하시고, 명령하신 이 땅을 살아가는 우리에게 주신 최고의 선물입니다. 왜냐하면 우리는 예배를 드리면서 성삼위 하나님을 만나게 되고, 그분이 허락하시는 하늘의 신비와 평화를 맛보게 됩니다. 예배는 하늘이 땅에 내려오고, 땅이 하늘에 잇대어지는 말로 다 설명할 수 없고 다만 그것을 경험한 사람만이 정확히 이해할 수 있는 하늘의 신비입니다. 그러므로 예배는 신앙생활의 모든 것이며, 신앙공동체의 모든 것이 되어야 합니다. 그런 점에서 제프리 웨인라이트(Geoffrey Wainwright)는 예배를 교회와 그리스도인들의 모든 것이 모아져야 하는 집중점(a point of concentration)이라고 주장합니다. 그런 점에서 보면 교회의 예배가 죽으면 모든 것이 죽고, 예배가 변질되면 교회의 모든 것이 변질되게 됩니다.

한편, 인간 삶은 아픔과 고통, 상처들로 얼룩져 있습니다. 가정으로부터 받은 상처, 일터에서 받은 상처, 사람에게서 받은 상처, 환경으로부터 받은 상처를 안고 살아갑니다. 오늘도 강단 앞에 앉아 있는 수많은 군상의 삶과 마음속에, 현재와 과거 속에 수많은 상처의 흔적들이 있습니다. 그들은 상처를 안고 왔다가 그것을 다시 움켜쥐고 왔던 그대로 예배의 자리를 떠납니다. 영원한 치유자 앞에 나아왔으나, 죽은 자도 일으켜 세우는 생명의 말씀 앞에 나아왔으나, 하늘과 땅이 잇대어지는 신비의 자리에 나아왔으나, 아무런 역사도 경험하지 못하고 여전히 비통함 가운데 돌아간다면 그것은 또 다른 비극입니다.

치유와 회복, 그리고 그것들을 통해 새로운 삶의 변형(transformation)을 경험하도록 하는 것이 기독교 설교의 궁극적 목적 가운데 하나이자 예배 가운데서 반복적으로, 계속해서 일어나야 하는 사역입니다. 이러한 사역을 통해 우리는 작고 보잘것없는 우리의 삶이 위대하신 하나님의 생명과 끊임없이 서로 연결시키는 일을 합니다.

호주 브리즈번(Brisbane)에 있는 퀸즈랜드대학교(University of Queensland) 실천신학 교수인 닐 펨브로크(Neil Pembroke) 박사는 예배 가운데서 다양한 예전 행위를 통해서 일어나게 되는 이런 치유와 회복의 기능, 즉 목회돌봄의 기능에 집중하면서 귀한 역작을 내놓았습니다. 예배는 본질적으로 하나님의 계시에 대한 인간의 응답으로 이루어졌지만 그러한 계시와 응답이라는 의례 행위(ritual actions)를 통해 목회돌봄이라는 기능들이 수행되게 됩니다. 그는 이 책에서 예배 가운데서 일어나고, 일어나야 하는 목회돌봄에 대한 예배학적 차원, 성경적, 신학적 차원, 경험적이면서 심리학적인 차원을 넘나들며 학문적으로 잘 정리하였습니다. 특별히 화해, 탄식, 희망, 교제라는 큰 주제를 중심으로 위의 차원들을 넘나들며 잘 설명하였습니다.

번역이라는 힘든 작업을 장보철 박사가 수고해 주어서 이 책이 국내에 소개된 것을 기쁘게 생각합니다. 부산장신대학교 목회상담학 교수인 역자는 실천신학자로서 목회상담과 치유, 현대 사회의 폭력과 치유에 대해서 깊은 관심을 가지고 연구와 저술을 계속하고 있으며, 예배 가운데서 이루어져야 할 목회돌봄에 대해 예배학계와 목회상담학계의 학자들뿐만 아니라 현장 목회자들과 신학을 연구하는 학생들과 그리스도인들이 이 주제에 대해 함께 관심을 가질 수 있도록 실로 중요한 작업을 해 주었습니다.

　가정, 일터, 사회, 학교, 심지어는 교회에까지 아픔과 상처가 더해가는 시대에 이 책을 통해 하나님의 치유하심과 다스리심, 화해케 하시는 놀라운 역사를 전해야 하는 사역자들과 그리스도인들이 좋은 지침을 얻을 수 있게 되기를 기대하면서 일독을 적극 권합니다.

추천사 | 김운용 박사_장로회신학대학교 예배·설교학 교수	5
역자 서문	12
서론	14

PART I 화해: 자기 폄하 다루기

1장 \| 교활한 마음의 고백 — 30
   1. 자만심으로서의 죄 — 32
   2. 게으름으로서의 죄 — 34
   3. 방랑자의 심리학 — 42
   4. 목회적으로 어떻게 반응할 것인가? — 47
   5. 참회 속에 드러난 거울인 그리스도 — 53

2장 \| 수치심, 참회, 하나님의 확증의 시선 — 55
   1. 수치심, 자세히 알아보기 — 56
   2. 수치심과 죄 — 74
   3. 수치심, 참회, 그리고 확증 — 82

Contents

PART 2 탄식: 불평 치료하기

3장 | 하나님 앞에서 우리 자신 주장하기   96
  1. 지배적인 전통: 모든 것에 대한 복종과 찬양   98
  2. 고통에 대한 예외적인 접근: 불평과 항변   112
  3. 현대 예배에서의 탄식   125

4장 | 분노: 기도로 표현하기   134
  1. 시편에 나타난 분노   138
  2. 분노 기도로 나타내기: 관계 붙들기   145
  3. 분노 감소: 표현과 통찰 모두 필요   150
  4. 분노의 의례   156

PART 3 희망: 어둠 속에서 발하는 빛

5장 | 희망과 증언의 공동체   172
    1. 희망의 심리학   174
    2. 희망과 증언하기   185
    3. 희망에 대한 성경의 증언들   188
    4. 희망, 증언하기, 그리고 의례   191

6장 | 희망과 반어적 상상력   200
    1. 믿음이 지닌 반어적 상상력   201
    2. 희망과 반어적 상상력   212
    3. 예배와 반어적 상상력   232

PART 4 교제: 예수님 안에서 함께 살아가기

7장 | 개인주의화, 기독교인화, 그리고 성례전   250
   1. 개인주의화와 탈전통주의화   253
   2. 여행객, 순례자, 그리고 기독교인화   260
   3. 세례와 성찬을 통한 기독교인화   265
   4. 성례전 참여: 그리스도인의 정체성 형성인가
       아니면 단순 참여인가?   271

8장 | 교제 안에서 자기 유지하기   281
   1. 교제와 언약 예배   284
   2. 절제되지 않은 교제   287
   3. 삼위일체와 교제   292
   4. 교제와 사랑윤리   299
   5. 예배와 교제 안에서 자기 유지하기   306

참고문헌   311
색인   325

역자 서문

장보철 박사
부산장신대학교 목회상담학 교수

하나님은 예배 받으시기를 원하십니다. 매일 일상적인 삶 속에서 드리는 예배를 하나님은 기뻐하십니다. 이에 더하여 하나님의 백성들로 이루어진 신앙공동체가 함께 모여 하나님께 예배드릴 때 우리는 하나님을 만나게 됩니다. 많은 기독교인이 예배를 통하여 하나님을 만나고 세밀한 음성을 듣는다는 고백은 우연이 아닌 것입니다.

예배를 통하여 하나님을 만난다는 것을 매우 다양한 차원에서 해석하고 이해할 수 있지만 이 책은 목회돌봄과 상담의 맥락에서 예배와 설교를 다루고 있습니다. 즉, 우리 안의 상처, 분노 절망감 그리고 교만과 자기 멸시 등을 예배 드릴 때 하나님께 가지고 가야 하며, 하나님은 그 가운데 치유와 돌봄의 역사를 나타내신다고 저자는 말하고 있습니다.

목회상담학자로서 이러한 저자의 관점에 관심을 가지게 되었으며, 보다 많은 사람이 읽었으면 하는 바람으로 번역하여 이 책을 소개합니다. 한국 교회는 주일 예배, 주일 찬양예배, 수요 예배, 새벽 예배, 구역 예배, 금요 철야예배와 같이 많은 예배를 드립니다. 이름도 열린 예배, 구도자 예배, 전통 예배, 찬양 예배 등 다양합니다. 하나님께 예배 드리기를 사모하는 만큼, 이 책을 읽는 가운데 예배 드리는 자기 자신의 내면과 우리들을 돌보시는 하나님을 깊이 탐색하는 시간을 경험하는지 스스로에게 묻는 기회가 되었으면 좋겠습니다.

늘 어려운 한국 기독출판계의 현실에서도 부족한 자의 저서와 역서를 출간하여 주시는 박영호 사장님께 심심한 감사의 말씀을 전하고 싶습니다. 책의 기획과 교정과 디자인 그리고 인쇄에 이르기까지 번거로운 일들에 수고를 아끼지 않은 모든 직원의 수고도 고맙습니다. 안식학기로 눈 코 뜰 새 없이 바쁘신 가운데서도 기꺼이 졸작을 읽으시고 진지하고 감명 깊은 추천서를 써 주신 장로회신학대학교의 김운용 교수님께 깊은 감사를 드립니다.

이 책을 읽고 번역하면서 삶이 짓누르는 무게로 인해 깊은 절망과 탄식을 토해냈던 순간들이 떠올랐습니다. 찬양 부르면서, 기도하면서, 말씀을 읽으면서 얼마나 가슴이 먹먹했는지, 참으로 많은 눈물을 흘린 예배의 자리들. 하나님은 나의 모든 탄식과 울부짖음과 원망을 다 받아주셨습니다. 그래서 하나님을 더욱 더 사랑하고, 지금의 내가 있다는 것을 잊지 않습니다.

덴버대학교 채플실에 엎드러 함께 탄식하며 예배하였던 아내 김수진과 아들 장현민에게 더욱 고마운 마음을 전합니다.

Soli Deo Gloria!
오직 하나님께만 영광을!

2016년 4월

서론

　교인 개개인과 그들의 가족을 상대로 가까이에서 행하는 목회자의 사역은 목회돌봄의 중요한 특징이다. 지난 50년 동안 우리는 목회상담의 다양한 측면들을 활용한 결과, 매우 효과적인 사역이 이루어지고 있는 것을 지켜보아 왔다. 목회사역은 목회의 이론과 실제에 끼친 목회상담의 공헌에 의해서 크게 발전해왔다. 많은 사람이 교인 개개인과 그들의 가족을 대상으로 하는 목회자의 긴밀한 사역이 생각보다도 더 중심적인 역할을 하고 있다는 점에 대해서 동의할 것이다. 그 결과 목회돌봄의 다른 영역들은 당연히 받아야만 될 관심을 충분히 받지 못하게 되었다. 관심 밖으로 내몰린 요소들 가운데 중요한 것으로 돌봄을 제공하는 신앙공동체의 역할을 들 수 있다.

　교인들은 돌봄과 안내와 양육이 필요한 사람들과 함께하며 돕는 역할을 가장 잘 담당할 수 있는 자원이다. 교인들이 서로 섬긴다는 것은 우선 그들이 하나님이 각자에게 주신 재능을 사용하는 것이다. 그리고 그것은 교인들이 교회에서 제공하는 기도와 예배, 설교와 성례전에 참여하는 것이다. 나는 이 책을 통해서 목회돌봄에서 신앙공동체가 차지하는 역할을 발전시키며 더욱 넓히려는 운동에 도움을 주려고 한다.[1] 특히, 주일 예배를 드리기 위해 교회에 모였을 때 공동체가 행하는 돌봄의 표현이 어떻게 이루어지는지에 대해서 새로운 방법으로 살펴보려고 한다.

그러나 목회돌봄으로서의 예전(禮典)을 다룰 때, 예배의 주된 목표와 목적을 잃어버리지 않도록 주의를 기울일 필요가 있다. 예배는 기본적으로 치료를 목적으로 하지 않는다. 상처받은 사람들의 치유가 예배의 일차적인 관심의 초점이 아니라, 하나님을 찬양하고 예배의 중심에 좌정하시는 하나님이 주시는 거룩한 은혜를 경험하는 것이 예배를 드리는 가장 중요한 목적이다. 진정한 예배는 하나님 중심(theocentric)이다. 하나님만이 예배의 주체이자 객체이시다.[2] 우리가 드리는 모든 찬양과 감사, 고백과 탄원은 오직 하나님 한 분께만 향해야 한다. 그러므로 하나님은 우리가 드리는 예배의 대상이라고 말할 수 있는 것이다.

그러나 하나님은 우리가 기도, 찬양, 설교와 그 밖의 모든 의례적인 행위들

---

1 목회돌봄에 대한 신앙공동체의 중심 역할에 대해서 저자들은 다양한 접근 방법을 취하고 있다. 목회돌봄과 예배와 의례와의 관계에 초점을 맞춘 대표적인 접근들로 다음을 참고하라. W.H. Willimon, *Worship as Pastoral Care* (Nashville: Abingdon Press, 1979), and idem, *Pastor: The Theology and Practice of Ordained Ministry* (Nashville: Abingdon Press, 2002), chp.4: D. Capps, *Life Cycle Theory and Pastoral Care* (Minneapolis: Fortress Press, 1983), chp.3; E. Ramshaw, *Ritual and Pastoral Care* (Philadelphia: Fortress Press, 1987), and idem, "Ritual and Pastoral Care: The Vital Connection," in E. Berstein (ed.) *Disciples at the Crossroads* (Collegeville: Liturgical Press, 1993), 92-105; R. Kinast, *Sacramental Pastoral Care* (New York: Pueblo, 1988); R.L. Underwood, *Pastoral Care and the Means of Grace* (Minneapolis: Fortress Press, 1993); G. L., Ramsey, *Carefull Preaching: From Sermon to Caring Community* (St. Louis: Chalice Press, 2000); R. J. Allen, *Preaching and Practical Ministry* (St. Louis: Chalice Press, 2001), chp.3; D. Lyall, "The Bible, Worship, and Pastoral Care," in P. Ballard and S.R. Holmes (eds), *The Bible in Pastoral Practice* (Grand Rapids: Eerdmans, 2005), 225-240.
2 Marva Dawn은 이와 같이 묘사하였다. 그녀가 쓴 다음의 책을 참고하라. *Reaching Out without Dumbing Down* (Grand Rapids: Eerdmans, 1995), 75-82. 이와 유사한 의견으로 다음을 보라. J. D. Witvliet, "The Opening of Worship: Trinity," in L. van Dyk (ed.), *A More Profound Allelucia* (Grand Rapids: Eerdmans, 2005), 1-5.

을 할 수 있도록 동기를 부여해 주시는 분이시기도 하다. 예수님은 창조주이신 하나님 앞에서 우리를 대표함으로써 우리의 기도를 완전하게 하신다. 성령이 먼저 우리로 하여금 기도하게 하시고, 말로 다 표현할 수 없는 것들과 우리 자신도 알지 못하는 갈망을 취하셔서, 우리들을 대신하여 하나님께 그것들을 간구하신다. 그러므로 하나님은 또한 예배의 주인이 되신다. 처음부터 끝까지 예배는 하나님 중심으로 드려지는 것이다.

예배의 진정한 본질을 표현하는 다른 방법은 예배에는 하나님의 은혜로운 주도하심에 대한 우리의 응답이 담겨 있다는 것이다.[3] 하나님의 근본적인 본성은 자기 소통이다. 하나님은 하나님 자신이 인간과 사랑 안에서 소통하기를 간절히 원하신다. 우리는 하나님의 자기를 내어주시는 사랑이 일련의 은혜로운 언약을 통하여 표현되어 있다는 것을 히브리 성경에서 읽을 수 있다. 이스라엘 사람들은 야훼 하나님과 언약적 관계 안에서 그리고 그를 통하여 살아가는 커다란 특권과 책임을 가지고 있었다. 하나님의 자기 소통은 예수님의 죽음과 부활 그리고 승천에서 이루어진 언약에서 최고조를 이룬다. 구 언약과 새 언약에서 우리는 하나님의 은혜와 자비의 깊이와 넓이의 충만함을 본다. 우리가 해야 할 마땅한 유일한 응답은 기쁨이 넘치는 찬양의 제사를 온 마음을 다하여 하나님께 드리는 것이다.

바로 그 순간에 하나님의 은혜로운 주도하심이 우리가 드리는 예배의 중심에 놓이게 된다. 우리가 해야 할 역할은 그 무엇도 뛰어넘을 수 없는 하나님의 사랑의 친절과 자비에 대한 찬양을 기쁨과 감사함으로 반복해서 참여함으로

---

3 J. D. Crichton은 그의 매우 유용한 논문에서 하나님의 주도권-인간의 반응을 주제로 사용하고 있다. 다음을 참고하라. "A Theology of Worship," in C. Jones, G. Wainwright, and E. Yarnold (eds) *The Study of Liturgy* (London: SPCK, 1985), 1-29.

써 응답하는 것이다. 우리는 신령과 진정으로 하나님을 예배하는 자리로 나아가기 위하여 우리 자신을 하나님께 내어드리는 데 관심을 집중해야 한다.

위에서 언급한 내용이 예배의 진정한 본질이라고 고려해 볼 때, 예배를 우리 자신의 목적을 위해서 이용하는 오류에 빠지지 않은 채, 목회적 행위로서의 예배에 대해서 이야기하는 것이 어떻게 가능할까?

예배를 목회돌봄으로 생각하는 것이 필연적으로 우리로 하여금 하나님보다 자기에게 초점을 더 맞추도록 하는 것일까?

로날드 바이어(Ronald Byars)는 이 문제의 핵심을 다음과 같이 말하고 있다.

> 예배의 정의를 놓고 볼 때 치료를 목적으로 하는 예배는 인간 중심적이다. 예배자로서 내가 중심에 있는 것이다. 나에게 초점이 맞추어지며 예배의 색다른 것에 매료되거나 흥미를 가지게 될 때, 결국 그러한 것은 나를 영적으로 약하게 만들고 말 것이다.[4]

바이어의 말이 절대적으로 옳다. 영적인 성장을 가져오는 유일한 예배는 하나님 중심의 예배를 드리는 것이다. 이런 이유로, 나는 찬양의 제사가 예배의 중심적인 행위이며, 목회돌봄은 예배의 보조적인 역할을 한다는 입장을 가지고 있다. 또는 다른 은유로 바꾸어 말하자면, "우리가 서로 모여 예배를 통하여 하나님을 만날 때 일어나는 목회돌봄은 중요한 부산물이다"라고 말할 수 있겠다.[5] 사람들이 하나님을 예배하기 위하여 믿음과 사랑으로 서로 모일 때, 그들은 거룩한 은혜와 자비가 역사하는 독특한 공간을 창조하는 셈이다.

---

4 R. Byars, *The Future of Protestant Worship* (Louisville: Westminster John Knox Press, 2002), 29.
5 W.H. Willimon, *Worship as Pastoral Care*, 48.

예배와 목회돌봄 사이의 관계에 대한 나의 의견을 개진하면서, 이 책이 다루려고 하는 범위에 대해서 말하고 싶다. 이를 위한 가장 간단한 방법은 이 책이 다루고 있지 않는 것에 대해서 말하는 것이다. 먼저 이 책은 세례나 결혼식 그리고 장례식과 같은 "특별한 일"에 관한 목회적인 요소에 대해서는 다루지 않는다. 다른 책들이 이미 이 주제에 대해서 아주 잘 설명하고 있다.[6] 매우 중요한 이슈이기는 하지만, 이 책은 설교와 목회돌봄을 따로 집중적으로 조명하지도 않는다. 다시 말하지만, 이미 이 측면을 다룬 좋은 글들이 많이 있다.[7]

이 책은 주일 예배의 목회적 차원에 대해서 말하고 있다. 이와 관련하여 매우 중요한 네 가지 주제, 즉 화해, 탄식, 희망과 교제를 선택하였다. 물론 이 네 가지 주제가 절대적인 것은 아니다. 아픔과 상실, 지도, 양육, 치유, 동정, 정의 그리고 이 외에도 많은 것이 추가될 수 있을 것이다. 그러나 위의 네 가지 주제들이 예배를 목회돌봄으로 보도록 우리들을 이끌어주며, 더 나아가 누구라도 가질 수 있는 사실상 거의 모든 목회적 관심사에 직간접적으로 관련이 있다고 생각한다.

위의 네 주제를 발전해 나가는 데 있어서 예전적, 성경적, 조직신학을, 다른 한편으로는 경험적 그리고 심리치료적 심리학 사이의 대화를 주요 방법론으로 사용하였다. 물론 심리학을 대화의 협력자로 택한 목적은 신학을 익숙한 방식에서 조금 벗어나 다른 각도로 생각하기 위해서다. 이 책에서 다루고 있

---

[6] 예를 들면, 다음을 참고하라. ibid., 100-165; P.P.J. Sheppy, *Death Liturgy and Ritual: A Pastoral and Liturgical Theology* (Aldershot: Ashgate, 2003); and G. Fowler, *Caring through the Funeral* (St. Louis: Chalice Press, 2004). 좀 더 간략하지만 도움이 되는 책으로 다음을 참고하라. D. Lyall, "The Bible, Worship, and Pastoral Care."

[7] 예를 들면, 다음을 보라. E.P. Wimberly, *Moving from Shame to Self-worth: Preaching and Pastoral Care* (Nashville: Abingdon Press, 1999); G.L. Ramsey, *Care-full Preaching*; R.J. Allen, *Preaching and Practical Ministry*, chp.3; and L.H. Aden and R.G. Hughes, *Preaching God's Compassion* (Minneapolis: Fortress Press, 2002).

는 네 주제들을 다양한 실천신학, 성서신학, 그리고 조직신학자들의 이론들을 중심으로 다루어지고 있다.

심리학적인 관점을 소개한 것은 신학적 접근에 새로운 시각을 제시한다는 유익이 있다. 한 주제를 신학적이고 심리학적인 시각으로 다루는 작업을 하면서 책을 읽고 그것을 따라갔던 방식과는 다른, 너무나 새롭고 흥미로운 길로 무언가가 나를 이끄는 것을 발견하였다. 이 책을 통하여 나와 여정을 함께하면서 독자들도 유사한 경험을 하게 되기를 소망한다.

하나님과 이웃과의 화해는 항상 목회자의 주요 관심사가 되어왔다. Part 1에서 이 주제를 다룬다. 죄의 고백이라는 보편적인 범위 안에서 자기 폄하(self-diminishment)라는 구체적인 주제를 집중적으로 살펴볼 것이다. 더 나아가 자기 폄하의 두 가지 특정한 형태를 논의할 것이다.

자기 폄하의 첫 번째 형태는 나태의 모습으로 나타나는 죄와 연관된 자기 폄하이다. 우리는 그저 자신이 옳다는 것을 자기와 다른 사람들을 설득시키는 것만으로도 충분하다고 여기는 경향이 있다. 이런 성향을 극복하는 첫 번째 단계는 자기를 인지하는 것이다. 심리학자들은 실험실 연구에서 거울을 사용해 보면 피실험자가 도덕적인 위선에 훨씬 덜 빠지는 경향이 있다는 사실을 입증하였다. 이 논리에 이어서, 거울이신 예수님을 중심에 두는 고백의 예전에 대한 접근이 다루어진다.

자기 폄하의 두 번째 형태는 Part 1의 앞부분에서 언급되는데, 수치심과 관련이 있다. 심리학자들은 일반적으로 수치심은 우리를 안전하고 통제되고 예측 가능한 삶을 살아가도록 이끄는 속성이 있다고 지적한다. 삶으로부터 숨는 것은 하나님이 주신 소명과 부합되지 않는다. 수치심은 우리가 드리는 고백의 예전에서 드러나야 할 필요가 있다. 이외에도 수치심을 다루는 데 필요한 다른 요소들이 있다. 수치심을 느끼기 쉬운 사람이 치유를 경험하기 위해서는 무엇보다도 수용과 긍정이 필요하다. 이러한 점을 염두에 두면서, 자신의 수치를 고백하는 이가 하나님의 확증의 시선에 대해서 마음을 여는 과정에 대해서 이야기할 것이다.

Part 2에서는 탄식을 주제로 이야기하고자 한다. 하나님께 반발하는 것은 서구 기독교에서는 거의 찾아보기 어렵다. 이것은 대단히 유감스러운 일인데, 왜냐하면 믿음의 사람들이 고통과 비통 속에서 종종 하나님에 대한 분노를 경험한다는 많은 증거가 있기 때문이다. 교회는 자신이 경험하고 있는 하나님의 부재로 인하여 모든 것이 무너진 것과 같은 느낌을 받고 있는 사람들에게 적절한 목회적 대처를 해야 할 필요가 있다.

여러 심리학적인 조사 결과 발견한 것들을 종합해 볼 때 두 개의 결론에 이르게 된다.

첫 번째 결론은, 서구의 문화적 맥락에서 볼 때, 보다 "온건한"(softer) 수준의 불평이 기독교 예배자들에게 가장 적절하다는 것이다. 서구 사람들은 성경 시대나 지금의 중동 사람들의 비통의 표현에 나타난 강렬하고, 표현이 풍부하며, 격정적인 기질에 대체로 익숙하지 않다.

두 번째 결론은, 성난 감정을 해소하기 위해서는 감정의 표출과 인지의 재구조화가 필요하다는 것이다. 심리학으로부터 얻은 이러한 통찰은 이 책에 일례로 소개된 "분노의 의례"를 구성하는 데 사용되었다.

Part 3의 소재는 희망이다. 희망을 둘러싼 첫 번째 주제는 희망에 대한 증언이다. 심리치료사인 캐테 바인가르텐(Kaethe Weingarten)의 말을 빌리면, 예전은 신앙공동체의 공감과 예수님에 대한 신뢰를 바탕으로 어둠 속에서 불을 밝히는 것이다. Part 3에서 다루고 있는 두 번째 주제는 희망의 심리학에 나타나는 역설적인 요소이다. 많은 사람이 고통의 한 가운데에서 자신의 무능력이나 질병을 친구나 혹은 선물로 여기는 법을 배움으로써 희망을 찾는 것을 보면서, 예배인도자들이 성도들의 반어적 상상력을 북돋을 필요가 있다는 점을 말하고 있다.

Part 4 이 책의 마지막 부분은 교제를 다루고 있다. 먼저 세례와 성찬식은 개인주의화의 과정이 야기하는 건강하지 않은 습관과 생활방식에 자기도 모르게 빠져있는 사람들을 "재기독교인화"(re-Christianize)시키는 능력이 있음을 논의하고 있다. 즉, 예배는 기독교인으로서 우리의 정체성을 형성하도록 한다는 견해가 활발하게 다루어질 것이다. 교회에서 행해지는 예전은 우리가 생각하는 것만큼 예배자로 하여금 윤리적인 삶을 살도록 하는 데 그다지 큰 힘을 발휘하지 못한다고 주장하는 사람들의 견해에 이의를 제기하면서, 신학적, 심리학적으로 연구한 결과를 모아 정리할 것이다.

8장은 심리학자들이 부르는 절제되지 않은 교제의 문제점에 대해서 심도있게 다룬다. 이 문제는 개인주의나 그와 관련된 이기주의만큼 보편적이지는 않지만, 그럼에도 불구하고 심각한 것이며 관심을 가져야 할 주제이다. 특히 여성들에게 많이 나타나는데, 어떤 이들은 다른 사람들과의 사랑의 관계에 헌신하느라 막상 자기 자신은 잃어버리곤 한다. 그러나 적절한 사랑의 윤리 차원에서 보면 다른 사람에 대한 사랑과 자기 자신에 대한 적절한 사랑이 균형을 이루어야 한다. 이 윤리에 입각하여 이루어진 사랑의 기도문이 마지막 장에서 제시되었다.

지난 1년 동안 브리즈번 근처에 있는 교회의 예배에서 이 책에 나오는 대부분의 기도, 의식, 설교 등을 사용하였다. 나는 학교의 정교수이기 때문에 많은 설교를 하고 예배를 인도하던 이전에 비해서 그럴 기회가 많지 않다. 따라서 이 책에 나오는 예배 자료들을 "시험"할 수 있도록 도와준 산드라 젭, 앨리슨 콕스, 그리고 폴 왈튼에게 감사를 드린다. 또한 이 책의 초기 원고를 읽고 성심성의껏 피드백을 줌으로써 도움이 되었던 데이비드 피트맨, 더글라스 갈브레이스 그리고 레이 레디클리프에게도 깊은 사의를 표한다.

우리가 어디로 가고 있는지에 대한 대략적인 모습이 자리 잡혔다면 이제 첫 장을 넘길 차례이다. 아주 오랫동안 화해는 목회돌봄의 가장 중요한 관심사로 여겨졌지만, 최근 들어 우리는 이 역할의 중요성을 잊고 있는 것 같다. 먼저 화해에 대해서 살펴보자.

PART 1

화해:
자기 폄하 다루기

1장_교활한 마음의 참회
2장_수치심, 참회, 하나님의 확증의 시선

화해: 자기 폄하 다루기

목회돌봄의 영역에 죄의 고백을 포함하는 것에 대해서 의문을 제기하는 사람도 있을 것이다. 이러한 질문을 던지는 사람들은 죄의 문제는 조직신학, 윤리, 그리고 예전을 전공한 신학자들이 다루어야만 한다고 생각한다. 이 책의 서두를 시작하면서 화해가 왜 목회돌봄의 중심에 놓여야만 한다고 믿는지를 먼저 밝히고 싶다.

성경은 인간 실존의 가장 본질적인 문제에 대해서 분명하게 밝히고 있다. 구원받지 못한 상태에서 인간은 하나님과 이웃들로부터 소외된 채 살아간다. 이러한 우리의 존재 상태를 성경은 불화의 상태라고 말한다. 이렇듯 타고난 상태에서 우리는 하나님과 원수가 되었고, 우리끼리도 서로 적이 되었다. 우리 자신의 힘으로는 이런 상황을 바꾸기 위해서 할 수 있는 것이라고는 아무것도 없다. 원수에서 친구로 변할 수 있는 길은 오직 믿음으로 예수님의 구원의 선물을 받음으로만 가능한 것이다. 값없이 주시는 예수님의 은혜 안에서 그리고 은혜를 통하여 우리의 죄는 용서받았으며 하나님과 이웃과 평화를 이루게 된다.

이러한 점들을 염두에 둔 에듀어드 투르나이젠(Eduard Thurneysen)은 목회돌봄이 던져야 하는 질문은 바로 "당신은 하나님과 평화를 이루고 있는가?"[1]라고 주장한다. 그는 이어서 "이 질문은 당신의 모든 죄가 예수 그리스도 안에서 용서받았다는 사실을 알고 있는가라는 질문과 함께 던져질 때 의미가 더해진다"[2]라고 말한다. 투르나이젠에 따르면, 죄의 용서야말로 목회돌봄의 가장 중요한

---

1 Cf. E. Thurneysen, *A Theology of Pastoral Care* (Richmond: John Knox Press, 1962), 154.
2 Ibid., 154.

관심사인 것이다.

앤드류 퍼브스(Andrew Purves)는 투르나이젠이 그리스도의 구속의 행위를 돌봄 사역의 최우선에 둔 것은 인정하지만, 반면에 죄의 용서를 다른 것들과 따로 떼어서 생각하는 것은 복음의 온전한 메시지를 전달할 수 없다고 주장하였다. 죄의 용서는 하나님과의 깨어진 관계를 회복하기 위한 수단으로 볼 필요가 있다는 것이다. 인간의 진정한 목표와 운명적인 과제는 하나님과의 교제이다. 퍼브스에 따르면 목회돌봄은 사람들이 하나님과의 교제를 회복하도록 돕는 은혜의 사역이라고 보아야만 한다.[3]

다른 현대 목회신학자들 역시 화해를 목회돌봄 사역의 가장 중요한 요소로 간주해왔다. 예를 들면, 스테판 패티슨(Stephen Pattison)은 목회돌봄을 "죄와 슬픔의 제거와 구원 그리고 그리스도의 완전함을 모든 사람이 하나님에게 나타낼 수 있도록 돕는 행위"로 정의하였다.[4] 그리스도의 구속의 역사를 기독교 신앙과 희망의 중심으로 지적하면서 드보라 밴 두젠 헌싱거(Deborah van Deusen Hunsinger)는 "화해의 사역을 목회자의 가장 근본적인 사역으로 주장해야 한다"고 말한다.[5]

그러나 이러한 목소리들은 현대 목회신학의 현장에서 소수에 지나지 않는다. 많은 목회신학자가 화해의 사역에 그다지 큰 관심을 보이지 않고 있는 실정이다. 분명히 이러한 현상에는 많은 이유가 있다. 목회돌봄이 발전하는 데 심리치료 심리학이 미친 큰 영향도 무시할 수 없는 요인이다. 상담가와 치

---

[3] Cf. A Purves, *Reconstructing Pastoral Theology: A Christological Foundation* (Louisville: Westminster John Knox Press, 2004), 176.
[4] S. Pattison, *A Critique of Pastoral Care* (London: SCM Press, 1993), 13.
[5] D. van Deusen Hunsinger, *Pray without Ceasing: Revitalizing Pastoral Care* (Grand Rapids: Eerdmans, 2006), 156.

료사들은 내담자가 강한 자기감을 형성하고 긍정적인 자존감을 발달하도록 돕는 것을 상담과 치료의 목표로 삼는다. 그들은 인간의 어두운 측면을 강조하는 것은 이러한 목표를 저해한다고 생각한다. 그러므로 죄나 죄의식을 신경증적으로 보지 않으며, 그러한 측면을 강조하는 것을 적절치 못한 것으로 보았다. 많은 목회이론가와 치료사가 이러한 철학에 영향을 받아왔으며, 그 결과 의식적 혹은 무의식적으로 죄의 용서라는 주제를 중요하게 여기지 않았다.

내가 보기에 목회돌봄을 이야기할 때 죄를 변방으로 밀어넣는 것은 매우 부적절하고 도움이 되지 않는다. 그리스도의 구원의 은혜가 우리를 소심함과 자만심, 그리고 이기심과 자기 기만으로부터 벗어나도록 한다는 확신이야말로 복음의 진수이다. 우리의 죄를 고백하고 용서함의 은혜를 고백할 때 자유와 진리를 경험하게 된다. 비록 회개할 때에 아픔과 슬픔, 그리고 자존감의 잠정적인 내려놓음이 있지만, 동시에 용서 받았음을 알게 되는 충만한 기쁨이 있다. 기쁨과 진리, 은혜와 자유함과의 만남을 촉진시키는 것은 돌봄 사역의 매우 중요한 역할이다.

투르나이젠과 다른 신학자들이 왜 죄의 용서가 목회돌봄자의 가장 중요한 이슈라고 말하고자 했는지의 이유를 이해하면서도, 이런 방법으로 목회사역의 이슈를 다루는 것이 합당한지에 대해서는 확신이 서지 않는다. 윌리암 클레브쉬(Willia Clebsch)와 찰스 재클(Charles Jackle)이 지적한 대로, 지도, 지탱, 치유와 같은 전통적으로 중요한 목회사역들이 있는 것이다. 이외에도 다른 사역들이 목회돌봄의 필수 요소가 될 수 있다.[6] 예를 들면, 하워드 클라인벨(Howard Clinebell)은 우리가 돌보는 사람들로 하여금 하나님이 부여하신 잠재

---

6 Cf. W.A. Clebsch and C.R. Jaekle, *Pastoral Care in Historical Perspective* (Englewoods Cliffs: Prentice-Hall, 1964).

력을 실현하도록 돕는 양육의 기능이 클레브쉬와 재클의 목록에 추가되어야만 한다고 제안하였다.[7] 많은 목회신학자가 좀 더 현대적인 기능으로 자연환경과 사회정치 체계의 돌봄을 목회자가 반드시 해야 할 사역으로 본다.

분명히 위에서 언급한 목회돌봄들은 모두 매우 중요한 기능들이다.

그렇다면 여전히 죄의 용서가 가장 중요한 목회돌봄의 측면이라고 말해야만 하는 것일까?

이 문제를 따로 구분지어서 풀어가는 것은 별 도움이 되지 않는다. 그보다는 목회돌봄은 심리내적, 대인관계적, 사회정치적이고 환경적인 영역과 관계가 있는 통합적인 사역이며, 죄와 고통의 제거와 벗어남을 목적으로 한다고 말하는 것이 더 적합할 것이다. 돌봄 사역의 본질과 범위를 규정하는 것은 많은 논쟁을 불러일으키는 주제로서 어떤 해결책을 찾으려는 것은 이 책이 다루고자 하는 범위를 뛰어 넘는 일이다. 다만 죄의 용서가 목회돌봄의 이론과 실천의 장에서 중요한 위치를 차지한다는 견해가 정당하다는 정도로 말하는 것으로 충분할 것이다.

Part 2의 두 장이 다루고 있는 내용을 대략적으로 말하려고 한다. 먼저 공적인 죄의 고백의 목회적 차원에 대해서 포괄적이고 조직적으로 다루려고 하지 않았다는 것을 밝혀야만 할 것 같다. 그보다는 매우 중요함에도 불구하고 상대적으로 거의 관심을 받지 못했던 세 가지 측면을 택해서 살펴보는 것이 나의 목적이다.

첫 번째 측면은 일부 사람들, 어쩌면 우리들 가운데 대부분의 사람이 많은

---

[7] Cf. H. Clinebell, *Basic Types of Pastoral Care and Counseling*, rev. edn (Nashville: Abingdon Press, 1984), 43. 목회돌봄의 양육 기능에 대해서 더 자세히 알기 위해서 다음을 참고하라. Cf. N. Pembroke, *The Art of Listening: Dialogue, Shame, and Pastoral Care* (Edinburgh: T&T Clark & Grand Rapids: Eerdmans, 2002).

것을 요구하시는 하나님과 진리와 계속 거리를 두기 위해서 자신의 이야기를 감추려는 경향에 대해서 다루어 보았다. 일부 신학자들은 이러한 무익하고 자기를 기만하는 경향을 나태 혹은 게으름이라고 부른다.

두 번째 측면은 수치심이라는 감정에 얽매여 있는 예배자가 하나님의 확증의 시선을 가능한 실제적인 것으로 받아들일 수 있도록 하는 방법에 대한 것이다.

세 번째 측면은 삶으로부터 은둔하려는 죄를 죄의 고백을 위한 기도에서 당연히 다룰 필요가 있는 것으로 인식해야 한다는 내용이다. 예배에서 이러한 목회적인 전략을 사용함으로써 교인들이 자기를 폄하하려는 습성에서 벗어나 성장하도록 도울 수 있게 된다. 이런 방식으로 흔히 일어나는 실패와 개인적인 고통의 주된 원인이 유용하게 다루어질 것이다.

1장은 게으름으로서의 죄에 대해서 중점적으로 다룬다. 자기 기만과 위선이 결합하여 발생하는 게으름과 훈련의 부족은 우리들을 죄로 이끈다. 만일 과도함(자만심의 죄)으로 인해 실패하게 된다면, 우리는 또한 마땅히 해야 할 일도 하지 않음으로써 죄를 지을 수도 있다. 우리들은 자기가 의롭다고 자신과 다른 사람을 설득하는 것만으로도 충분하다는 나태한 선택을 하면서 스스로를 값싼 존재로 만든다. 사람들로 하여금 꽁꽁 닫아두었던 이야기를 열도록 돕는 것은 쉬운 일이 아니다. 특히 교묘하며 드러내는 데 심하게 저항하는 마음을 다루어야만 한다. 그럼에도 불구하고 예배인도자들은 자기 의식을 촉진하며 진리를 밝히는 데 최선을 다할 필요가 있다. 1장에서는 이와 같은 일을 하는 데 가장 도움이 되는 하나의 방법으로 죄의 고백을 기도드리면서 거울이신 그리스도께 자신을 비추는 것임을 제시하고 있다.

2장은 매우 다른 주제이지만, 자기 폄하와 밀접한 관련이 있는 수치심을 집중적으로 조명한다. (수치심은 게으름과 관련이 있는데, 자신의 게으름을 깨달았을 때 수치심을 느끼는 원인이 되기 때문이다.) 수치심은 자신이 열등하고, 결점이 있으며, 가치가 그렇게 많지 않다고 판단할 때 일어난다.

이 장에서는 세 가지에 대하여 살펴보고자 한다.

첫째, 죄와 수치심 사이의 관계를 밝힌다.

둘째, 수치심에 기초한 죄의 고백을 위한 제안을 전개한다.

셋째, 죄를 고백하는 이가 하나님의 확증의 시선에 어떻게 열려져야 하는지에 대해서 말한다.

1장
교활한 마음의 고백

어떤 사람들, 아마도 대부분의 사람은 지름길로 가고자 하는 성향이 있다. 자기가 원하는 이익을 얻기 위하여 늘 쉬운 길을 찾으며, 특히 힘든 일이나 훈련 받기를 좋아하지 않는다. 게으른 성향은 우리의 영적 생활에서도 나타날 수 있다. 이런 문제를 가지고 있는 사람은 자기는 진정으로 신실하며 남을 섬기는 삶을 살아가고 있다고 그저 스스로나 다른 사람을 설득하는 것에 만족한다. 그들은 자기의 의로움에 속내를 위장하는 잘못된 습관에 빠진다. 그렇게 살아가는 것이 실제로 그리스도를 본받는 삶을 사는 것보다 훨씬 쉽다. 이러한 특별한 인간의 결점을 두고 칼 바르트를 비롯한 일부 신학자들은 게으름을 죄로 여길 수 있다고 말하였다.

이런 죄를 범하는 사람은 자신이 실제로는 좋은 사람이며 하나님과 이웃과의 본질적인 소외에 대한 모든 성경적이고 신학적인 이야기는 자기만큼 고상하지 못한 다른 부류의 사람에게만 해당하는 사항이라고 생각하면서 위안을 받는다. 게으름으로서의 죄는 죄처럼 보임에도 불구하고 실제로는 왜 죄가 아닌지에 대한 아주 적절하고, 매우 미묘하며, 허구적인 이유를 찾고자 하는 우리의 경향과 관계가 있다.

고백의 전례(典禮)에서 편안한 속이야기에 쓰고 있는 가면을 어떻게 하면 벗어버리게 할 수 있을까? 이것은 분명히 쉬운 일이 아니며, 예배인도자들은 가면을 완전히 벗어버리게 할 수 있다는 희망을 가져서도 안된다. 사역의 대상은 가면을 계속 쓰고자 하는 완고하고 독창적인 욕망인 것이다. 플란팅가(Plantinga)와 로즈붐(Roseboom)은 다음과 같이 적절하게 말하고 있다.

> 죄의 고백을 예배의 한 부분으로 삼는 것은 자기 기만이라는 인간의 끝도 없는 능력에 대항하는 것이다. 반면에 죄의 고백은 자기 기만을 치유하는 완벽한 대비책은 아니다. 왜냐하면 우리의 변덕스러운 마음은 죄를 고백하기 위해서 무릎을 꿇을 때, 모든 것을 다 고백하는 것이 아니라 단지 아주 적은 것만을 드러내도록 유도하기 때문이다.[1]

이 장의 목적은 적어도 우리의 교활한 마음의 방어막을 뚫는 좋은 기회가 될 수 있는 전례 의식을 위한 제안을 하려는 것이다. 먼저 자기 인식에 대한 심리학 분야의 연구결과에서부터 시작하려고 한다. 심리학자들은 거울을 사용하면 한 사람의 윤리적인 기준과 그의 행동 사이의 차이를 알 수 있음을 발견하였다. 즉, 거울은 사람들로 하여금 그들이 누구인지 그리고 무엇을 하고 있는지를 직접 볼 수 있도록 해 주는 도구로 이해할 수 있을 것 같다. 거울은 자기의 윤리관에 맞도록 행동을 바꾸어야한다는 부담을 준다. 기독교인들에게 은유적인 표현으로서 거울의 역할을 하는 이는 오직 예수 그리스도이시다.

이 책에서 제시되는 전례적인 제안들은 거울이신 그리스도를 중심으로 한다. 우리의 게으름이 분명하게 드러나는 것은 진리와 선의 완전한 모델이

---

[1] C. Plantinga and S.A. Rozeboom, *Discerning the Spirits: A Guide to Thinking About Christian Worship Today* (Grand Rapids: Eerdmans, 2003), 160.

신 그리스도를 만나는 순간이다. 그러나 이 주제를 다루기 전에, 죄에 대한 전통적인 접근인 자만심으로서의 죄와 우리가 이 책에서 조명하고 있는 죄의 상보(相補)적인 접근인 게으름으로서의 죄를 살펴보는 작업이 필요하리라 생각한다.

1. 자만심으로서의 죄

게으름으로서의 죄라는 조금은 익숙하지 않은 개념에 대한 이해를 돕기 위하여 우리에게 좀 더 익숙한 개념인 자만심으로서의 죄에 대해서 간단하게 다루어보도록 하자. 인간의 오만(hubris)에 대한 고전적인 어원은 어거스틴(Augustine)에서부터 시작되었다. 그는 모든 인간의 타락의 근본 원인을 자만으로 보았다.[2] 어거스틴은 자만을 고양(高揚)의 왜곡된 형태라고 보았는데 인간의 마음이 하나님의 기준보다 자기가 세운 기준에 고정되어 있는 상태이다. 여기에서 모든 죄를 특징짓는 허위성을 찾을 수 있다. 우리의 의지는 자연스럽게 인간 행복의 증진을 지향한다.

그러나 허위성에 쉽게 빠져들기 쉬운 우리의 취약성은 모순된 상황으로 이끈다. 마치 그 길이 실제로 행복을 가져다 줄 것이라고 믿으면서 하나님의 의지와 목적과는 정반대의 길을 추구하는 것이다. 그러나 행복 대신에 불행으로 끝나버린다. 어거스틴은 아담과 이브가 하나님으로부터 선과 악을 아는 지

---

2 예를 들면, 다음을 참조하라. Augustine, *City of God* (London: Dent, 1945), Bk. XIV, chp. 13 and idem, "The Punishment and Forgiveness of Sins and the Baptism of Little Ones," in Answer to the Pelagians I in J. Rotelle (ed.) *The Works of St. Augustine*, Part I, vol.23 (New York: New City Press, 1990), chp. 17, para. 27.

식을 낚아채려고 했을 때 바로 허위성이라는 함정에 빠져버린 것이라고 역설한다. 우리는 모두 아담으로부터 죄와 사망이라는 유산을 물려받았다(원죄). 자기 주장과 불복종이라는 아담의 성향을 모방하고 있을 뿐만이 아니라, 태어날 때부터 그것에 실제로 "감염"되었다. 우리의 자발적인 모방뿐만이 아니라 세대에 걸쳐서 아담의 죄를 나누어 가지고 있는 셈이다. 자신이 저지른 개인적인 죄에다가 아담으로부터 물려받은 원죄까지 더해진 것이다.

죄의 원인으로서의 자만에 대한 이런 생각은 비록 서로 매우 다른 방향을 지향하고 있기는 하지만 라인홀드 니버(Reinhold Niebuhr)[3]와 폴 틸리히(Paul Tillich)[4]의 사상에도 중요한 위치를 차지한다. 비록 두 신학자가 죄와 자만을 다루면서 강조하는 면에 큰 차이가 있음에도 불구하고, 중심 내용은 매우 유사하다. 즉, 인간은 본성과 영, 유한성과 자유 사이의 팽팽한 긴장 상태에 놓여 있다. 이러한 긴장 상태에서 산다는 것은 우리의 실존에 깊이 스며드는 불안을 낳는다.

불안(angst)을 극복하기 위한 잘못된 시도를 함으로써 우리는 스스로를 거룩한 하나님의 영역으로 끌어올리고자 한다. 니버는 이러한 힘을 향한 의지 그 자체가 인간의 힘과 지식 그리고 선에 대한 인간의 자만을 나타내는 것이라고 주장한다. 힘의 결여, 이해의 부족, 윤리적인 결함 등을 극복하려는 무익한 노력을 하는 가운데, 한계와 범위를 초월하시는 하나님의 경지까지 우리 자신을 끌어올리려고 시도한다.

칼 바르트 역시 그의 조직신학에서 자만으로서의 죄를 중요하게 다루고

---

3 Cf. R. Niebuhr, *The Nature and Destiny of Man*, vol. 1 (London: Nisbet & Co., 1941), chp. VII.
4 Cf. P. Tillich, *Systematic Theology*, vol.2 (London: Nisbet & Co., 1957), chp. XIV.

있다.[5] 바르트는 우리 스스로가 존재의 근원이자 기준이 될 수 있다는 생각의 형식을 취하는[6] "하나님처럼 되고자 하는 미친 욕망"이 우리 안에 잠재해 있다고 주장하였다. 미친 욕망에는 근본적인 모순을 담고 있다. 그러나 바르트의 모순은 어거스틴의 그것과는 다르다. 바르트가 언급한 너무나 어처구니 없는 풍자적인 상황은 다음과 같다. 장엄하고 영광스런 하나님이 스스로 사랑으로 인간을 위하여 인간의 형체를 입기까지 자신을 낮추기로 선택하셨는데, 우리는 겸손하고 감사한 마음으로 하나님이 주신 위대한 선물을 받아들이기보다 하나님의 위치까지 이르려는 무익하고 어리석은 시도를 한다는 것이다.

그러나 자만심으로서의 죄가 파괴적인 삶으로 이끄는 인간의 모든 성향을 완전히 설명해 주지는 않는다. 자기 높임과 거만한 자기 주장에 대한 욕구와 더불어, 나태함, 자기 만족과 자기 기만으로 나타나는 자기 폄하의 성향 또한 인간의 삶을 파괴한다.

2. 게으름으로서의 죄

죄로서의 게으름은 너무 나태하고, 훈련받지 못했으며, 어리석기 때문에 그리스도 안에 있는 자유와 존엄성에 이르거나 붙잡지 못한다는 것을 뜻한다. 나태함을 죄로 보는 입장은 우리의 작음과 협소함을 지적한다. 만일 자만을 자기과장과 과대평가에 대한 우리의 욕구를 대변하는 것이라고 말함으로써 인간의 어두운 면을 묘사한다면, 또 다른 어두운 면으로서의 게으름은 자기

---

5 Cf. K. Barth, *Church Dogmatics IV. 1* (Edinburgh: T&T Clark, 1951), 413-478.
6 Ibid., 421.

폄하와 과소평가에 대한 인간의 성향을 나타낸다. 바르트는 이 점을 특히 잘 묘사하고 있다.

> (인간)의 죄는 단지 스스로를 왜곡해서 영웅시하는 것만이 아니다. 스스로를 너무 평범하거나, 하찮다거나 혹은 그저 그런 부류로 취급하는 것 또한 죄이다. 죄인은 단지 프로메테우스나 루시퍼가 아니다. 게으름뱅이나, 나태한 사람이거나, 아무것도 안하는 편이 낫다고 여기는 사람, 너무 느릿느릿한 사람, 빈둥빈둥 하는 사람 또한 죄인이다. (명확성을 위하여, 그리고 이 문제의 특성을 잘 표현하기 위하여 보다 쉬운 말을 사용하였다.) 죄인은 자기를 높이려는 악의 세계에서뿐만 아니라, 인간을 너무 보잘것없는 대단치 않은 존재로 여기는 악의 세계에서도 존재한다.[7]

뒤에서 바르트의 견해를 좀 더 다루어 볼 것이다. 먼저, 성경은 게으름의 죄에 대해서 어떻게 말하고 있는지를 살펴보는 것이 도움이 될 것이다. 이 점에 대해서 마크 비들(Mark Biddle)은 유용한 안내자 역할을 하고 있다. 그는 죄로서의 게으름에 대해서 구약성경이 말하고 있는 것을 당시 지혜를 가르쳤던 교사들의 글에서 찾았다.[8] 지혜서 전통에서 핵심 신앙은 하나님이 질서와 정의의 원리를 창조물 안에 불어넣었다는 것이다. 인간은 이러한 원리를 알고 그것과 조화를 이루며 살아가는 능력을 가지고 있다. 첫 번째 단계는 하나님이 원하시는 지혜로운 삶의 방법을 늘 배우는 것이지만, 지혜 전통에 따르면 하

---

7 K. Barth, *Church Dogmatics IV. 2* (Edinburgh: T&T Clark, 1958), 404.
8 Cf. M. Biddle, *Missing the Mark: Sin and Its Consequence in Biblical Theology* (Nashville: Abingdon, 2005), 54-57.

나님이 원하시는 것을 자신의 삶 속에서 실현하려는 의지를 갖는 것 역시 동일하게 중요하다.

만약 인류를 위한 하나님의 뜻이 창조된 질서에 새겨진 지혜의 원리에 담겨있다면, 이 원리대로 살아가는 것을 거부하는 것이 바로 죄라고 비들은 지적한다. 하나님의 지혜 안에서 그리고 그것을 통하여 살아갈 때 피조물은 번창한다. 하나님의 지혜를 무시하거나, 깔보거나, 또는 단지 그저 절반 정도만 받아들이는 것은 자기 자신과 다른 사람들에게 피해를 입힌다. 비들은 하나님의 지혜를 거절하는 것은 진정한 인간다움을 포기하는 죄로 해석해야만 한다고 단언한다.

> 인간의 고통이 지속되는 커다란 이유는 타락한 인간성의 악한 마음에서 나오는 것이 아니라, 인간성에 깃들어있는 잠재력을 실현시키지 못한 인간의 피할 수 있는 무지와 헛된 무능력 때문이다. 제멋대로의 무지와 미성숙함은 진정한 인간성을 포기하는 행위이며, 그것이 바로 죄인 것이다.[9]

비들은 이어서 신약성경에 나오는 하나님의 영광에 이르지 못한다는 말씀에서 인간성의 포기가 나타나고 있다고 말한다(롬 3:23).[10] 이 말을 이해하기란 쉽지 않다. 이를 이해하기 위한 첫 번째 단계는 우리가 바라보아야 할 그리스도와 하나님의 영광 사이의 연결 고리를 주목하는 것이다. 비들은 하나님의 영광이 그리스도의 탄생과 죽음, 그리고 그의 부활과 승귀(昇貴)에 표현되

---

9 Ibid., 57.
10 Cf. ibid., 63-66.

어 있다고 지적한다. 그리스도께서 구원의 역사를 신실하게 이루셨을 때 하나님의 흠 없는 형상으로서의 그의 신분이 드러났다. 그리스도의 얼굴을 바라볼 때 하나님의 영광을 보게 된다. 그리스도는 하나님 안에서, 하나님을 통한, 하나님을 위한 삶이 무엇인지를 가장 잘 보여주신 표증이시다.

그렇다면 모든 인간이 가져야 할 적합한 삶의 목표는 하나님의 궁극적인 형상인 예수 그리스도를 따르는 것이다. 예수님처럼 되거나, 혹은 적어도 가깝게 되는 것은 우리가 점차적으로 해 나가야 할 것임은 두말할 나위 없다. 하나님의 형상은 존재의 고유한 상태라기보다는 성숙을 향한 과정이다. 성숙한 사람은 사랑으로 가득하며, 자신을 내어 주셨으며, 하나님께 신실하셨던 그리스도의 본성을 충만하게 드러내는 사람이다. 게으름의 죄는 진정한 인격으로 성장하는 과정을 확고하게 밟아 나가는 데 필요한 힘과 의지, 믿음과 지혜를 찾아내지 못한다. 하나님의 형상에 단지 아주 조금만 닮아가는 데 스스로 만족하며 안주하는 것은 죄이다.

칼 바르트가 게으름으로서의 죄를 다룬 것은 어리석고 진실하지 못한 인간성이라는 개념을 가지고 그것을 매우 심층적으로 전개해가고 있기 때문에 중요하다.[11]

여기서는 그의 분석의 전반적인 개요만을 다루어 보기로 하자. 본질적으로 바르트는 이런 형태의 죄는 우리가 너무 게으르며, 너무 어리석고, 너무 잘못된 훈련을 받았기 때문에 그리스도라는 하나님이 주신 자유와 생명의 선물을 붙잡지 못하고 있다는 사실을 드러내고 있는 것으로 보았다.

하나님과 이웃과 사랑의 관계 안에서 살아가는 참다운 존재가 되는 현명한

---

11   Cf. K. Barth, CD IV.2, 403-483.

선택을 하기보다, 우리는 어리석게도 공허하고 고립된 존재가 되기를 선택하였다. 스스로를 좁은 공간 속에다 쑤셔 박아두었으며 하나님과 다른 사람이 들어오지 못하도록 잠가버리고만 것이다. 바르트의 은유를 빌려 사용하자면, "(인간은) 가시가 많은 날카로운 바늘로 덮여있는 고슴도치와 같은 공 위에서 몸을 구르면서, 하나님께 등을 돌린다."[12]

게으른 사람들이 반드시 하나님을 전면적으로 부인하는 것은 아니다. 그보다 그들은 그리스도의 은혜와 성령의 능력으로 살아가는 삶을 살기 위하여 자유하며 훈련하라고 부르신, 바로 그 하나님을 거절하는 것이다. 게으른 사람의 죄는 "종교로 탈출하는 것이다."[13] 종교 안으로 탈출하면서 하나님은 그저 덤덤한 존재가 되며 하나님의 능력, 힘, 그리고 긴급함이 없어지고 만다. 그 대신에 편안하고, 예측할 수 있으며, 적당하고 손쉬운 경건만 남는다. 그리스도 안에서 누리는 진정한 삶의 기쁨과 자유함에 등을 돌리는 것은 어리석은 일이다. 바르트에게 있어서 어리석음은 게으름으로서의 죄의 필수적인 징표 중 하나이다.

여기에서 한 가지 흥미로운 것은 그의 관점이 지혜 전승에 나타난 죄와 뚜렷한 연관성이 있다는 사실이다. 지혜를 가르친 교사들에게 있어서 하나님이 세운 질서와 정의의 원리에 등을 돌리는 것은 근본적으로 어리석은 일이다. 그런 행위는 오직 인간을 거짓된 실존으로 이끌 뿐이다. 바르트는 인간은 어리석게도 자기 자신을 하나님으로부터 멀리하고 공허함으로 빠져들어가도록 내버려 두었다고 단언하면서 인간의 어리석음의 본질을 설득력 있게 말한다.

---

12 Ibid., 405.
13 Ibid., 406.

인간의 어리석음의 밑바탕에는 다음과 같은 몇 가지 사실들이 깔려 있다. 하나님이 인간에게 계시되었지만 인간은 실제로 그 사실을 받아들이지 않았으며, 하나님에 대한 지식, 하나님의 실재와 현존 그리고 역사하심의 분명한 빛 가운데에서 하나님은 인간의 모든 것을 아시지만, 그에 반하여 인간은 하나님을 알고, 하나님을 아는 지식에 거하지 못했다는 점, 그리고 이미 하나님에 의해서 그리고 하나님에게 높임을 받은 존재임에도 불구하고 자기 스스로 무너지도록 내버려 두었다는 점 등이다. 우리의 어리석음 가운데 참으로 어리석은 요소가 있다면 그것은 바로 자기 자신이 붕괴되게끔 내버려 두었다는 데 있으며 우리는 이 모든 과정에 연루되어 있는 것이다.[14]

분명히 우리는 스스로 어리석은 선택을 했다는 사실을 거의 인식하지 못하고 있다. 하나님의 은혜로운 손길을 거부하는 데 자신이 어떤 일을 했는지를 분명히 알고 있으면서도 여전히 공허함 속에서 쾌락의 길을 계속 걸어가는 사람은 정말 어리석은 사람일 것이다. 바르트는 우리의 어리석음은 항상 위장된다고 말한다.[15] 그러나 위장이 우리를 완전히 바보로 만드는 것은 아니다. 어리석은 사람은 적어도 어떤 면에서는 모든 것이 비교적 잘 되어가고 있다고 생각하는 한편, 다른 경우에는 뭔가 매우 잘못된 것이 있음을 느낀다.

우리는 간파하기 매우 어려운 "아주 교묘한 은폐"[16] 아래에서 살고 있다. 숨겨놓은 이야기는 자기 안으로 움츠러드는 것이 하나님이나 이웃과 사랑의 관

14　Ibid., 415.
15　Cf. ibid., 416.
16　Ibid., 419.

계를 맺는 것보다 자신의 개인적인 특성을 더 향상시켜 준다고 속삭인다. 그러나 우리의 마음 깊은 곳에서는 이것이 사실이 아님을 알고 있다. 저 깊은 차원에서 하나님과 인간으로부터 멀어지는 것은 다름 아닌 우리의 진정한 인간성을 부인하고 있는 것임을 인식하고 있는 것이다. 우리 자신으로부터 이러한 진실을 숨기는 것을 바르트는 위선의 죄라고 부른다.

> 타인과의 사귐 없이 분리해서 인간성을 경험할 수 있으며 그렇게 해야만 한다고 생각하는 순간 우리는 인간성을 부인하게 되는 것이다. 그리고 이러한 사실을 숨기려고 한다거나, 그것이 다름 아닌 인간성을 거부하는 것이라는 점을 인정하지 않으려 할 때, 우리는 그러한 자세를 정당화할 수 없으며, 합당한 이유에 의해서 비난받는다. 우리가 누구인지 그리고 무엇을 할 수 있는지를 부인하고 감추는 가운데, 상황은 더 악화될 것이며 또 실제로 그렇게 되어간다. 위선은 우리로 하여금 반복해서 인간성을 부인하게 하는 최선의 방책이다.[17]

바르트는 "정말로 좋은 말"인 자선이 위에서 말한 은폐와 위선을 잘 보여주고 있다고 보았다.[18] 물론 불우한 사람들이 필요한 것을 채워주려는 것은 선하고 훌륭한 행동이다. 다만 바르트가 지적하고 있는 것은 너무나 자주 우리의 양심을 위로하기 위해 자선을 한다는 점이다. 우리는 어려움에 처한 사람들을 실제로 돌보고 있다는 환상을 자신과 다른 사람들을 위해서 만들어 낸다. 그러한 행위는 환상일 수 있는데, 왜냐하면 우리가 하는 헌신은 구체적인 대상

---

17 Ibid., 437.
18 Cf. Ibid., 438.

에게 하는 것이 아니라, 익명의 사람에게 하는 것이기 때문이다.

우리가 내보이는 사랑은 특정한 사람이 아니라 불특정한 사람을 위한 것이기 십상이다. 익명의 사람을 섬기는 데는 그리 많은 비용이 들어가지 않는다. 그렇기 때문에, 이런 식의 자선은 기본적으로 자기 기만의 행위라는 것이다. 우리에게 무언가를 그렇게 많이 요구하지 않는 대상인 일반적인 사람을 돌보고 그들에게 관심을 돌림으로써, 진정한 베풂의 행위를 심지어 시작조차도 하지 않았음에도 불구하고, 그러한 사실을 성공적으로 숨기는 것이다.

자기 안으로 스스로 움츠러들고, 하나님과 이웃으로부터 고립되는 죄를 바르트는 방탕이라고 정의하였다.[19] 게으른 사람은 자신의 삶이 자기로부터 도망치도록 그냥 내버려 둔다. 바르트는 그러한 사람을 훈련을 받아들이지 않는 "방랑자"라고 불렀다.[20] 인간의 윤리사를 살펴보면 선한 삶을 살기 위해서는 그런 삶을 살아가겠다는 의지와 자기 훈련을 하라는 권고로 가득하다. 윤리적인 삶을 살아가라는 주장들이 그다지 실효를 거두지 못하는 것은 "실제로 감당해야 하는 훈련을 하지 못하도록 우리 안에 존재하는 방랑이 아무 거리낌도 없이 방해하기 때문이다"라고 바르트는 말한다.[21] 훈련하고자 하는 모든 노력을 계속해서 하지 못하게 하는 것이다. 바르트는 우리는 적당하고 편리하게 숨겨진 이야기를 장황하게 늘어놓는 방식을 사용한다고 지적한다. 훈련은 우리와는 직접적으로 전혀 관계없는 것일 뿐이라고 자기 자신에게 말한다. 오히려 자유와 자율을 방해하는 것으로 일축해 버린다. 오히려 죄는 우리가 훈련을 거절하는 데 있는 것이 아니라, 훈련을 주장하는 사람들이 우리 영의 자유

---

19 Cf. ibid., 452-467.
20 Ibid., 454.
21 Ibid., 455.

로움을 훼방하려고 날뛰고 있는 것이라고 주장한다. 게으름의 죄는 위에서 언급한 자기 기만과 연관성이 있기 때문에 매우 위험하다. 방탕을 게으른 삶의 핵심에 놓으면서 바르트는 이 점을 매우 분명하게 말하고 있다.

> 우리는 방탕이 정체를 숨기며 변호하고 심지어 그것을 미화하려고 애쓰는 여러 방법들에 대해서 충분히 알기 전까지는 여기에서 말하고 있는 인간의 방탕을 인식하지 못한다. 방탕이 거룩함의 겉치레를 위해서 얼마나 많은 공을 들였는지를 눈치채기 전까지는 인간의 방탕을 알지 못한다. 우리 안에 숨어있는 방랑자는 자신의 원래의 모습인 부랑자로 나타나지 않는다. 오히려 자기를 귀족이나 기사 그리고 영웅으로 묘사하기를 좋아한다.[22]

3. 방랑자의 심리학

방랑자에게서 흔히 나타나는 현상인 자기 기만은 대니얼 베이트슨(Daniel Batson)과 그의 동료가 실시했던 일련의 심리적 실험에서 아주 잘 드러나고 있다.[23] 이 연구 결과는 윤리적인 위선은 보편적인 인간의 타락이라고 지적하

---

22 Ibid., 460.
23 다음을 참조. C. Daniel Batson et al, "In a Very Different Voice: Unmasking Moral Hypocrisy," *Journal of Personality and Social Psychology* 72, no.6 (1997), 1335-1343; C. Daniel Batson et al, "Moral Hypocrisy: Appearing to be Moral to Oneself Without Being So," *Journal of Personality and Social Psychology* 77, no.3 (1999), 525-537; C. Daniel Batson et al, "Moral Hypocrisy: Addressing Some Alternatives," *Journal of Personality and Social Psychology* 83, no.2 (2002), 330-339.

고 있다. 연구가들은 이런 현상을 "만일 가능하다면 윤리적인 행위를 하는 데 있어서 희생하지 않는 범위 내에서 윤리적인 것처럼 보이면서 최대한의 개인적인 이익을 구하려는 행위"로 정의를 내린다.[24]

한마디로 말하자면, 결국 게으름으로 귀결된다. 게으른 사람은 윤리적으로 보이면서 얻어지는 이익을 원하지만, 그것으로 인한 대가를 지불하려고 하지 않는다. 게다가 윤리적인 행위조차도 자기들이 정말 좋은 사람이라는 위장된 이야기를 장황하게 늘어놓을 수 있을 때에만 가능하다. 그들은 윤리적인 행동에 대해서 스스로 자부심을 가지고 있지만, 실제로는 윤리적으로 행동하지 않는다.

위의 연구를 실례로 사용할 때 유의해야 할 점은, 죄에 대한 바르트의 분석의 기본적인 초점이 윤리적인 수준에 있지 않다는 점이다. 분명히 바르트는 윤리적 차원을 이야기하는 것이 아니다. 바르트는 하나님과 이웃으로부터 소외되고 있는 근본 원인을 알아내고자 하는 것이다. 그는 값없이 주시는 하나님의 은혜를 온전하게 받아들이는 것을 저해하는 게으름과 자기 만족의 성향에서 그 원인을 찾았다. 윤리적인 타락과 위선은 병을 앓고 있다는 두 증후들이며, 자기 기만은 의사를 찾아가는 것을 연기하려는 일종의 전략이다. 바르트의 근본 관심은 바로 기본적인 병 자체이다. 베이트슨과 그의 동료들의 심리적인 연구가 나의 관심을 끌어당기는데, 그 이유는 게으른 성향과 연관된 인간의 협소함과 위선을 아주 명확하게 집어내고 있기 때문이다.

그들의 연구에서 설정된 윤리적인 딜레마는 사소한 것이다. 연구의 참가자들은 자신과 다른 참가자(실제로는 허구의)에게 어떤 일을 할당할 수 있는 기회

---

24 C. Daniel Batson et al, "In a Very Different Voice," 1336.

가 주어졌다. 최초의 실험에서 상대방 참가자는 일이 어떤 방식으로 할당될 것인지에 관해서 듣지 못했다. 거기에는 두 개의 임무가 할당될 수 있었다. 즉, 참가자들이 복권 티켓을 얻을 수 있는 기회가 있는 "긍정적인 결과가 있는" 임무이며, 다른 하나는 꽤 지루하고 재미없는 "그저 그런 결과가 있는" 임무이다.

실험가들이 특별하지 않은 평범한 윤리적 딜레마를 사용한 이유는 다음과 같다. 먼저 "덜 조작된 반응"을 얻고 싶었으며, 둘째, 윤리적으로 옳은 접근에 대한 광범위한 합의가 도출되는 상황을 원했다.[25]

참가자들은 실험실 회기를 하기 전에 윤리적 책임감에 대한 설문지를 작성하였다. 윤리적 위선을 시험하기 위하여 두 개의 특별한 내용을 포함시켰다.

첫째, 실험가들은 딜레마에 대한 윤리적인 성격을 분명히 밝혔다. 즉, 대다수의 사람들은 임무를 부여하는 가장 형평성 있는 방법으로 예를 들면, 동전 던지기 등의 방법처럼 두 참여자들에게 긍정적인 결과가 있는 임무를 할당받을 수 있는 기회를 똑같이 주는 것이라는 점을 명시한 것이다.

둘째, 동전 던지기의 방법은 어느 정도 애매모호함을 가져온다. 만일 모든 참가자가 정직하게 동전을 사용한다면, 참가자들 가운데 50퍼센트는 다른 참가자에게 긍정적인 결과가 있는 임무를 부여할 것이다. 만약 50퍼센트 중에서 심각한 일탈자가 있어서 자기에게 긍정적인 결과가 있는 임무를 부여했다면, 이 경우에도 자신이 윤리적이라고 생각하게끔 할 수 있는 여지가 있다("나는 올바른 일을 했어, 동전을 던졌거든"). 반면에 그 이면에는 여전히 자기만의 이익을 취하는 꼴이다("나는 여전히 긍정적인 임무를 하게 되었으니 나에겐 잘된 일이

---

25 Cf. ibid., 1337.

지"). 즉, 이 실험은 윤리적 위선이 어떻게 작동할 수 있는지를 보여준다.

실험에 참여한 20명의 참가자들 가운데, 열 명은 동전 던지기를 했으며, 나머지 열 명은 하지 않았다. 임무를 할당하는 가장 윤리적인 방법에 대한 질문을 받았을 때, 동전 던지기가 동전을 던진 사람이나 그렇지 않은 사람 모두로부터 가장 많이 나온 대답이었다. 동전을 던진 열 명 가운데 여덟 명은 동전 던지기가 가장 윤리적인 행동이라고 말했으며, 반면에 동전을 던지지 않은 열 명 중에서는 여섯 명이 그렇다고 말했다.

동전을 던지지 않은 열 명의 참가자 중에서 단지 한 명만이 다른 참석자에게 긍정적인 임무를 할당하였다. 보다 놀라운 사실은 동전을 던졌던 열 명의 참가자 중에서 단지 한 명만이 다른 참석자에게 긍정적인 임무를 주었다는 점이다. 이 비율(1할)은 심지어 단순히 운에 맡겼을 경우의 확률인 5할보다도 훨씬 낮은 수치이다. 조사자들은 이 결과에 대해서 다음과 같이 말한다.

> 우리가 얻은 결과가 매우 관대한 것이든, 아니면 자기 이익 우선 현상을 보인 것이든 간에, 분명한 점은 동전 던지기는 참가자들이 자신을 윤리적이라고 느끼면서도 여전히 자기에게 유리한 쪽으로 결정을 내리는 등, 의사결정 과정에서 애매모호함을 가져오기에 충분했다. ("앞면이 나왔네…흠, 이것은 내가 긍정적인 일을 가졌다는 거지." "오! 뒷면이네…흠, 네가 중립적인 일을 가지게 되었네.") 분명히, 동전 던지기를 했던 일부 참가자들은 윤리성으로 위장된 자기 이익을 감추기 위하여 이러한 애매모호함을 이용했다. 참가자들을 바꿔서

실험하여 나타난 많은 반응을 모은 결과, 이러한 윤리적 위선을 알아낼 수 있었다.[26]

위의 실험에서 자기 기만이 명백하게 작용하고 있다. 많은 참가자가 자신이 윤리적 행동을 했다는 것에 대해서 편안한 느낌을 원했지만, 그에 대한 대가를 지불하기를 꺼려하였다. 비록 자기 이익을 추구했음에도 불구하고, 자신이 윤리적으로 올바르게 행동했다고 확신할 수 있는 유일한 방법은 그들 스스로 진정한 동기를 숨기는 것이다.

그 다음에 행한 연구에서 실험가들은 참가자들이 자신을 속일 수 없거나 혹은 적어도 어렵게 만들기 위해서 동전에 딱지를 붙였다.[27] 40명의 참가자들 가운데 약 2/3 가량이 딱지를 붙인 동전을 던지는 것을 선택하였다. 동전을 던지지 않는 것을 선택한 12명 중에서, 열 명이 자기 자신에게 긍정적인 임무를 할당했으며, 다른 참가자들에게는 재미없고 따분한 일을 주었다. 매우 놀라운 사실은 동전을 던진 28명 중에서 겨우 네 명(14퍼센트)만이 다른 사람에게 긍정적인 결과의 일을 주었다는 점이다. 만일 단순하게 운에만 맡겼을 경우의 확률이 5할이라는 사실을 다시 한 번 기억할 필요가 있다.

조사자들이 마지막으로 사용한 실험은 많은 것을 보여주었다.[28] 이 연구에서 참가자들에게 주어진 동전에는 딱지가 붙어 있지 않았지만, 새롭게 추가된 것이 있는데 바로 거울이다. 일부 참가자들에게는 거울을 그들 바로 앞쪽에, 다른 참가자들의 경우 뒤쪽으로 놓았다. 이 실험은 참가자들이 자신의 행동의

---

26 Ibid., 1342.
27 Cf. C. Daniel Batson et al, "Moral Hypocrisy: Appearing to be Moral" 527-529.
28 Cf. ibid., 529-532.

윤리성에 자기인식이 어떤 영향을 미치는지를 시험할 목적으로 계획되었다. 자기인식 조작은 참가자로 하여금 자기의 기준과 부합되게 행동하도록 하면서 그 과정에서 자기의 행동과 기준 사이의 차이를 점차적으로 인식하도록 하는 연구와 관련이 있다.

약 52명의 참가자 가운데 거의 절반(23명) 정도가 동전 던지기를 선택하였다. 거울에 노출되지 않는 참가자들의 경우에 동전 던지기를 선택하지 않은 13명 가운데 11명(85퍼센트)이 자신에게 긍정적인 결과를 가지는 일을 할당하였다. 보다 중요한 결과로는 동전 던지기를 선택한 13명 가운데 겨우 두 명(15퍼센트)만이 다른 사람에게 긍정적인 결과를 가져오는 일을 할당하였다는 점이다. 앞선 연구 결과가 여기에서도 다시 한 번 입증된 것이다.

정말 흥미로운 것은 참가자들이 거울을 직접 보도록 했을 경우에는 양심적으로 공평하게 동전던지기가 사용되었다는 사실이다. 26명의 참가자들 가운데 열 명이 동전 던지기를 선택하였으며, 그들 중에 다섯 명이 다른 참가자들에게, 그리고 다른 다섯 명은 자기에게 긍정적인 결과를 가져오는 일을 할당하였다. 동전 던지기를 선택하지 않은 16명 중에서는 여섯 명(38퍼센트)이 다른 참가자들에게 긍정적인 결과를 가져오는 일을 할당하였다.

4. 목회적으로 어떻게 반응할 것인가?

거울로 나 자신을 보면 내 마음에 숨어있는 음흉한 면이 작용하지 못하도록 하는 것 같다. 거울은 내가 누구인지 그리고 내가 무엇을 하는지를 대면하도록 한다. 실제 실험으로부터 도출된 이러한 사실은 나태한 자기 안에 들어

있는 자기 기만적인 성향과 목회사역과의 연관성에 대해서 시사해 주고 있다. 우리가 해야 할 일은 다른 사람들과 우리 자신을 위하여 거울에 비추어보는 것이다. 우리 대부분은 정도의 차이는 있겠지만 각자 자신으로부터 진실을 숨기려고 하는 경향이 있기 때문에 거울이 필요하다.

일반적으로 우리는 미덥지 못한 마음이 우리 안에서 작용한다는 사실을 의식하지 않는다. 우리는 숨겨놓은 이야기를 가지고 살아간다. 여기서 숨겨놓은 이야기는 사실 너무나 자주 진실로부터 벗어나려고 하면서도, 마치 종교를 진실한 마음으로 가지고 살아가고 있는 것처럼 믿는 것이다. 우리는 참되신 하나님께 구속된 삶을 살아가고 있다고 스스로 믿고 있지만, 사실은 더 많은 경우에 친근한 신과 구속력을 가지지 않는 편안한 관계를 선택하곤 한다. 목회자가 해야 할 일은 아주 단순하게 말하자면 그 은밀한 의도를 벗기는 것이다. 물론 이것은 말하기는 쉬워도 실제로 하기란 어려운 일이다. 특히 인간의 교묘한 마음은 외부로 드러나려고 하는 모든 시도에 온갖 꾀를 부리며 끈질기게 저항한다.

그러나 한 가지 유용한 전략이 있는데, 그것은 은유적인 표현을 사용하자면 거울에 비추어 보는 것이다. 여기에서 바르트의 신학이 다시 한 번 도움을 준다. 죄와 은혜론에 대한 전통적인 접근은 인간의 어두운 면을 먼저 살핀 뒤에, 그리스도 안에서 이루어진 하나님의 구원의 사역을 설명하는 것이다. 그러나 바르트는 이 순서를 뒤집는다. 인간의 죄악된 본성은 오직 화해의 측면에서만 적절하게 이해할 수 있다고 주장한다.[29] 단지 인간의 경험만을 연구해 가지고는 죄의 진짜 모습을 충분하게 보여주지 못한다는 것이다.

---

29 Cf. Barth, CD IV.1, 358-413.

불의와 억압의 슬프고도 긴 역사를 연구하는 것도 마찬가지이다. 죄에 대한 다양한 성서학적인 진술들을 모아서 통합하는 것도 역시 충분하지 않다. 바르트는 우리의 진실된 모습을 볼 수 있는 길은 오직 그리스도라는 거울을 통해서만 가능하다고 주장한다.

> 그리스도를 볼 때, 거울인 그를 통하여 죄를 저지른 죄인으로서 우리 스스로를 보게 된다.[30]

그리스도를 거울로 본다는 생각은 설교를 마친 후에 죄의 고백의 기도를 드렸던 쯔빙글리의 예배 형식에 이미 들어있었다.[31] 그는 우리의 진정한 본성이 먼저 말씀에 비춰진 다음에라야 비로소 우리의 죄를 진정으로 고백할 수 있다는 생각을 가지고 있었던 것으로 보인다. 효과적인 말씀의 선포는 우리의 눈과 귀, 영과 마음을 열어주는 힘을 가지고 있다. 진리의 빛이 그대로 비춰질 때 무엇을 숨긴다는 것은 더욱 어렵다. 위선과 허위는 복음의 빛 안에서 적나라하게 드러나기 마련이다. 살아있는 말씀과 만나게 될 때 마음의 교묘한 술책이 드러날 기회가 더 많아지게 된다. 분명히 쯔빙글리의 예배순서를 따르는 것은 상당히 이해가 간다. 그러나 그렇다고 해서 죄의 고백을 예배순서의 앞부분에 두고 있는 일반적인 형식을 쯔빙글리의 예배순서로 바꾸자고 제안하는 것은 아니다. 다만 많은 예배서를 보면 사순절 기간 동안에 설교 후에 죄의

---

30 Barth, ibid., 390.
31 쯔빙글리가 설교 후에 행했던 참회의 유형에 대해서 다음을 참조하라. H.V. Taylor, "The General Confession of sin," *Reformed Liturgy and Music* 26 (1992), 179-183, p.182; and J. Paarlberg, "Genuine Sorrow…Wholehearted Joy: The Why, When, and How of Confession," *Reformed Worship* 34 (1994), 4-8, 5.

고백을 하는 형식이 유용하다는 점을 말하고자 하는 것이다.

설교를 할 때 그리스도를 거울로 삼는다는 것이 무엇을 의미하는 것일까?

설교자들이 복음을 현대인들의 삶과 연결하는 방법으로는 적어도 세 가지가 있다.

첫째, 성경 본문에 나타난 신학과 일반 학문 영역의 탁월한 시각이 주는 중요한 통찰력 사이의 상호비판적인 대화를 하고자 하는 설교가들이 있다. 다른 말로 말해서, 성서신학과 그와 연관된 심리학적, 사회학적, 혹은 철학적인 담론으로부터 도출한 것 사이의 대화를 하는 것이다. 비록 각 영역이 보지 못하는 사각지대가 있음에도 불구하고, 융, 로저스, 부버, 하이데거, 베버와 하버마스와 같은 사상가들이 참다운 개인생활과 사회생활이 무엇인지 우리가 잘 이해하는 데 커다란 공헌을 했다는 것은 주지의 사실이다.

더 나아가, 그들의 통찰력 중 일부는 중요한 성경적 관점들과 기본적으로 유사한 점이 있다는 사실이 인정받고 있다. 물론, 현명한 설교자는 교인들에게 철학이나 심리학을 강의하려고 하지 않는다. 그러나 이해하기 쉬운 방식으로 위에서 언급한 위대한 사상가들의 깊은 성찰을 잠깐 언급하는 것은 가능하며, 그 과정에서 성경과 그와 관련된 심리학적이고 사회학적인 역동성 사이의 강한 연결고리를 만들게 된다.

둘째, 성경을 사회정의의 차원에 중점을 두는 설교자들이 있다. 하나님을 무엇보다도 가난하고 억눌린 사람들의 편에 서는 분으로 본다. 설교단에서 여러가지 긴급한 사회정치적 이슈들을 자유, 화해와 정의에 대해 선포하신 그리스도의 메시지에 입각하여 이야기한다. 예언자적인 시각을 담은 말씀이 선포되며 사회적인 죄와 억압의 여러가지 모습들이 드러나고 사람들은 성령의 능력을 받아 하나님과 함께 평등과 자유를 위한 싸움에 헌신하도록 도전받는다.

셋째, 날마다 벌어지는 삶을 날카롭게 관찰하는 한편, 천부적으로 이야기를 잘 하는 설교자 그룹이다. 그들은 때로는 평범하지만 흥미롭게, 또 때로는 심오하고 신랄하게 날마다 세계에서 일어나는 삶의 이야기를 이끌어내는데, 이러한 이야기들은 그리스도를 통해서 우리를 구원하신 하나님의 사랑이라는 좋은 소식과 연결된다. 최근에 나와 대화를 나누었던 어느 목회자는 이렇게 말한다.

"설교단에 서면 저는 실제 세상에서 살고 있는 진짜 사람들에 대해서 이야기를 합니다. 너무나 많은 설교자가 신학적인 상상의 날개 속에서 방향을 잃어버리고 있죠. 실제적인 이야기를 하자고요."

성경 본문과 일상적인 세상 사이의 연결이 강하게 이루어진다.

지금까지 우리에게 매우 익숙한 세 가지 설교 유형에 대해서 이야기하였다. 그러나 이 유형들이 각각 완전히 별개의 것은 아니다. 많은 설교자가 세 유형의 경계를 오간다. 비록 그들의 주요 관심사가 정의라고 할지라도 만일 적절하다고 생각되면 치료적이거나 철학적인 통찰력을 사용한다. 또 다른 설교자들은 정의와 평화를 도모하라는 그리스도의 부르심을 말하기 위해서 계속해서 영향력 있는 사상가들을 인용하기도 한다. 마지막으로 날마다의 구체적인 삶의 현장에 초점을 맞추는 것은 다양한 방법들에서 나타나는 두드러진 특징이다.

모든 설교자가 그들 나름대로의 특별한 재능, 관심사, 그리고 신학적인 관점들을 가지고 있다. 여기서 말하고자 하는 요점은 예배자들이 그들의 참된 모습을 보기 시작할 수 있도록 그리스도를 거울로 삼아 비추는 방법이 많이 있다는 것이다. 다른 많은 방식을 사용하고 다양한 범주의 내용을 다룸으로써 말씀을 효과적이고 신실하게 선포할 수 있다. 어떤 방식으로 설교를 하든지 간에 진정한 죄를 고백하는 데 필요한 우리의 심령의 진정한 조명은 죄와 은혜를 설교의 가장 중심에 확실히 놓을 때만 가능하다고 나는 강조하고 싶다. 심리학, 사회학, 철학, 정의론, 그리고 일상 세상사로부터 경험하는 이야기들은 죄와 은혜를 받쳐주는 역할을 하는 것이지 가장 핵심적인 역할을 하는 것은 아니다.

나는 폴 스캇 윌슨(Paul Scott Wilson)의 말이 옳다고 생각한다. 설교는 항상 우리의 어두움과 하나님이 이 세상에 가져온 빛 사이의 만남에 기초해야만 한다. 이를 위해서 네 가지 기본적인 핵심 요소를 가지고 있을 필요가 있다. 본문에서의 죄, 본문에서의 은혜, 현대 세상에서의 죄, 현대 세상에서의 은혜이다.[32] 인간을 자유케 하시는 그리스도의 말씀이 높임을 받게 되는 것은 죄와 은혜, 그리고 성경 본문과 현대 세상 사이의 상호작용을 통해서이다. 바로 이러한 상호작용 안에서 그리스도께서는 우리를 위한 강력한 거울이 되시는 것이다.

거울인 그리스도가 우리를 비추게 하는 다른 방법은 죄의 고백을 통해서이다. 죄를 고백할 때 인간의 타락과 결점에 주로 초점을 맞춘다. 그리스도의 빛에 비추이는 것이 우리의 나태한 속성, 특히 자신의 진정한 정체성을 감추려는 우리의 경향을 드러내는 데 큰 도움이 될 것이라고 말하고 싶다. 이러한 죄의 고백이 어떻게 이루어질 수 있는지에 대한 몇 가지 실례를 아래에서 살펴보자.

---

32 Cf. Paul Scott Wilson, *The Four Pages of the Sermon* (Nashville: Abingdon Press, 1999).

5. 참회 속에 드러난 거울인 그리스도

참회의 기도 A

(이 기도를 위해서 회중을 두 개의 그룹으로 나눈다.)

인도자 : 예수님께 가기 위하여 우리는 의로운 척할 필요가 없습니다.

회중 A : 오 하나님, 우리의 눈을 열어주십시오.

회중 B : 오 주님, 우리에게 자비를 베풀어 주십시오.

인도자 : 그리스도 안에서 우리는 인격과 행동이 완전히 진실함을 봅니다.

회중 A : 오 하나님, 우리로 하여금 우리 자신을 온전히 볼 수 있게 도와주십시오.

회중 B : 오 주님, 자비를 베풀어 주십시오.

인도자 : 예수님 안에는 그 어떠한 자기 기만도 없으며, 선한 척해야 할 아무런 이유도 없습니다.

회중 A : 오 하나님, 우리의 속사람을 비추어 주십시오.

회중 B : 오 주님, 우리에게 자비를 베풀어 주십시오.

인도자 : 그리스도 안에는 진리와 진실만이 있습니다.
그 안에는 치유와 자유함이 있습니다.
자매와 형제 여러분,
여러분들의 죄가 용서받았음을 선포합니다.
주님의 평화를 빕니다.

모 두 : 아멘

참회의 기도 B

인도자 : 우리는 익숙한 신과 편안한 종교에 만족하고 있습니다.

목소리 2: 그리스도는 하나님의 영광이요,

　　　　　선과 진리의 완전한 표상입니다.

회　중 : 자비송(kyrie eleison, 자비하신 주님)-세 번 부른다

인도자 : 우리는 선하게 보이기는 좋아하지만 실제로 선한 사람이 되기

　　　　　위한 대가를 지불하기를 원하지 않습니다.

목소리 2: 그리스도는 하나님의 영광이요,

　　　　　선과 진리의 완전한 표상입니다.

회　중 : 자비송(kyrie eleison, 자비하신 주님)-세 번 부른다

인도자 : 우리는 자신의 죄를 감추기 위해서

　　　　　듣기에 좋거나 걸러진 말을 합니다.

목소리 2: 그리스도는 하나님의 영광이요,

　　　　　선과 진리의 완전한 표상입니다.

회　중 : 자비송(kyrie eleison, 자비하신 주님)-세 번 부른다

인도자 : 그리스도께서 가신 길은 진리와 진실의 길이었습니다.

　　　　　그 안에는 치유와 자유함이 있습니다.

　　　　　자매와 형제 여러분, 여러분의 죄가 용서받았음을 선포합니다.

　　　　　주님의 평화를 빕니다.

모　두 : 아멘

2장
수치심, 참회, 하나님의 확증의 시선

앞장에서, 게으름과 연관된 자기 폄하를 집중적으로 살펴보았다. 소심함, 위선, 게으름을 통해서 우리 스스로를 값싸게 만드는 성향이 있다는 사실에 대해서 논의하였다. 여기에서는 앞장의 내용과 매우 다르지만, 동시에 밀접하게 관련이 있는 자기 폄하의 한 형태, 즉, 수치심(게으름에 대한 인지는 수치심을 느끼도록 이끈다는 점에서 관계가 있다)과 관련된 주제에 대해서 다루어 보려고 한다. 수치심은 태어날 때부터 남보다 열등하며, 모자라고, 결함이 있다고 느끼는 감정이다. 한마디로 말해서, 자신이 작다고 느끼는 것이다. 어떤 사람들은 수치심을 현대의 산업화된 세상에서 감정적인 비통을 겪는 주요 요인으로 간주하기도 한다.[1]

앞으로 수치심과 연관된 죄의 특별한 형태에 대해서 논의할 것이다. 수치심이 있는 사람들은 숨거나 홀로 있고자 하는 경향이 강하다. 수치심을 당하는 것에 대한 두려움은 자신을 열등하고 미숙한 존재로 빠뜨릴 수 있는 위험이 비교적 적은 단조롭고 상대적으로 예측 가능한 세계를 만듦으로써 위험을 무릅써야 하는 상황을 피하도록 이끈다. 자기 실현과 진정한 존재가 되려는 노

---

1 Cf. R. Karen, "Shame," The Atlantic Monthly (Feb. 1992), 40-70, 40.

력을 하기보다는 편안하고 예측 가능한 상태를 택하려는 결정이 바로 죄라는 것을 다룰 것이다.

  예배인도자들이 위에서 언급한 죄의 특별한 형태를 인식해서 종종 참회의 기도에 그것을 포함하는 것이 중요한 반면에, 이것보다 더 중요한 것은 참회의 의례 역시 가져야 한다는 것이다. 수치심이라는 감정으로 고통받고 있는 사람들에게는 자기가 타인에게 받아들여지고 있다는 느낌이 절대적으로 필요하며, 그들의 성격 안에 녹아 내려야 한다. 예배의 현장에서 가장 중요한 것은 바로 하나님의 확증이다. 이것을 염두에 두고 우리의 참회를 확증하시는 하나님의 시선과의 만남을 촉진하기 위한 제안을 할 것이다.

  수치심은 복잡하고 포착하기 어려운 감정이다. 죄책감과 밀접하게 관련이 있지만, 반면에 그것과는 구분된다. 대다수의 사람들은 이 둘의 차이를 의식하지 않고 같이 묶어서 사용하지만, 수치심이 무엇인지에 대해서 분명하게 아는 것은 매우 중요하다. 지금부터 이 주제에 대해서 알아보도록 하자.

1. 수치심, 자세히 알아보기

  방금 언급했던 것처럼, 자기(self)가 스스로를 흠이 있고, 결함이 있으며, 열등하다고 평가할 때 수치심이 일어난다. 이때, 부정적인 자기 평가가 이루어진다. 어떤 사람이 자신이 이상적인 모습에 미치지 못한다고 판단할 때, 수치심을 느낀다. 자신을 특정한 방식으로 보고 싶거나 그런 사람이 되고 싶지만, 현실은 그럴 수 없는 것이다. 실반 톰킨스(Silvan Tomkins)가 이 현상을 아주 잘 표현하고 있는 데, "소망이 실제 실현된 것을 앞지르는"[2] 셈이다.

거의 예외 없이 어떤 것에서도 수치심을 느낄 수 있다. 사회생활이 서투르고 눈치가 없다고 자기 스스로를 비난한다. 우둔하고, 능력이 없으며, 아는 것이 없다고 느낀다. 특히, 소심과 배신은 수치심을 일으키는 잠재 요소이다. 외모, 키(키가 작다는 등), 몸무게, 무능력, 또는 신체적인 결함 등으로 인해 수치심을 느낄 수 있다. 마지막으로, 가족 혹은 출신 국가가 수치심을 유발할 수 있다.

수치심이 다양한 형태의 모습을 취한다는 사실은 분명하다. 수치심은 하나의 고유한 실체가 아니라, 열등감이나 무엇인가 결여되어 있다는 느낌과 연관된 다양한 특징과 경향을 포괄하는 용어이다. 스테판 패티슨(Stephen Pattison)은 수치심을 접근하는 최상의 방법은 "일종의 가족유사성 이론"[3]을 사용하는 것이라고 제안했는데, 이것은 매우 적절한 것이다. 수치심의 영역을 자세히 다루면서, 먼저 수치심의 종류를 소개한 후에, 모든 종류의 수치심에 공통된 특성에 대해서 살펴볼 것이다.

1) 수치심의 종류

수치심에는 많은 유형이 있는데, 여기에서는 다음과 같이 다섯 가지 형태에 대해서 알아보려고 한다. 상황적 수치심(situational shame), 심미안적 수치심(aesthetic shame), 유전적 정체성 수치심(inherited identity shame), 열등감 수치

---

[2] S. Tomkins, "Shame," in D. Nathanson (ed.) *The Many Faces of Shame* (New York: Guilford Press, 1987), 133-161, 155.
[3] S. Pattison, *Shame: Theory, Therapy, Theology* (Cambridge University Press, 2000), 39.

심(inferiority shame), 그리고 윤리적 수치심(moral shame) 등이다.[4] 이러한 다양한 종류의 수치심에 대한 전반적인 설명이 수치심을 종합적으로 이해하는데 도움이 될 것이라고 믿는다. 위에 열거한 다섯 가지 종류 가운데, 마지막 두 종류가 우리의 주제에 비추어 볼 때 가장 중요하기 때문에 다른 것들에 비해서 좀 더 자세하게 다룰 것이다.

(1) 상황적 수치심

"상황적 수치심"이란 용어는 로버트 캐런(Robert Karen)이 처음 사용하였다.[5] 이 용어는 점잖은 사람과 함께하는 식사 자리에서 수프를 흘린다거나, 부적절한 순간에 신발끈에 걸려 넘어진다거나, 전혀 주위의 호응을 얻지 못한 농담 등, 우리 모두에게 종종 벌어지는 모든 당혹스러운 순간을 묘사하는 말이다. 상황적 수치심은 폭력적 혹은 성적인 충동을 일으키지 않으면서 정기적으로 목욕을 하거나, 적절하게 옷을 입거나, 식기를 이용해서 음식을 먹거나, 다른 사람들과 친밀하게 일을 하는 등의 일상적인 일을 계속 하는 데 지장을 주지 않는다.[6] 이 유형의 수치심은 우리에게 낮은 수준의 해를 가져온다.

밥콕(Babcock)과 사비니(Sabini)는 당황스러움을 자신의 행동과 그가 가지

---

[4] 수치심의 유형들을 연구해온 두 명의 선도적인 연구가로는 Robert Karen과 James Fowler다. Karen은 다음과 같이 네 유형으로 수치심을 분류했다. 존재론적 수치심(자기의 실패를 갑자기 인식하는 경우), 계층 수치심(내가 분류했던 유전적 정체성에 관한 수치심 유형과 관련됨), 자기애적 수치심(개인적인 정체성이 수치심에 기초함), 그리고 상황적 수치심(나 또한 이 유형을 사용함). Karen의 "Shame," 40-70, 58 참조. "정상적인" 수치심에서 시작해서 점차 병적인 변이로의 진행에 초점을 맞춘 Fowler는 다음과 같이 다섯 유형과 그 정도를 묘사하고 있다. 건강한 수치심, 완벽주의적 수치심, 강요된 소수 인종에 기인한 수치심(내가 분류했던 유전적 정체성에 관한 수치심 참조), 중독성 수치심(캐런의 자기애적 수치심 참조), 그리고 무수치심. Cf J. Fowler, *Faithful Change: The Personal and Public Challenges of Post-modern Life* (Nashville: Abingdon Press, 1996), chp.7.
[5] Cf. R Karen, "Shame," 58.
[6] Ibid., 58

고 있는 "페르소나"[7](persona: 가면, 가면을 쓴 성격이나 인격-역주) 사이의 차이를 인식할 때 생기는 감정이라고 정의를 내리면서 우리에게 도움을 준다. 페르소나는 "자기가 만든 행동 기준 또는 모델이다."[8] 당황스러움은 우리의 삶 속에서 피할 수 없는 부분이다. 사회적 관습의 중요성과 더불어 오류에 빠지기 쉬운 인간의 속성은 살아가는 어느 시점에서 "창피를 당하거나" 어리석었다는 감정을 어쩔 수 없이 받을 수밖에 없다는 사실을 의미한다.

(2) 심미안적 수치심

신체적인 아름다움에 높은 가치를 두는 문화에서는 아름다움의 이상적인 기준에 미치지 못하는 사람들은 수치심을 느낄 가능성이 매우 높다. 다른 형태의 수치심에서 나타나는 이상적인 기준이 지적인 능력, 사회성 능력, 혹은 도덕적 수준인 반면에, 여기서는 심미안적인 이상적 기준을 다루고 있는 것이다. 진정한 자기와 바라는 신체적인 이상 사이의 괴리를 느낄 때, 수치심은 고통스러운 결과를 가져온다.

심미안적 수치심은 외모에 대한 비교적 낮은 불만에서부터 소름이 끼치거나 자기 역겨움에 이르기까지 매우 다양하다. 다른 모든 면에서는 자신에 대해서 건강한 자부심을 가지고 있는 사람일지라도 신체의 결함은 그의 감정적인 행복감을 파괴하는 잠재력이 있는 것이다.

---

[7] Cf. M. Babcock and J. Sabini, "On Differentiating Embarrassment from Shame," *European Journal of Social Psychology* 20 (1990), 151-169, 153.
[8] Ibid., 154.

(3) 유전적 정체성 수치심

우리는 모두 특정한 가족, 계급, 그리고 문화 속에서 태어난다. 타고난 유전적 정체성이 자부심의 요인이 될 수 있다. 그러나 종종 그것이 수치심이라는 부담으로 다가오기도 한다. 소수 인종 출신의 사람들은 지배문화의 편견에 들어있는 고정관념을 내면화할 수 있다. 그들은 스스로를 "더럽거나", "무지하거나" 또는 "게으르다"고 비난할지도 모른다. 심지어는 지배문화가 세운 기준으로 볼 때 성공하기 시작했음에도 불구하고, 내적으로 어슬렁거리며 따라붙는 열등감이라는 감정이 괴롭힌다. 제임스 파울러(James Fowler)는 이런 현상을 "부여된 수치심"(ascribed shame)[9]이라고 불렀다.

단지 어느 특정한 계급이나 문화에서 태어났다는 이유로 수치심을 느껴야 하는 것은 비이성적이다. 모든 사람은 자기 나름대로의 독특한 재능이나 능력 그리고 개인적인 특성을 가진 인격체인 것이다. 개인의 정체성을 "원자적인" 자기[10]라는 측면에서 정의를 내리는 것은 불가능하다. 지금의 나 자신이 될 수 있는 이유 중 하나는 특정한 가족, 사회적 계층, 그리고 나라에서 태어났기 때문이다. 계층과 문화에 의해서 한 사람에게 부여된 정체성은 자부심을 일으킬 수 있는 한편, 자신에게 결함이 있으며 남보다 열등하다는 감정을 가지게 한다.

(4) 열등감 수치심

문화적 정체성이 종종 수치심을 불러일으키는 요인이 된다. 그러나 관련 서적들을 살펴보면, 수치심은 주로 개인적인 경험에 기인하는 자신이 부족하다

---

9 Cf. J. Fowler, Faithful Change, 119.
10 Cf. G. Thrane, "Shame," Journal of the Theory of Social Behavior 92 (1979). 139-166, 144.

는 감정과 보다 더 밀접한 관계가 있다. 넓은 의미에서 열등감은 재능과 능력 혹은 개인적인 자질과 연관성이 있다. 사람은 자기가 능력이 없다고 판단하기 때문에 수치심을 느낄 수 있다. 또한, 자신이 재미없는 사람이거나, 소심하고, 사회생활이 서투르며, 유머 감각이 부족하다는 등의 이유로 수치심을 느낄 수 있다. 이 외에도 많은 이유를 들 수 있으며, 위의 모든 문제로 인해서 부끄러움을 느낀다.

사람들이 자신의 성격에 뭔가 부족하다고 느끼는 것은 흔히 있는 일이다. 우리들 중 대다수는 자신의 개인적인 자질이 향상되기를 원한다. 다른 사람들과의 관계에서 자기 생각을 더 효율적으로 주장하며, 통제하기를 좋아하고, 더 활발하고 적극적으로 하고 싶어 한다. 아마도 희망 목록을 작성하려면 한도 끝도 없을 것이다. 문제가 반드시 머리가 나쁘다거나 능력이 부족하기 때문이라고 볼 필요는 없다. 사람들은 자신이 선택한 직업에서 크게 성공하였으며, 그 상황에서 큰 편안함을 느끼고 있다고 생각할지도 모른다.

그러나 사회생활에서는 자신을 부적합하고 어리석다고 느낀다. 다른 사람들이 자기의 고집 세고 지루한 면을 발견한다고 생각한다. 매우 창조적이며 주로 전문적인 일(작가, 예술가, 소프트웨어 디자이너 등)을 하는 사람은, 다른 사람과 함께 일할 때 그들이 자기를 지배하고 통제하도록 내버려 두는 경향이 있기 때문에 자신이 작아진다고 느낄 수 있다.

반면에 수치심은 무능력감과 관련이 있다. 라자구니를 만드는 데서부터 중요한 비즈니스 발표에 이르기까지 우리가 하는 거의 모든 일이 기대한 것보다도 잘 안 되는 경우가 많다. 어떤 사람은 심지어 비즈니스 발표를 해야만 하는 위치에 이를 수 있는 능력을 갖고 싶어 한다.

심리치료사인 도날드 나단손(Donald Nathanson)[11]은 성취도의 결여와 성격의 결함을 수치심의 중요한 두 요인으로 보았으며, 특히 전자에 집중하였다. 나단손은 수치심과 이의 반대 개념인 자부심 사이의 관계를 연구하였다. 그는 수치심과 자부심을 일련의 여러 발달 단계들, 즉 크기와 힘, 능숙함과 신체적 기술, 의존성과 독립성, 인지 능력, 의사소통, 자기감, 성별 정체성과 성, 그리고 마지막으로 대인관계 기술 등을 통해서 추적하였다.

이 연구의 논의에서 제기되었던 주제들은 두 양극단에 걸쳐 있는데, 한쪽은 숙련, 기량, 능력 그리고 성공이며, 다른 한 쪽은 실패, 열등감, 그리고 낮은 자기 존중감이었다. 비교적 성공적으로 한 단계를 통과할 때는 개인적인 능력, 자기 가치, 그리고 건강한 자부심을 쌓아간다. 반면에, 한 단계에서 실패를 경험하면, 열등감과 수치심이 그의 정체성을 형성하는 데 영향을 미친다.

날이 갈수록 현대 산업화 사회를 살아가는 우리들은 성공이라는 선입관에 지배당하고 있으며 거의 예외없이 무능력과 실패를 수치심의 중심 요소로 보고 있다. 이런 상황에 대해서 아그네스 헬러(Agnes Heller)는 서구인(혹은 우리가 흔히 말하고 있는 북반구)들은 수치심을 "일차원적"으로 경험한다고 언급하였다.[12] 경쟁이 심하고 너무나 구조화된 세상에서 총체적인 성격을 가진 상대방을 실제로 만날 수 없다. 사람들은 그저 미리 하기로 되어 있는 특정한 역할만을 한다.

---

11 Cf. D. Nathanson, *Shame and Pride: Affect, Sex, and the Birth of the Self* (New York: W.W. Norton & Co., 1992).

12 Cf. A. Heller, *The Power of Shame: A Rational Perspective* (London: Routledge & Kegan Paul, 1985), 17.

우리는 외부적으로는 우리의 '역할'을 그리고 내면적으로는 초라한 익명의 나 자신을 가지고 있는 셈이다."[13]

이런 상황에서 수치심은 무능력하게 수행한 역할을 자기 자신과 타인이 평가함으로써 일어난다. 흥미로운 것은 헬러는 사람이 전인격적으로 평가되는 곳은 오직 전쟁터라는 사실을 알게 되었다.[14] 그곳에서 진정한 자기가 여러 면에서 시험받는다. 발사대에서는 능숙함이나 능력 그리고 성공은 더 이상 인정받거나 못 받는 유일한 잣대가 아니다. 군인은 용기와 현명함, 선한 마음 그리고 동료 군인들과의 연대 등에 의해서 평가받는다.

(5) 윤리적 수치심

여기서 다룰 마지막 종류인 윤리적 수치심은 수치심과 자부심이 윤리적인 부분과 관련이 있다고 보는 견해이다. 윤리적 타락은 수치심을 낳는다.

칸트의 추종자인 게리 트레인(Gary Thrane)은 수치심에 대한 예민함으로부터 나온 도덕심이야말로 유일한 참된 윤리적 동기라고 주장하였다.[15]

윤리적 성격과 수치심 사이의 관계성은 자율과 정체성이라는 측면에서 이루어진다. 자율의 중요성은 자율은 진정으로 자기 자신의 이상과 기준에 따라 살아가는 능력이라는 데서 나온다. 자율은 "자유와 용기 그리고 자기 통제"[16]를 필요로 하기 때문에 개인적인 선이라고 할 수 있다. 외부가 정한 기준을 따를 때에 우리는 수치심을 느낀다. 자율의 상실은 존엄성과 가치의 상실

---

13 Cf. ibid., 19.
14 Cf. ibid., 20.
15 Cf. G. Thrane, "Shame," 139-166, esp. 139, 152-154, 157-158.
16 Ibid., 152.

을 낳는다.

죄책감보다는 수치심이 진정한 윤리적 감정이라고 트레인은 주장한다.

> 단지 양심의 처벌하는 목소리를 두려워하는(죄책감) 사람은 윤리적이라
> 고 할 수 없다. 자기의 미덕을 소중히 여기며 그것의 상실을 두려워하는
> (수치심) 사람이야 말로 윤리적이다.[17]

만일 윤리적인 행동을 하는 유일한 동력이 죄책감에 대한 두려움이라면, 그의 선한 행동은 그 행동 배후에 숨어있는 불평으로 인해서 그 가치가 저해된다.

반면에, 수치심에 동기부여를 받은 사람은 자기가 해야 할 일을 다했을 때 만족감을 느낀다. 수치스러움과 아무런 관계가 없는 자유와 자기 가치감은 윤리적인 행동을 하도록 동기를 부여한다. 더 나아가, 윤리적인 원리에 따라서 살아가는 능력은 그의 견고한 성격을 입증하는 것이기도 하다. 높은 이상과 일치한 행동을 하기 위해서는 자기 통제와 정신력이 필요하다.

도덕심과 책임감은 윤리적으로 행동하도록 이끌지만, 수치심은 항상 어둠 속에서 도사리고 있다. 높은 윤리적 기준을 설정하자마자 윤리적 타락과 그와 연관된 수치심이 늘 존재할 가능성이 있다는 것이다. 수치심이 윤리적인 행동을 위한 동기라는 생각은 칼 슈나이더(Carl Schneider)의 "분별력 있는 수치심"(discretion-shame)[18]이라는 개념과 매우 밀접한 관계가 있다. 분별력 있는 수치심은 "불명예스러운 수치심"(disgrace shame)과 대조된다. 누군가가 자기의 인

---

17 Ibid., 154.
18 Cf. C. Schneider, *Shame, Exposure, and Privacy* (New York: W.W. Norton, 1992), 18-20.

격에 전혀 어울리지 않다고 여기는 일을 저질렀을 때, 수치심을 느낀다. 그는 자신이 형편없이 행동했다고 정죄하며 수치심 반응을 보인다. 또한 슈나이더가 관찰한 것처럼 "과거에 느꼈었던 수치심"이라는 것도 있다. 만일에 분별력 있는 수치심이 윤리적인 가치를 가진다면, 그것은 분명히 단지 감정 이상의 것임에 틀림없을 것이다.

결국, 감정은 미덕이 될 수 없다. 감정은 가변적이며 예측 불가능한 반면에, 미덕은 고정된 성향이며 성격 안으로 녹아들어간다. 슈나이더가 지적한 대로, 분별력 있는 수치심은 겸손과 밀접한 연관이 있기 때문에 수치심은 감정 그 이상의 것이라는 주장이 일부에서 나오고 있는 것이다. 겸손은 보통 미덕이라고 여겨진다. 수치심에 매우 민감하다는 것은 지속적인 태도나 성격의 특징이라고 생각할 수도 있다.

> 그럴 경우, 수치심은 단지 일종의 '감정'이 아니라, 자연스런 현상을 반영하고 있는 것이다. 더 나아가 분별력 있는 수치심은 세상에 대한 개인적이고 사회적인 질서를 반영하고 있을 뿐더러 그것을 지탱하고 있는 것이다(강조는 원문에 의함).[19]

윤리적 타락은 개인적이고 사회적인 질서를 어긴 것이다. 질서에 해를 끼쳤다는 인식이 우리를 부끄럽게 만든다.

지금까지 우리는 식당에서 수프를 소리 내어 마시는 것에서부터 윤리적으로 타락한 행동에 이르기까지 꽤 많은 기본적인 것을 다루었다. 비록 수치심

19　Ibid., 20.

의 종류들이 서로 비슷해 보이지만, 거기에는 또한 커다란 차이점도 있다. 수치심의 종류에 대해서 알아본 이유는 각기 다른 종류들의 수치심이 공유하는 특징이 많기 때문이다. 다음으로 이러한 특징에 대해서 살펴보기로 하자.

2) 수치심의 주요 특징들

수치심은 매우 복잡한 현상이다. 수치심에 관한 모든 중요한 글을 한군데 모아보면, 거기에는 아주 많은 유형의 특징이 있음을 알게 된다. 여기에서는 중요한 몇 가지 특징들에 대해서 살펴보는 것만으로도 충분하리라고 생각한다.

(1) 노출

수치심은 특히 자신의 예민하고 공격받기 쉬운 부분들이 노출되었을 때 발생한다. 노출은 헬렌 메렐 린드와 칼 슈나이더가 실시한 연구에서 중요한 주제이다.[20] 타인이나 자기 자신에게 노출될 수 있으며, 또는 두 경우 모두 해당되기도 한다. 무가치하며 열등하다고 생각되는 자기의 모습이 갑자기 타인의 비난의 시선에 놓여질 때에 수치심은 고통스러운 감정적인 충격으로 남는다. 이런 일이 발생하면 우리는 타인으로부터 없어지거나 "쥐구멍에라도 들어가고" 싶은 심정에 빠진다. 이 불쾌감은 너무나 강하기 때문에 도움 요청하기, 타인과의 어울림, 섹스, 대중 앞에서의 연설 그리고 시합과 같은 수치심을 가져올 잠재력이 있는 상황이라면 회피하고픈 유혹이 강하게 든다.[21]

---

20 Cf. H.M. Lynd, *On Shame and the Search for Identity* (New York: Harcourt, Brace & World, Inc., 1958) and C. Schneider, *Shame, Exposure and Privacy*.
21 Cf. P. Gilbert, "What is Shame? Some Core Issues and Controversies," in P. Gilbert and B.

이러한 수치심의 대중적 노출은 너무나 자주 관찰되고 뚜렷하게 드러나기 때문에 오히려 수치심의 사적인 차원은 일부 연구가들의 주목을 받지 못하고 있다. 즉, 수치심 반응은 때로는 매우 사적일 수 있다는 사실이 간과되고 있는 것이다. 인류학자인 마가렛 미드(Margaret Mead)와 루스 베네딕트(Ruth Benedict)와 같은 입장을 취하고 있는 데이비드 아우수벨(David Ausubel)은 수치심은 실제이건 혹은 가상이건 항상 관중을 필요로 한다고 주장하였다.[22] 그러나 헬렌 메렐 린드(Helen Merrell Lynd)는 "자기 자신에 대한 노출이 수치심의 핵심이다"[23]라고 말했는데, 그것은 올바른 지적이다. 즉, 자기 자신에 대해서 사실이 아닌 어떤 것을 믿도록 다른 사람을 속였을 때 느끼는 수치심이 특히 강렬하고 아프다.

심리학자인 레온 웜서(Leon Wurmser)는 수치심과 노출 사이에 밀접한 연관성이 있는 반면에, 다른 한편으로는 수치심과 인지 사이에도 매우 유사한 관련이 있다고 말하였다.[24] "자기 노출의 순간"과 "인지 작용"은 정체성을 형성하는 데 중요한 역할을 한다. 보는 것과 보여지는 것 그리고 듣는 것과 들리는 것은 자기가 인식하는 자기 개념과 다른 사람들이 자기에 대하여 가지고 있는 개념에 대한 비교를 돕는다.

Andrews (eds) *Shame: Interperonal Behavior, Psychopathology, and Culture* (Oxford University Press, 1998), 3-38, 23.
22 Cf. D. Ausubel, "Relationships between Shame and Guilt in the Socializing process," *Psychological Review* 62, no.15 (1955), 379-390, 382.
23 H.M. Lynd, *On Shame*, 32.
24 Cf. L. Wurmser, "Shame: The Veiled Companion of Narcissism," in D. Nathanson (ed.) *The Many Faces of Shame* (New York: Guildford Press, 1987), 64-92, 82.

언어적이고 비언어적인 **의사소통**으로 자신에게 관심을 기울이며, 궁금해 하고, 알려고 하며, 표현하는 등의 방식을 통하여 사랑과 미움, 성공과 좌절 속에서 우리의 자기가 만들어진다(강조는 원문에 의함).[25]

이러한 상호교환이 잘 이루어지지 않을 때 자기 개념의 핵심이 깨지며, 그 결과 수치심이 가득하게 된다.

(2) 숨김

수치심이 너무 아프며 예민하고 상처받기 쉬운 부분의 노출과 관련이 있다고 가정해 볼 때, 그런 감정을 의식적으로 인식하는 것을 막으려고 하는 경향이 우리에게 있다는 것은 충분히 예상할 수 있다. 스탕달의 『일기』(Diaries)를 비평하면서, W. H. 아우덴은 스탕달이 자기 자신에 대한 어떤 사실을 인정하는 데 어려움을 느꼈다는 것을 발견하고는 놀랐다고 한다. 스탕달은, "어떻게 자신에 대한 어떤 것을 인정할 수 있는 용기가 있단 말인가?"[26]라고 기록했다. 이 말은 수치심의 역동성에 대한 무지를 드러내는 것이다. 자신의 수치스러운 실체에 대한 우리의 가장 첫 번째 반응은 그것들로부터 숨는 것이다.

수치심에 대한 기념비적인 현상학적 연구에서 헬렌 블락 루이스(Helen Block Lewis)는 환자들이 수치심을 억누르는 두 개의 독특한 방법을 관찰하였다.

첫째, "우회하는"(by-passing) 수치심 감정[27]이라는 방어이다. 수치스러운 일

---

25 Ibid., 83.
26 W.H. Auden, The New Yorker, (Dec. 18, 1954), 142-143, H.M. Lynd, *On Shame*, 32에서 인용.
27 Cf. H.B. Lewis, *Shame and Guilt in Neurosis* (New York: International University Press, 1971), 38.

은 인식되지만, 수치스러움이라는 감정이 의식 속으로 들어오는 것은 막는 것이다. 이것은 그녀가 이름 붙인 "거리두기"(distancing) 전략을 통해서 이루어진다. 타인의 시각으로 자기를 보지만, 거기에 감정은 그다지 실리지 않는다. 즉, 수치심이라는 감정은 무시당하며 다양한 시각으로 자기를 무감각하게 봄으로써 수치심을 억누른다. 예를 들면, 어떤 환자는 치료사가 자기에 대해서 말하는 것에 대해서 굉장히 무덤덤하게 생각할 수 있을 것이다.

수치심을 감추는 두 번째 방법으로 루이스는 "명백하고 분화되지 않은 수치심"(overt, undifferentiated shame)으로 이름 붙였다.[28] 루이스의 연구에서 높은 수준의 수치심을 보이는 몇몇 환자들은 그들의 감정적인 상태를 수치심으로 인지하지 못했다, 그보다, 그들은 자기들의 심리적인 상태를 묘사하기 위해서 "우울증에 빠진", "긴장된", "불쾌한" 혹은 "무미건조한"과 같은 말들을 사용하였다.

(3) 부조화

수치심 반응은 자신의 행동이 더 이상 전에 익숙했던 상황과 조화를 이루지 않거나 적절하지 않다는 것을 갑자기 인식하게 되었을 때 발생한다.[29] 이것은 뭔가 잘못했다는 것을 의미하는 것이 아니다. 어떠한 잘못도 저지르지 않았을 수도 있다. 오히려, 자기의 행동과 주위의 기대 사이의 차이를 가슴 아프게 인식하게 된 것이다. 자신의 특정한 행동이 적절하다고 생각하기 때문에 행동하지만, 바로 그 고통스러운 인식의 순간에 자기의 가정이 잘못되었다는 것을

---

28 Cf. ibid., 53.
29 수치심과 부조화 사이의 연관성에 대한 논의는 다음의 책에 잘 나와 있다. H.M. Lynd, *On Shame*, 34-42.

알게 된다. 이것은 자기가 속해 있는 환경과 어울리지 못하는 자신을 갑자기 발견하는 경험이다.

이것을 좀 더 쉽게 설명하기 위해서 나의 목회 시절에 경험했던 이야기 한 토막을 나누고자 한다. 남선교회 조찬기도회 위원회는 다음 모임의 강사로 같은 지역의 로마가톨릭 신자를 초청하였다. 그는 유머 감각이 뛰어났으며 아주 "현란한" 말솜씨로 자기의 이야기를 잘 요리해 나갔다. 나는 그의 이야기를 매우 즐겼지만, 다른 사람들은 그렇지 않았다. 위원회에 속한 대부분의 사람은 엄격한 복음주의적인 배경을 가지고 있었으며 그의 적절하지 못한 언어로 기분이 매우 상해 있었다. 회중들을 보면서 그는 즐겁게 웃는 얼굴을 기대했지만, 대신에 자기를 인정하지 않는 찡그리는 얼굴만을 보게 되었다. 그는 갑자기 매우 빨개지면서 어쩔 줄 몰라 하였다.

(4) 신뢰에 대한 위협

린드는 환경과 조화를 이루지 못하고 있다는 사실을 갑자기 인식하게 되면서 신뢰가 위협을 받게 됨을 알게 되었다.[30] 그럴 경우, 환경에 대한 자기 자신의 적합성과 현실 세계가 가지고 있는 가치의 신뢰성에 대한 질문을 던진다. 위에서 언급한 사항에 대한 이해를 돕기 위해서 보통 가정에서 흔히 볼 수 있는 익숙한 예를 들어보자. 이 예는 잘못된 확신과 수치심 사이의 연관성을 보여주고 있기도 하다. 한 아이가 엄마를 위해서 음식을 하느라 부엌에서 오랫동안 열심히 요리를 하였다.

아이는 엄마를 위한 사랑의 수고와 즐거운 선물에 온통 혈안이 되어 있는 반면에, 엄마는 그저 너무나 엉망진창인 부엌과 재료를 낭비한 것에만 신경이

---

30 Cf. ibid., 43

곤두서 있었다. 엄마로부터 기대했었던 고마움의 웃음 대신에, 장래 요리사가 꿈인 아이는 성난 분노와 꾸중을 들어야만 했다. 린드는 이 상황을 잘못된 확신과 연결하여 다음과 같이 효과적으로 요약하였다.

거절당한 선물, 아무도 관심을 기울여주지 않는 농담이나 말, 오해를 불러 일으키는 동작, 자기 자신의 비전의 부족, 전혀 예기치 않았던 부정적인 반응 등, 이런 경험들은 우리가 사실은 그렇게 하지 않아도 되는 상황에 우리 자신을 맡기고 있다는 것을 의미한다.[31]

수치심의 충격은 믿을 수 있으리라고 생각했던 것이 우리의 신뢰를 배신했다는 것을 갑자기 인식함으로써 유발된다.

(5) 자기 경멸

수치심의 충격은 냉소와 경멸과 같은 특별한 형태의 인식을 수반한다.
"너는 정말이지 너무 어리석다!"
"그런 일을 저지르다니 너는 참 바보 같구나!"
"넌 패배자란 말이야!" 등이다.

이런 유형의 자학이 가져오는 뼈아픈 고통이 자기 자신은 기본적으로 사랑받을 만하지 않다고 스스로 설득한다는 것이다. 자신을 스스로 비꼬며 멸시하면서 다른 사람들도 자기를 그와 같이 느낀다고 믿는다. 여기서 우리는 수치심이 가져오는 고통의 핵심에 접근하게 된다. 웜서는 이렇게 주장한다.

---

31 Ibid., 46.

> **기본적인 수치심은 필연적으로 자신이 사랑받을 만하지 않다는 고통이라고 할 수 있다**(강조는 원문에 의함).[32]

이 점을 염두에 두고 패티슨은 수치심의 경험을 가장 적절하게 나타내기 위하여 오물, 오점 그리고 오염과 같은 은유적 표현을 사용하였다. 그는 다음과 같이 말한다.

> 수치를 당한 사람이 자신을 배제당하고, 열등하며, 더럽혀졌고, 오염되었으며 또 되고 있는 존재, 실로 유독한 오물이라는 화학적인 비유로 보는 것은 그렇게 억지스런 일이 아니다.[33]

웜서는 여기서 한 걸음 더 나가 사랑받을 수 없음이 인간 사이의 상호작용이라는 지도의 어느 곳에 위치하는지 반문한다. 이 질문에 대한 답을 찾기 위하여 그는 사랑받을 수 있음과 서로 사랑받고 있는 두 경험을 연결한다. 웜서는 그 위치는 바로 얼굴이라고 말하고 있는데, 이 점은 이 책의 뒷부분에서 중요한 역할을 할 것이다.

> **사랑은 얼굴에 나타난다**. 얼굴의 아름다움, 목소리의 음감, 그리고 눈의 따뜻함에 머문다. 사랑을 얼굴이 증명해 주듯이, 사랑받을 수 없다는 것도 보는 것과 듣는 것, 그리고 보여지는 것과 들려지는 것에 의해서 알

---

[32] L. Wurmser, *The Mask of Shame* (Baltimore: The John Hopkins University Press, 1981), 93.
[33] S. Pattison, *Shame*, 90.

수 있게 된다. 아이는 젖꼭지가 주어지지 않아도 사랑받을 수 있지만, 사랑은 얼굴과 아름다운 소리 없이는 존재할 수 없다(강조는 원문에 의함).³⁴

(6) 자기 전체에 미치는 어려움

수치심에 관한 마지막 특징으로 수치심 연구가들은 수치심과 사촌격인 죄책감과 구별하기 위하여 수치심이 지속적으로 가지는 총체적인 모습을 살펴본다.

다른 사람에게 피해를 주는 행동을 했거나 혹은 해야 할 행동을 하지 않았을 경우에 죄책감을 느낀다. 죄책감은 자기의 어떤 측면에 국한될 수 있는데, 즉, 특정한 윤리적인 잘못과 연관된다. 예를 들면, 도박의 문제를 가진 사람은 이렇게 말할지도 모른다.

"나는 본래 착한 사람이야. 다만 경마장에 갈 때 거기에 빠져버린 것이지."

그러나 수치심은 자기로부터 분리될 수 있는 구별된 행동에 국한되지 않는다. 죄책감과 수치심의 차이점을 이렇게 말할 수 있을 것이다.

"나는 내가 저지른 나쁜 행동에 대해서 죄책감을 느끼기에 나 자신이 수치스럽다."

웜서가 정확하게 관찰한 것처럼, 수치심은 시험을 당하는 자기와 이상적인 자기 이미지 사이의 불일치에 의해서 발생하기 때문에 총체적인 특성을 가진다.³⁵

이상적인 자기 이미지는 단지 행위와 같은 제한된 실체에서 이루어지는 것

---

34 L. Wurmser, *The Mask of Shame*, 96-97.
35 Cf. L. Wurmser, "Shame: The Veiled Companion", 86.

이 아니라, 자기를 규정하는 모든 요소를 통해서 형성된다. 그리고 수치스러운 사건을 통해서 그러한 자기가 드러나는 것이다. 개인의 정체성은 이런 방식으로 형성된다. 수치를 불러오는 사건은 한 사람의 성격과 그가 살아가고 있는 실제 세계를 망가뜨린다. 죄책감은 죄의 고백이나 보상으로 어느 정도 누그러질 수 있지만, 수치심의 경험은 자기 정체성의 완전한 재형성을 통해서만 극복될 수 있는 것이다.

2. 수치심과 죄

위에서 수치심의 종류를 살펴보면서 윤리적 수치심이 그중의 한 가지라는 사실에 주목하였다. 이 사실에 비추어 볼 때, 수치심과 죄책감이 종종 공존할 수 있다는 것은 충분히 생각할 수 있다. 윤리적인 기준에 반하는 행동을 함으로써 사람은 자신이 일으킨 피해에 대해서 죄책감을 가지지만, 또한 그렇게 부적절하게 행동한 것에 대해서 수치심을 느끼는 것이다. 이 두 요소가 매우 밀접하게 인접해 있기 때문에 대부분의 사람이 그 둘 사이를 풀어가기란 여간 어려운 일이 아니다. 따라서 죄를 범할 때에 수치심과 죄책감, 이 두 현상이 매우 두드러지게 나타난다. 여러 번 강조해 왔던 것처럼 비록 죄책감이 감정에 해당한다고 하더라도 전통적으로 수치심과 죄는 서로 관련되어 왔다.

도널드 캅스(Donald Capps)는 만일 오늘날 대부분의 사람이 경험하고 있는 것을 정확하게 반영한다면 그 순서를 바꿀 필요가 있다고 주장하였다.[36] 죄를

---

36 Cf. D. Capps, *The Depleted Self: Sin in a Narcissistic Age* (Minneapolis: Fortress Press, 1993).

경험하는 데 있어서 일반적으로 수치심이 죄책감보다 더 두드러진 현상이라고 그는 주장한다. 캅스가 윤리적인 측면보다는 열등감으로 인한 수치심을 고려하지 않았더라면 위의 주장에 별다른 새로운 것은 아무것도 없을 것이다. 그는 현대의 자기 도취 시대에서, "부정한 행위를 했다는 감정"은 죄의식보다는 수치심을 더 일으키게 한다.[37] 자기 도취적인 사람은 이 세상에서 자신의 존재 방식을 왜곡되게 인지하며, 그것은 결국 고통을 안겨다 준다. 그러나 그는 이러한 왜곡과 고통을 윤리적 실패라기보다는 개인적인 열등감과 부족으로 연결시킨다.

나는 캅스가 죄에 있어서 수치심의 중요한 역할을 강조한 것에 대해서 매우 고마움을 표한다. 그의 글은 수치심과 죄 사이의 연관성에 대해서 깊이 생각하도록 한다. 나의 첫 번째 책에서 이 과정을 시작하였다.[38] 죄를 만드는 것은 자기에 대한 부정적인 평가와 그로 인한 자기 소모가 아니라, 수치심과 관련된 죄는 회피하려고 하는 전략, 즉, 일상적인 생활로부터 숨으려고 하는, 격리된 채 안전한 삶을 살려는 시도이다.

한마디로 말해서, 진정한 삶을 살아가는 데 실패하는 모습 속에서 발견되는 것이라는 생각을 갖게 되었다. 자기 비하가 죄라기보다는, 오히려 삶이 주는 도전과 기회에 참여하고자 하는 마음을 억누르는 것이 죄인 것이다. 여기서 나는 "참여하고자하는 마음을 억누르는 것"이라는 표현을 사용했는데, 다른 사람들과 하나님, 그리고 자신의 삶으로부터 숨으려고 하는 경향을 나타내려고 하기 때문이다.

---

37 Cf. ibid., 3, 71.
38 Cf. N. Pembroke, *The Art of Listening: Dialogue, Shame, and Pastoral Care* (Edinburgh: T&T Clark and Grand Rapids: Eerdmans, 2002), chp.9.

나는 이러한 경향을 열등감의 경험보다는 수치심과 연관된 경험으로 보고 있는데, 그 이유는 죄는 기본적으로 하나님과 반대되는 것이라는 견해를 강하게 가지고 있기 때문이다. 코넬리우스 플란팅가(Cornelius Plantinga)는 이 점에 대해서 죄는 "항상 하나님을 향한다"[39]라고 효과적으로 말하고 있다. 이 말을 좀 더 다룰 필요가 있다. 하나님은 세상을 창조하실 때, 지구상의 생명의 구성요소를 이루는 모든 관계를 위해서 올바르고 선한 질서를 만드셨다. 자기 자신과 다른 사람, 동물, 그리고 지구와 갖는 관계들은 그것들이 사랑과 동정, 존경과 정의의 정신에 입각해서 실행될 때 하나님의 뜻과 목적에 부합되는 것이다.

이러한 관계들을 파괴적으로 사용할 때, 그리고 관계를 이루어가는 주요 동기가 탐욕과 이기심일 때, 우리는 하나님을 모욕하는 것이다. 사랑과 정의 안에서 하나님은 온 우주의 삶을 위해서 올바른 질서를 만들어 놓았다. 그러나 우리는 자신의 더 많은 이익을 위해서 비열하고 근시안적인 시각을 가지고 이 질서를 제멋대로 남용하고 있다.

우리의 이기주의는 수많은 요인에 의해서 충동질된다. 그중에서 두드러진 것으로는 자만, 게으름, 그리고 하나님에 대한 신뢰의 부족을 들 수 있다. 이기주의적인 태도와 행동을 이끄는 요인이 무엇이든지 간에, 마지막 결과는 항상 똑같다. 그것은 이 세상에서 우리의 삶을 구성하는 관계의 파괴이다. 우리는 건강하고 사랑하는 관계를 위하여 지음을 받았지만 가슴 아프게도 이기주의는 소외라는 결과를 초래하였다. 죄는 자기와 타인 그리고 동물과 지구로부터의 소외이지만, 무엇보다도 가장 커다란 현상은 하나님과의 소외이다.

---

39 C. Plantinga, "Not the Way It's S'pposed to Be: A Breviary of Sin", *Theology Today* 50, no.2 (1993), 179-192, 184.

수치심에 걸리기 쉬운 사람이 열등감, 부족 그리고 결함과 관련된 고통에 시달리게 될 때, 하나님의 마음은 아프지만 성내지는 않으신다. 하나님은 자기 내면이 자신을 비판하는 공격으로 인해 고통당할 때, 바로 그 수치심에 묶여있는 사람에 대해서 깊은 동정을 느끼며, 여기에는 하나님의 거룩과 정의를 거스르는 것과는 아무런 관계가 없다. 이런 점에서 불안, 우울증, 공포성 행위, 그리고 강박적 행동과 같은 감정적인 고통의 다른 일반적인 형태들과 별반 다를 바 없다.

정신적인 역기능이 가져오는 비극은 고통당하는 사람이 자기 자신을 고문한다는 것이다. 정신적으로 건강하지 않은 사람이 자기를 희생양으로 만든다는 사실 그 자체가 그를 하나님으로부터 소원하게 만드는 것은 아니다. 정신병과 연관된 불쾌감과 자기 상해를 죄로 여겨서는 안된다. 그렇게 하는 것은 죄의 의미를 왜곡하는 것이다.

위에서 하나님이 이 세상을 위해서 만드신 선한 질서에 들어있는 관계적인 요인들 중의 하나가 자기와의 관계라고 말한 바 있다.

만약 수치심과 다른 유형의 정신적인 역기능과 연관된 자기 고문이 죄의 범주에 포함할 수 없다면 자기를 거슬리는 죄는 과연 무엇인가?

이 질문에 대하여 자기 상실을 죄로 규정한 페미니스트 신학자들은 탁월한 해법을 제시하고 있다. 발레리 새이빙(Valerie Saiving)은 여성들이 저지르곤 하는 죄의 성향을 다음과 같이 아주 잘 묘사하고 있다.

> 하찮게 여기는 것, 어수선하고 산만한 것, 초점을 모으는 능력의 부족, 자기를 정의 내리는 데 있어서 타인을 의존하는 것, 미덕이라는 기준을 위

해 관용하기…간단히 말해서, 자기의 미발달이나 부인이다.⁴⁰

쥬디스 플라스코우(Judith Plaskow) 또한 비록 새이빙이 말했던 것처럼 이것을 여성에게만 국한해서 나타나는 현상이 아니라고 보았지만, 그녀 역시 자기 상실을 여성에게서 나타나는 일반적인 죄의 형태라고 보았다.⁴¹

플라스코우는 이러한 죄의 형태를 사례를 통하여 제시하기 위하여 도리스 레싱(Doris Lessing)의 작품인 『폭력의 아이들』(Children of Violence) 시리즈에 나오는 여주인공인 마타 퀘스트를 사용하고 있다. 그녀는 마타의 죄는 "자기 자신의 삶에서 스스로 선택하여 책임감 있게 살아가지 못한 것"⁴²이라고 결론을 내렸다.

여성은 타인 속에서 자기 자신을 상실하는 경향이 있다. 또한 주위 사람들에게 자기가 해야 할 책임을 너무 쉽게 넘겨버리며, 그렇게 함으로써 자신의 삶의 방향과 초점을 잃어버리는 것이다. 일부 페미니스트 신학자들은 죄의 현대적인 이해는 바로 이러한 관계 속에서 이루어져야 한다고 주장하였다.

자기 상실의 이면에는 수치심이라는 성향이 종종 발견된다는 것은 의심의 여지가 없는 사실이다. 열등감을 느끼고 자신감이 결여된 사람들은 너무나 자주 다른 사람들이 자기의 삶을 책임지도록 기꺼이 떠맡긴다. 하지만 이 과정에서 수치심이 한 요인이라고 반드시 생각할 필요는 없다. 전통적으로 적합하다고 받아들여지고 있는 남성과 여성의 정체성과 관계를 맺는 방식은 사회

40　V. Saiving Goldstein, "The Human Situation: A Feminine View", *Journal of Religion* 40 (1960), 100-112, 108. 저자는 후에 Valerie Saiving라는 이름을 사용하였다.

41　Cf. J. Plaskow, *Sex, Sin, and Grace: Women's Experience and the Theologies of Reinhold Niebuhr and Paul Tillich* (Lanham: University Press of America, 1980).

42　Ibid., 65.

화의 산물이다. 건강한 자부심을 가지고 있지만, 그럼에도 불구하고 타인을 섬기기 위하여 자신의 욕구와 목표를 희생하는 여성들이 여전히 아주 많다. 그들은 단순히 그렇게 하는 것이 좋은 아내와 여성이 되기 위해서 필요한 것이라고 받아들이고 있는 것이다.

그러나 진정한 삶을 살아가지 못하는 것은 수치심의 중요한 역동성과 직접적으로 관련이 있을 수 있다. 위에서 살펴본 것처럼, 수치심에 묶여있는 사람은 통제되지 않는 상황에 노출되는 것을 필사적으로 피하려고 한다. 말하자면, 그들은 여러 사람들 앞에 나감으로써 자신의 열등감과 결점이 드러나는 매우 위험한 상태에 처해지는 것을 두려워한다. 이런 두려운 일이 발생할 가능성을 방어하기 위해서 숨는 것을 택한다. 수치심에 걸리기 쉬운 사람은 자신의 삶을 할 수 있는 한, 통제 가능하며 다룰 수 있는 상태로 유지하려고 노력한다. 또한 격리되어 살거나, 제한되고 익숙하며, 비교적 예측 가능한 상태를 무척 선호한다. 반면에 친근한 사람들이 있는 잘 알려진 장소에 있을 경우에는 수치심을 훨씬 덜 경험한다.

조심스럽게 제한된 영역으로 자신을 숨김으로써 그의 삶은 비교적 편안한 상태가 된다. 이런 방식으로 수치심으로 인한 고통이 처리되는 것이다. 이런 유형이 가져오는 파괴적인 결과는 그로 하여금 진정한 삶을 살아가지 못하도록 한다는 데 있다. 삶으로부터 숨으려고 하는 이러한 충동의 이면에는 자기를 저평가하며 축소하는 것이 수치심을 훨씬 덜 경험하면서 살게 해 주는 확실한 방법이기에 수용할 만한 상실이라는 판단이 들어있다.

그러나 신앙적인 관점에서 그러한 것들은 받아들일 만한 상실이 아니다. 하나님은 우리가 완전하고, 모험적이며, 진정으로 살아가기를 원하신다. 이것은 우리가 우리 자신을 마음껏 드러내며, 도전하고, 실패와 부족하다는 느낌을 감수할 준비를 할 필요가 있다는 것을 의미한다. 우리는 그리스도를 닮으라고 부름을 받았다. 그리스도는 하나님의 영광이시다. 그분은 너무나 어려운 도전과 때로는 적대적인 영역으로 이끄는 하나님의 인도하심을 좇아 완전히 신실하게 사셨기 때문에 하나님의 영광이신 것이다.

예수님은 절대로 자기 자신을 숨기지 않으셨다. 그분이 한적한 곳으로 가셨던 것은 사명을 잘 감당할 수 있도록 힘과 용기를 주셨던 아버지/어머니의 은혜 안으로 들어가는 일종의 "탈출"이었다. 예수님의 탈출에는 그 어떤 회피도 들어있지 않다. 그리스도는 진정한 삶의 표본이시다. 바울은 죄로 인하여 하나님의 영광에 이르지 못했다고 우리에게 말하고 있다(롬 3:23). 하나님의 영광을 나타내는 중요한 삶의 모습은 자유를 진심으로 받아들이고 개인적인 발달과 창의적인 자기 표현 그리고 섬김을 위한 기회를 붙잡는 것이다. 하나님이 우리를 위해서 가지고 있는 계획에 미치지 못할 것이라는 두려움과 그로 인해서 수치심을 느낌으로써 위에서 언급한 가능성들로부터 달아나는 것이 바로 죄이다.[43]

수치심은 죄가 아니다. 자신이 열등하고 결점이 있다는 판단으로 스스로에게 부담감을 주는 것은 죄가 아니다. 삶과 삶이 주는 도전에 대한 완전하고 자유로운 참여로부터 도망가는 것이야 말로 죄이다. 인간의 삶을 향한 하나님의 계획은 자기 폄하가 아니라 자기 실현이다. 창의성과 개인적인 발달을 향상시킬 수 있는 기회와 가능성을 붙들 때, 기쁨과 자유, 그리고 성취감을 경험한다. 이것이 바로 우리를 위해서 하나님이 의도한 계획이다.

---

43 Cf. M. Biddle, *Missing the Mark: Sin and Its Consequences in Biblical Theology* (Nashville: Abingdon Press, 2005), 66. Biddle은 다음과 같이 말한다. "인간은 완전한 개성화까지 자랄 수 있고 자라야만 한다…불행히도 그 과정은 죄라고 하는 왜곡과 억압에 의해서 얼마든지 훼방 받는다."

또한 자기가 실현된 사람은 사랑과 평화 그리고 정의의 거룩한 통치를 확장하려는 하나님의 계획에 좀 더 많이 헌신하게 된다.

하나님은 하나님의 영역을 넓혀가기 위해서 인간인 우리를 의존하지 않지만, 이 세상에서 우리가 할 수 있는 한 우리 자신을 전적으로 드려 이 일을 하라고 우리를 부르신다.

우리 자신 안에서 잘 살아간다는 것은 하나님의 영역으로부터 우리의 사역과 소명을 위해서 필요한 유용한 자원을 활용하는 것을 의미한다. 편안하고 예측 가능한 영역에서 우리 자신의 벽으로 에워 쌓기를 선택한다면, 자신과 그리고 우리와 하나님과의 관계에 부정적인 영향을 끼친다.

앞에서 살펴보았듯이, 전통적으로 자기 주장과 자기 높임을 죄라고 여겨왔다. 그러나 이와 아울러 성경은 약함과 회피 역시 죄의 다른 표현임을 가리키고 있다.

수치심이 한 사람을 상처입기 쉬운 상태로 빠뜨리게 되는 회피 전략을 고찰하면서, 닐 그레거슨(Niels Gregersen)은 다음과 같이 말한다.

> 성서적인 전통에서, 자기 과대 혹은 과소평가는 모두 죄로 여겨져 왔다…회피하는 식으로 행동을 하는 약함의 죄는 근본적으로 도피의 모양으로 나타난다.[44]

44　N.H. Gregersen, "Guilt, Shame, and Rehabilitation: The Pedagogy of Divine Judgment", Dialog: *A Journal of Theology* 39, no.2 (Sum. 2000), 105-118, 111.

3. 수치심, 참회, 그리고 확증

그렇다면 수치심과 죄 사이의 적절한 관계에 대한 지금까지의 모든 논의가 참회의 기도와는 어떤 의미가 있는 것인가?

지금까지 언급했던 것에 비추어 볼 때, 한 가지 확실한 사실은 도망가려고 하며, 삶으로부터 숨으려 하고, 진정한 삶을 살아가는 데 필요한 과제를 회피하려는 우리의 경향이 공동의 기도에 반드시 포함되어야 한다는 사실을 인정해야 한다는 것이다. 하나님 앞에 이러한 특별한 실패를 가져올 때 치유와 해방 그리고 아마도 성장을 이룰 수 있을 것이다. 편안하고 안전한 길을 택하고 자기 실현이라는 도전을 거절하는 사람들은 그러한 모습 속에서 불신앙을 인식하며, 자신의 불신앙을 반드시 고백해서 변화 받아야만 한다는 사실을 받아들일 것이다.

그러나 수치심을 느끼기 쉬운 사람은 자신의 불신앙뿐만이 아니라, 참회의 의례에서 언급할 필요가 있는 고통과 속박의 좀 더 깊은 이유를 가지고 있다. 회피의 죄는 부정적인 총체적 자기 평가에 기초한다. 자기를 훼손하는 것은 죄가 아니기에 고백할 필요는 없지만, 참회의 기도 속에서 언급될 필요는 있다. 열등하고 흠이 있다는 느낌과 연관된 고통은 고백과 용서받았다는 확신만을 통해서는 치유 받을 수 없다. 수치심에 갇혀 있는 사람에게 필요한 것은 용서뿐만이 아니라, 특별히 받아들임과 확증이다. 핀란드 루터란 교회에서 행해지는 참회에 대한 경험적인 연구에서 파보 케투넨(Paavo Kettunen)은 이것을 자비로 표현하고 있다.

한 사람이 수치심으로부터 벗어났다는 것은 그의 전체 자기의 중심을 차지하고 있는 무언가를 용서했다는 것을 의미한다. 이와는 달리, 죄책감의 경우, 용서 혹은 해방은 죄책감을 불러일으켰던 심리적이거나 보다 구체적인 행동을 대상으로 한다. 자비에 의해서 둘러싸인다는 것은 용서나 사면을 받는 것 이상의 전인적인 것이다. 이 상태에서 전인격체로서 사람은 자신이 사랑과 자비를 받을 만한 가치가 있다고 느낄 힘조차 없을 때, 그리고 그저 자신의 얼굴을 가리고, 숨고 도망가고 싶은 바로 그 순간에 자비와 사랑의 대상이 된다.[45]

수치심은 분리되는 경험이기 때문에 타인의 사랑과 수용은 매우 중요하다. 신앙의 맥락에서 그리고 예배의 자리에서 하나님이 우리를 확증한다는 것은 특히 중요하다. 이때 필요한 것은 참회하는 이에게 완전히 그리고 강력하게 하나님의 "자비"(확증과 수용)를 말하는 것이다. 수치심을 당하기 쉬운 성향은 깊은 원인을 가지고 있으며 그 뿌리를 제거하는 데 심하게 저항한다. 예배 의례에서 완벽한 치유가 일어나기란 분명히 불가능하다. 그러나 수치심의 매임에서 비록 부분적이나마 풀려날 수 있다면 그것은 매우 중요한 선물이다.

아마도 확증의 의례가 예배순서 가운데 어디에나 들어갈 수 있다고 주장할 수 있을 것이다. 확증의 의례가 참회의 기도와 연결될 필요가 없다고 말하는 지도 모른다. 이런 입장을 취하는 사람은 죄지음과 수치심의 역동성 사이의 분리할 수 없는 연결을 생각하지 못하는 것이다. 수치심으로 얽매인 사람에게 죄의 인식은 그의 총체적인 비판적 평가를 부채질한다. 즉, 자신에게 결함이

---

45 P. Kettunen, "The Foundation of Confession: A Study Based on Experiences", *Pastoral Psychology* 51, no.1 (Sep. 2002), 13-25, 21.

있으며, 흠이 있고, 가치가 없다는 자신의 확신을 강화하는 것이다. 죄의 고백은 어떤 면에서는 죄로부터의 해방을 가져다주지만, 잘못을 저질렀다는 보다 깊은 느낌은 그대로 남아 있는 것이다.

해롤드 엘렌스(Harold Ellens)는 용서와 치유에 대한 전통적인 입장을 재고할 것을 제안하였다. 일반적으로 법률적 모델에 입각하여 단지 정의, 의로움, 용서, 그리고 회복만을 강조한다. 치료적인 접근에서는, 확증과 치유가 포함된다. 엘렌스는 다음과 같은 공식을 만들었다.

(고통/수치심/죄의식/불안)+(고난/동정/자비/은혜)
=(용서〈그리고 다른 치유〉)/(확증/치유/실현).[46]

용서만으로는 수치심에 묶인 사람을 도와줄 수 없다. 하나님이 주시는 확증과 수용의 경험이 그 사람으로 하여금 자신은 온전하고, 옳으며, 가치 있다고 느끼도록 지지해 주는 데 또한 필요한 것이다.

1) 하나님의 확증의 시선

우리는 위에서 타인의 비판적인 시선이 수치심을 불러일으키는 요인이 된다는 것을 보았다. 남을 평가하고 판단하는 것은 인간의 본성 중 일부이다. 자신의 자녀들을 자비와 수용으로 보는 것은 하나님의 본성이다. 하나님의 은혜에 들어있는 능력과 아름다움은 삶이 주는 도전을 완전하게 받아들이는 데

---

[46] J. Harold Ellens, "Sin or Sickness: The Problem of Human Dysfunction", in *Seeking Understanding: The Strob Lectures*, 1986-1998 (Grand Rapids: Eerdmans, 2001), 439-489, 454.

필요한 용기와 확신을 준다. 이러한 의견에 동의하면서 엘리자베스 몰트만-벤델(Elisabeth Moltmann-Wendel)은 은혜는 스스로가 자기를 긍정하며 자유롭고 진실하게 살아가도록 하는 힘이라는 사실을 되새기게 한다.

하나님의 무조건적인 수용은 마치 예쁘든 못생기든 갓 태어난 아이들 사랑하는 엄마와도 같다고 그녀는 말한다.[47] 하나님의 은혜의 확신 속에 거하면서, 우리는 "나는 올바르고, 선하며, 자질이 충분하다"[48]고 말할 수 있다. 핵심부터 말하자면, 여기서 "선하다"라고 하는 말은 윤리적인 차원으로 해석하지 말아야 한다. 그보다 그것은 자기, 즉, 한 사람의 개인적 특성을 가리킨다. "나는 선하다"라는 확신은 자신이 옳으며, 의롭다 함을 받았으며, 자질이 충분하다는 것을 의미한다. 이것들 중의 어느 것도 우리가 가지고 있는 죄 된 성품을 부인하지 않는다. 확실한 것은 그리스도 안에서 그리고 그를 통하여 우리를 의롭고 선하다고 보시는 사랑이 충만하시며 은혜로우신 하나님을 안다는 것은 우리도 자기 자신을 그렇게 볼 수 있다는 것을 의미하는 것이다.

사람의 시선은 종종 수치심을 주지만, 하나님의 시선은 항상 우리를 확증하시며 치유하신다.

> 하나님의 시선은 회복의 시선이다. 그것은 자신의 눈으로 평가하려고만 하는 다른 사람들의 **응시**와 **대조된다**"(강조는 원문에 의함).[49]

사랑과 사랑받을 수 없음 모두 얼굴에 나타난다고 했던 웜서의 관찰을 떠올

47　Cf. E. Moltmann-Wendel, *A Land Flowing with Milk and Honey: Perspectives on Feminist Theology* (New York: Crossroad, 1986), 151.
48　E. Moltmann-Wendel, "Self-love and Self-acceptance", *Pacifica* 5 (Oct. 1992), 288-301, 292.
49　N.H. Gregersen, "Guilt, Shame, and Rehabilitatin", 111.

려보자. 얼굴과 수치심의 치유를 다룬 폴 굿리프(Paul Goodliff)에게도 역시 중심을 차지한다.

굿리프는 예배를 드릴 때 하나님의 확증의 시선은 그리스도의 얼굴을 묵상함으로써 경험할 수 있다는 유용한 견해를 밝히고 있다.[50] 그는 그리스도 상(像)의 사용은 하나님의 수용과 치유하시는 사랑에 우리의 마음의 창을 열수 있도록 해 준다고 주장한다. 그리스도상(像)에 대한 묵상은 우리로 하여금 하나님의 은혜를 붙잡을 수 있으며 수치심을 직면할 수 있는 용기를 준다.

물론 개신교회에서는 아이콘의 사용에 대해서 강한 거부감이 늘 있어왔다. 여기서 우상숭배에 대한 염려가 뚜렷이 엿보인다. 많은 개신교 신자에게 아이콘을 사용해서 예배를 드리는 것은 홀로 영광을 받아야만 할 하나님이 아닌 아이콘에게 헌신하는 것으로 비춰진다. 이러한 자세와 연관 지어서 염려하는 것은 아이콘이 주술적인 물건으로 기능한다는 점이다. 그러나 동방정교 신학의 전통은 아이콘을 하나님의 사랑과 은혜의 신비로 들어가는 통로로 해석한다.

진-룩 마리온(Jean-Luc Marion)이 말한 것처럼, "아이콘에 시선을 맞춘다고 해서 절대로 단지 아이콘 그 자체에만 집중하는 것은 아니다. 오히려 그 대신에 아이콘을 통하여 하나님의 시선을 보는 것이다."[51] 아이콘은 예배자가 중요한 신학적인 진리를 되새기게 하며 거룩한 하나님의 임재를 더욱 더 강하게 인식하게 한다.[52]

---

50 Cf. P. Goodliff, *With Unveiled Face: A Pastoral and Theological Exploration of Shame* (London: Darton, Longman & Todd, 2005), 96-99.
51 J-L Marion, *God without Being* (UNiversity of Chicago Press, 1991), 12.
52 Cf. M. Quenot, *The Icon: Window on the Kingdom* (Crestwood: St. Vladimir's Seminary Press, 1991), 93.

신비적인 체험이 부족한 우리는 하나님의 은혜와 자비를 경험하도록 이끌어주는 어떤 수단이 필요하다. 인간의 감각을 통해서는 하나님께 접근할 수 없기에 우리는 하나님과 우리 사이를 중재해 주는 구체적인 것이 필요하다. 하나님 말씀, 특히 성경의 말씀이 이런 역할을 한다. 음악 또한 우리의 심령을 거룩한 하나님의 임재로 이끈다. 성례전에서 사용하는 물건들도 역시 그런 기능을 한다. 이미지 역시 하나님의 사랑과 연결시켜 주는 매우 강력한 방법 가운데 하나인 것이다. 아이콘의 사용을 통하여, "당신은 하나님과 함께 있으며, 하나님은 그의 은혜로 당신을 위해 역사하는 것을 인식하게 된다…."[53]

참회의 의례에서 그리스도상(像)을 사용하는 것은 하나님이 우리를 무조건적으로 수용하신 것에 대한 언어적인 의사소통의 대안이다. 그것은 하나님의 은혜에 대해서 깊이 성찰할 수 있는 공간을 우리에게 제공해 준다. 그리스도의 이미지를 묵상하는 것은 수치심의 경험에서 시선의 중요성이 크기 때문에 매우 강력한 효과가 있는 것이다. 확증과 수용의 시선은 한편으로는 비극적이며, 다른 한편으로는 완고한 수치심 경험이 불러일으키는 자기 위해에 대한 강력한 해독제인 셈이다.

2) 적용

지금까지 다룬 수치심과 죄 그리고 참회에 대한 논의를 통해서 적어도 다음과 같이 세 가지 의식을 제시하려고 한다.

첫째, 삶이 주는 기회와 도전으로부터 숨으려는 경향에 초점을 맞추는 참회의 기도를 예배에 포함해야 할 필요가 있다. 수치심이 갖는 억제하려는 힘을

---

53 R. Williams, *The Dwelling of the Light: Praying with Icons of Christ* (Norwich: Canterbury Press, 2003), xix.

인식한다는 것은 윤리적인 타락뿐만 아니라, 자기 실현에 대한 실패 역시 고백해야만 한다는 것을 의미한다. 다르게 말하자면, 개인의 능력 혹은 가치를 축소하는 죄를 과대평가하는 죄와 함께 고백할 필요가 있다는 것이다. 다음에 나오는 참회의 기도는 친구인 산드라 젭이(Sandra Jebb) 이 장의 초고를 읽은 후에 예배에 사용하기 위해서 쓴 것이다.

은혜가 충만하시고 선하신 하나님,
저희에게 임하는 하나님의 자비는 늘 저희들을 놀라게 합니다.
저희의 심령을 기꺼이 열고 하나님에게 가면
하나님은 진실하심으로 자비를 베푸십니다.

저희가 우리 자신에게 초점을 맞추고
하나님의 힘과 사랑과 저희를 기꺼이 도우시는 것에 대한
믿음이 약해질 때
하나님, 저희들을 용서하여 주시기를 기도합니다.

삶이 주는 도전을 우리는 할 수 없다거나
할 만한 준비가 되어 있지 않기 때문에
새로운 도전을 받아들이라는 하나님의 부르심을 막을 때
하나님, 저희들을 용서하여 주시기를 기도합니다.

두려움이 저희들을 하찮게 만들고,
의심이 우리의 희망을 갉아먹을 때,

온갖 변명을 늘어놓으며,
사랑으로 가득한 하나님의 시선으로부터 숨어버리고자 할 때,
하나님, 저희들을 용서하여 주시기를 기도합니다.

사랑의 하나님,
이른 아침부터 밤늦도록 너무나 바쁜 매일의 생활에서
저희로 하여금 우리 가까이에 그리고 우리 안에 늘 맴돌고 있는,
하나님의 사랑의 임재를 다시 한 번 기억하도록 도와주십시오.
하나님이 우리 앞에 놓으신
가능성을 매 순간 저희들을 가로막는
수치심, 자기 의심, 믿음의 부족함으로부터
저희들을 자유하게 해 주십시오.
우리로 하여금 자유 안에서 살아가도록 힘을 북돋워주며,
용기 있게 행동하고,
치유와 자비의 적극적이고 두려움 없는 증인이 되도록
우리에게 하나님의 성령을 새롭게 불어넣어 주시기를 기도합니다.
자신에게 오는 모든 사람을 만져주시며 치유하시는
하나님의 아들 예수 그리스도의 이름으로 기도합니다. 아멘.

둘째, 하나님의 확증하시는 사랑의 경험은 수치심을 당하기 쉬운 사람에게 특히 매우 절실하게 필요하다는 사실을 염두에 둘 필요가 있다. 이것은 참회의 의례에서 언급된 은혜의 선포가 두 가지 측면을 가지고 있다는 것을 의미한다. 우리에게 매우 익숙한 첫 번째 차원은 그리스도 안에서 나타난 하나님

의 은혜를 통하여 우리가 용서를 받았다는 것이며, 두 번째 은혜의 시각에서 보면, 우리는 모두 온전하며 아름다운 것이다. 참회의 기도 후에, 예배인도자는 다음과 같이 회중들에게 말한다.

> **인도자**
> 은혜에 대한 두 말씀을 선포할 수 있음을 기쁘게 생각합니다.
> 자비하신 하나님이 우리를 용서하셨습니다.
> 그리고 하나님은 무조건적으로 우리를 받아주셨으며
> 사랑으로 우리를 확증하십니다.
>
> 은혜의 첫 번째 말씀입니다.
> 만일 우리가 우리의 죄를 고백하면,
> 하나님은 신실하시고 의로우시며 우리의 죄를 용서하시며
> 우리를 모든 불의로부터 깨끗하게 하십니다.
>
> 은혜의 두 번째 말씀입니다.
> 하나님은 우리를 무조건적으로 받아주십니다.
> 하나님의 눈으로 보면, 우리는 아름답고 그 무엇보다도 뛰어납니다.[54]

---

54 여기서 Moltmann-Wendel의 "옳음"과 "선"이라는 용어를 사용하지 않고 있음을 주목하길 바란다. 그 이유는 일부 예배자들에게 혼동을 줄 수 있기 때문이다. 예배 리더자들은 자기들이 윤리적으로 선하다고 확신하기를 원하고 있다는 잘못된 생각을 할 수 있다. 하나님은 인간으로서 우리가 약하고 부서지기 쉬움에도 불구하고 우리를 아름답고 선한 존재로 보신다는 것을 분명히 하려는 의도가 있다.

셋째, 두 번째와 비슷하지만 하나님의 확증의 경험을 촉진하기 위하여 이미지를 사용한다는 점이 다르다. 즉, 하나님의 확증의 시선의 아름다움을 붙드는 것이다. 이에 대한 묵상은 참회의 기도를 드린 후에 한다. 화면에 띄우기에 적합한 그리스도의 이미지를 선택하라. 이미지가 나타날 때, 예배인도자는 그에 대한 언급을 간단히 한다.

아마도 다음과 같이 말할 수 있을 것이다.

> 화면에 나온 이미지를 1분에서 2분 정도 묵상하시기를 바랍니다. 그리스도의 얼굴을 보면서 무조건적으로 당신을 받아들이고 확증하시는 은혜 안으로 들어가도록 하십시오.

사람들이 묵상할 때 2분이나 3분 정도의 묵상을 돕는 음악(이때 말을 곁들이면 산란할 수 있다)이 연주되어야 한다. 음악이 끝나면, 예배인도자는 다음과 같은 선언을 하면서 마친다.

> 하나님은 은혜와 자비가 충만하십니다. 하나님의 눈으로 보면 우리는 아름답고, 그 무엇보다도 뛰어납니다. 아멘.

PART 2

탄식:
불평 치료하기

3장_하나님 앞에서 우리 자신 주장하기
4장_분노: 기도로 표현하기

탄식: 불평 치료하기

사실상 거의 예외 없이 누구나 살다보면 격렬한 아픔과 고통을 경험한다. 거기에는 매우 다양한 원인이 있다. 신체적이고 정신적인 질병, 사고, 사랑하는 사람의 상실, 관계의 깨어짐, 실직, 이 밖의 많은 것으로 인하여 사람들은 무거운 짐을 안고 살아간다. 본인이 직접 겪는 고통만큼 심하게 느끼지는 않더라도, 다른 사람이 경험하는 깊은 고통과 절망 그리고 공포를 생생하게 인식하면서 살아가는 것 그 자체도 역시 괴로움을 준다.

텔레비전에서 전쟁의 난폭함, 굶주림, 질병 등으로 인해 고통받는 사람들의 참혹한 모습을 보는 것은 너무나 괴로운 일이다. 신앙인들은 종종 그러한 상황뿐만 아니라 하나님과의 관계에서도 분노와 절망을 느끼기도 한다. 너무나 절실하게 도움이 필요한 때에 하나님이 자기를 버렸다는 강한 느낌을 우리들 가운데 많은 사람이 가지고 있다.

탄식에 대한 성서적 전통은 고통받고 있는 사람에게 공동체적인 공간을 제공해 주는 것인데, 그러한 공간에서 그들은 너무나 생생하게 밀려들어오는, 동시에 너무도 두렵고 불편한 감정들을 표현한다. 탄식을 통해서 분노, 괴로움, 좌절 그리고 실망과 같은 감정들이 분출된다. 탄식에 대한 전통은 기도의 본질에 대해서 우리가 가지고 있는 일반적인 가정들을 재고하도록 하며, 탄식의 영성과 기도에 대한 일반적인 접근은 큰 대조를 이룬다.

기도는 보통 수동적인데 반하여, 탄식은 과감한 형태를 취한다. 탄식은 "수동적인 전통적 개념의 신앙심을 벗어나는 것인데, 말하자면, 공격성을 보이는"[1] 영성이다. 기도는 전형적으로 하나님의 뜻을 받아들이는 것으로 인식하지만, 탄식은 불평자의 울부짖음이자 저항이다. 마지막으로 대부분의 사람이 기도는 평화롭고 조심스러워야 하며, 반면에 탄식은 분노와 감정을 있는 그대로 쏟아붓는 것으로 생각한다.

그러므로 대부분의 교회에서 예배 중에 교인에게 탄식의 기회를 주지 않는 것은 그리 놀랄 일이 아니다. 탄식 시편을 보면 거의 밝은 분위기를 찾아볼 수 없다.[2] 사실 우리가 드리는 모든 예배는 한결같이 긍정적인 느낌이 주조를 이룬다. 하나님께 불평하며 분노를 표시하는 것이 기독교 의례의 중요 부분을 차지하는 것은 많은 예배인도자에게는 절대로 일어나지 않을 것처럼 보인다.

그러나 분노, 혼란, 괴로움을 경험하고 있는 사람들이 자신이 느끼고 있는 감정을 예배 의례를 통하여 표현할 기회를 갖지 못한다면, 우리는 그들을 소외시키고 고립시키는 셈이다. 그들은 다른 사람들과 차단되어 있으며 자신들의 권리를 빼앗기고 있다고 느끼는데, 왜냐하면 그들은 자신들의 감정이 받아들여지지 않거나 혹은 적어도 그곳에서는 받아들여지지 않는다는 메시지를 받기 때문이다.[3]

---

1 W. Brueggemann, "The Friday Voice of Faith," *Calvin Theological Journal* 36, no. (2001), 12-21, 16.
2 사실 예배에 관한 거의 모든 책은 탄식을 무시하는 경향이 있다. 이 점에 대해서 다음을 참조하라. K.D. Billman and D.L.Miglire, *Rachel's Cry: Prayer of Lament and Rebirth of Hope* (Cleveland: United Church Press, 1999), p.13; N.Duff, "Recovering Lamentation as a Practice of the Church", in S.A. Brown and P.D. Miller (eds) *Lament: Reclaiming Practices in Pulpit, Pew, and Public Square* (Louisville: Westminster John Knox Press, 2005), 3-14, 4. 내가 속해 있는 교단인 호주연합교회가 탄식을 포함하여 다른 교단들이 다루지 않는 다른 예배 자원들을 많이 포함하고 있다는 것이 다행이다. Cf. Uniting in Worship 2 (Sydney: Uniting Church Press, 2005).
3 Cf. W. Brueggemann, "The Friday Voice of Faith", p.14; M. Boulton, "Forsaking God: A Theological Argument for Christian Lamentation," *Scottish Journal of Theology* 55, no.1 (2002), 58-78, 59.

Part 2에서 나는 위에서 언급한 교회가 못하고 있는 일을 교정하기 위하여 두 가지 제안을 하려고 한다.

3장은 성경적 전통에는 "강경한"(hard) 형태와 "온건한"(soft) 형태의 불만이 있다는 것을 지적한다. 먼저, 우리는 하나님에 대한 분노, 거의 광포에 가까운 화를 터뜨리고 있는 경우를 살펴볼 것이다. 그러나 동시에 부드러운 형태의 항의의 기도도 있다. 3장은 화와 더 심한 격노를 표현하기 위한 의례적인 기회가 있어야 하지만, 탄식은 일반적으로 좀 더 부드러운 형태로 이루어져야 한다고 주장한다.

좀 더 부드러운 접근에는 두 가지의 형태가 있다. 첫 번째는 탄식 속에 불평이 숨어있는 기도이며, 두 번째 부드러운 형태는 항의가 신뢰의 확신에 가리어지는 유형이다. 정규적으로 예배자가 불평이 있는 사람으로 하여금 온건한 형태로 하나님께 불평을 털어놓을 수 있는 기회를 주는 정도로도 대부분의 사람의 필요성을 충족시켜 줄 것이다.

그러나 괴로움이 너무 심하여 하나님에 대한 분노가 강한 사람에 대한 목회적이고 의례적인 반응을 보이는 것 또한 필요한 일임이 인식되고 있다.

4장은 분노의 의례에 대해서 다루고 있다. 심리적인 연구에 따르면 단순히 화를 분출하는 것은 분노의 감정을 누그러뜨리는 데 그다지 큰 효과가 없다는 것을 지적하고 있다. 적어도 부분적인 해결이나마 가져오려면 감정적인 분출은 분노와 연관된 사건이나 사건들 그리고 그것에 연루된 태도와 행동에 대한 인지적인 해석이 동반되어야 한다. 이러한 점을 염두에 두고, 분노의 의례는 하나님과 불편한 감정을 터뜨릴 뿐만 아니라, 분노의 해결을 향한 신학적 확언을 포함할 필요가 있다는 것을 4장은 제시하고 있다.

3장
하나님 앞에서 우리 자신 주장하기

하나님이 창조하신 세상은 아름다운 반면에 두렵기도 하다. 하나님의 임재하심을 느낄 때 우리는 기쁘고 위로가 되며, 하나님의 부재에 대해서는 당황하거나 혼란을 느끼게 된다. 우리는 하나님의 임재와 부재를 통하여 이 세상을 경험한다. 예배인도자들이 우리와 함께하시는 하나님의 임재를 즐겁게 찬양하도록 돕는 데는 어느 정도 성공한 반면에, 하나님의 부재를 의례에서 다루는 것은 대개 힘들어한다.

고통과 아픔의 너무나 무거운 짐을 가지고 예배드리러 오는 사람들은 혼란스러움과 하나님에 의해서 버림받았다는 격렬한 감정을 가지고 오지만, 예배시간에 목회자로부터 거의 혹은 아무런 지지도 받지 못하고 있는 실정이다. 대부분의 예배인도자가 가지고 있는 신학은 하나님의 절대적인 주권과 완전한 선하심에 집중되어 있다. 이것이 의미하는 바는 예배드릴 때 인간이 당하는 고통에 대해서 할 수 있는 유일한 적절한 태도는 겸손하게 고통에 복종하고 그것을 기쁘게 받아들이는 것이다.

하나님의 주권과 예정을 강하게 믿는 사람들에게는 단지 찬양하고 고통을 견디는 인내 외에는 별다른 방도는 없다. 하나님은 최고로 은혜로우시며, 지혜로우시고, 선하시므로 우리가 해야 하는 유일한 일은 하나님 앞에 입술로

찬양하며 마음 중심으로 복종하며 나아가는 것뿐이다.[1]

그러나 사실 이것 외에 다른 방법이 있다. 탄식 전통은 하나님이 부재한 것 같아 보이는 상황을 온순하게 받아들이기를 거부한다. 담대하지만 위험할 수도 있는데 하나님의 사람은 하나님의 보좌 앞에서 자기 자신을 주장한다. 그들은 끈질기게 "왜?"라는 질문을 던진다.

"하나님, 왜 우리를 버리셨나요?"

"하나님은 왜 우리로부터 얼굴을 숨기시나요?"

그들은 하나님과 논쟁하며 속히 그들의 도움이 되어 달라고 하나님을 설득하고자 한다. 그들에게 하나님은 계약적인 파트너가 해야 할 일을 하지 않고 있는 것처럼 보이며, 하나님을 깨워서 일을 하게 하는 것이다.

다른 사람들과의 관계에서 자신을 주장할 때, 강경 노선 혹은 온건 노선을 택할 수 있다. 매우 직설적이고 솔직할 수 있으며, 이해와 유연성 있는 자세를 가지고 강경한 태도를 누그러뜨릴 수도 있다. 탄식 전통에서 강경한 형태와 온건한 형태 모두 발견하는 것은 흥미로운 일이다. 종종 시인이나 성경의 인물들은 하나님의 보좌를 향해서 원망을 전부 쏟아붓는가 하면, 하나님에 대한 불평이 간접적이거나 혹은 신뢰의 확신 뒤에 숨기는 경우도 있다.

다음에 이어지는 내용은 예배 시간에 하나님 앞에서 우리 자신을 강하게 드러내는 시간이 분명히 필요하기는 하지만, 대부분의 경우 예배를 드리는 사람들의 개인적이고 영적인 필요성은 보다 부드러운 형태의 항의로도 충족될 수

---

[1] 하나님의 주권과 예정, 그리고 탄식에 대한 관계를 좀 더 알기 원한다면 다음을 참조하라. E.T. Charry, "May We Trust God and (still) Lament? Can We Lament and (still) Trust God?" in S.A. Brown and P.D. Miller (eds) *Lament: Reclaiming Practices in Pulpit, Pew, and Public Square* (Louisville: Westminster John Knox Press, 2005), 95-108; and N. Wolterstorff, "If God is Good and Sovereign, Why Lament?" *Calvin Theological Journal* 36 (2001), 42-52.

있다는 점을 말하고 있다. 보다 부드러운 형태에서 하나님께 호소하는 탄원과 완화된 항의가 이루어진다. 첫 번째 형태에서 불평은 탄원 아래에 숨기며, 두 번째 형태에서는 신뢰의 확신 아래에 감춘다.

앞에서 지적한 것처럼, 우리가 드리는 예배에서 불평이 강하게 표현되는 기회가 분명히 필요하다. 어떤 사람에게는 하나님에 대해서 가지고 있는 자신의 분노를 인정받는 것이 하나님과의 관계를 새롭게 하는 과정에서 매우 중요할 것이다. 그럼에도 불구하고, 대다수의 사람은 그렇게 강한 정도의 저항이 필요하다고는 느끼지 않는다. 서구인들은 중동 지역의 형제자매들과는 다른 기질을 가지고 있다. 하나님에 대한 격하고 성난 저항은 대체적으로 우리와 같은 서구인들에게는 자연스럽지 못한 것이다. 그러므로 정기적으로는 보다 온건한 형태의 탄식을 사용하되, 때에 따라서 가끔씩 강한 유형의 저항을 사용하는 것이 적절한 목회적 접근이라고 생각한다.

1. 지배적인 전통: 모든 것에 대한 복종과 찬양

앞에서 언급했던 것처럼, 탄식은 중요하지만 경시되어 온 전통이다. 신학과 의례의 지배적인 경향은 주로 하나님의 주권, 선함, 그리고 예정에 초점을 맞추어 왔다. 신학적인 전통에서 우세하고 영향력 있는 입장은 탄식을 배제하는 것이었다. 인간의 고통은 하나님의 절대적인 주권과 완벽한 선이라는 관점으로 인식되어 온 것이다. 탄식에 대해서 유일한 적절한 반응은 기쁨으로 찬양하며 참고 수용하거나 혹은 종종 회개하는 것뿐이다.

나는 이러한 입장에 서 있는 어거스틴, 칼빈, 그리고 바르트의 주장을 살펴보면서 이야기를 전개해 나가려고 한다. 물론, 여기에 포함할 만한 다른 중요한 목소리가 많이 있을 수 있다. 그러나 여기에서 이 주제에 대해서 집중적으로 다룰 의도는 없으며, 다만 탄식이 우리의 신학적인 사고와 의례 순서에서 빠지게 된 중요한 이유를 지적하고자 한다.

1) 고통과 참회에 대한 어거스틴의 견해

어거스틴은 참회록에서 자신에게 극심한 비통을 안겨다 주었던 두 이야기를 들려준다. 하나는 타가스테에서 살았던 친한 친구의 상실로 인한 애도이며, 다른 하나는 그의 어머니의 죽음에 대한 비통이다. 시적으로 매우 아름답고 깊이 있는 통찰을 담고 있는 이 묘사에서, 어거스틴은 독자에게 자신이 경험했던 고통의 깊이를 열어 보인다. 친구의 죽음에 대해서 느꼈던 비통이 너무 강렬하여 어둠과 침울의 장막이 자신을 덮었다고 말한다. 심장을 칼로 찌르는 듯한 슬픔과 고뇌의 상태에서, 그는 이전에 사랑했던 모든 것뿐만이 아니라, 심지어 자기 자신으로부터의 소외를 느꼈다.

> 나의 시선이 고정된 것은 온통 죽음뿐이었다. 나의 고향은 고문이 되었으며, 아버지의 집은 불행이라는 낯선 세상이었다. 그와 함께 나누었던 모든 것은 그가 없이는 잔혹한 고문으로 바뀌었다. 나의 눈은 이리저리 그를 찾고 있었지만, 그는 그곳에 없었다. 나는 모든 것을 저주했는데, 왜냐하면 그들에게 나의 친구는 없었으며, 나에게 "저기 좀 봐, 네 친구가 오고 있어"라고 말해 주지도 않았기 때문이었다. 그가 살아있었고 내 곁에 없

었을 때에 그렇게 말하곤 했었던 것이다. 나 자신이 나에게 커다란 문제
가 되었다.²

비통과 슬픔의 눈물이 폭포수와 같이 흘렀다. 그가 위로를 찾은 곳은 바로 그의 눈물이었다.

오직 눈물만이 나를 위로해 주었으며, '영혼의 기쁨'의 눈물이 친구의 자
리를 대신해 주었다.³

이쯤에서 참회록을 읽은 독자들은 의심할 바 없이 어거스틴과 강한 공감대를 느낄 것이다. 그를 치료해준 눈물의 영향에 대한 언급과 더불어, 비통이 가져다주는 가슴을 콕콕 찌르며 방황하게 만드는 아픔에 대한 그의 통렬한 묘사는 애도를 현대적 개념으로 이해하는 데 도움을 준다.

그러나 그 후에 나오는 말은 분명히 우리를 상당히 당황스럽게 만들 것이다. 어거스틴은 위와 같이 개인적으로 비통을 설명한 이유는 죄를 참회하기 위해서라고 책에서 말하고 있다.

내가 왜 이러한 것들을 말하고 있는 것일까? 지금은 질문을 던질 때가 아
니라, 하나님께 참회해야 할 순간이다⁴

---

2 Augustine, *Confessions*, trans. Henry Chadwick (Oxford: Oxford University Press, 1991), IV.iv.9.
3 Ibid.
4 Ibid., IV.iv.11.

그렇다면 왜 비통이 죄일까?

분명한 것은 비통은 사랑하는 사람을 잃어버린 것에 대한 자연스러운 반응이다.

여기서 하나님에 대하여 죄를 저지르는 모습이 어디에 있는가?

어거스틴에게 있어서 비통은 본래 그리고 저절로 죄가 되는 것이 아니라, 그의 관계적인 가치 체계에 장애가 있다는 것을 시사하고 있다는 것이다.[5] 크리스천의 관계적인 삶은 수평적이고 수직적인 두 개의 차원을 가진다. 비통은 그가 수평적인 관계에 너무 강하게 얽매여 있다는 것을 나타낸다. 참회한 바로 직후에, 어거스틴은 이렇게 말했다.

> 나는 고통에 빠져 있었는데, 여기서 고통이란 죽을 수밖에 없는 것과의 우정에 압도당하며 벗을 잃어버렸을 때 갈기갈기 찢어진 영혼의 상태를 말한다.[6]

이 세상의 것들에 과도하게 얽매여 있는 것은 죄이다. 이 땅의 일시적인 것을 즐기되, 그것을 우리에게 선물로 주신 하나님을 찬양하는 것이 합당하다. 그러나 어거스틴은 "일시적인 세상의 것들에 자신의 모든 감정이 쏠려 사랑함으로써 집착하고 몰입되는 것"[7]을 경고한다. 일시적인 것들은 영혼에 위협을 가할 수 있는데, "자칫 잘못하면 우리의 영혼이 일시적인 것들을 사랑하고, 그 안에서 평안을 찾고자"[8] 하기 때문이다. 그러나 궁극적인 평화는 오직 시간

---

5 Cf. N. Wolterstorff, "If God is Good", 46.
6 Augustine, *Confessions*, IV.vi.11.
7 Ibid., IV.x.15.
8 Ibid.

과 고통을 초월하시는 유일하신 분 안에서만 발견할 수 있다.

어거스틴은 어머니가 돌아가실 때 기독교로 개종하였다. 기독교로 개종한 그는 비통에 대해서 완전히 다른 생각을 가지게 되었다. 어머니가 눈을 감는 순간 흐르는 눈물을 억제하고자 하였다.

> 나는 어머니의 눈을 감겨드렸다. 그 순간 말할 수 없는 비통이 내 마음을 휘감고 있었으며 주체하기 어려운 눈물이 마구 쏟아져 내리려 하고 있었다. 그런데 바로 그 순간, 강한 정신력을 발휘해서 간신히 눈을 통제하여 눈물을 참았다. 마음속으로 일고 있는 갈등이 커다란 고통 속으로 나를 떠밀고 있었다. 어머니가 마지막 숨을 내쉬었을 때, 나의 아들인 아데오다투스는 슬픔에 울음을 터뜨렸는데, 우리는 모두 그에게 조용히 하고 울음을 참으라고 달랬다. 이와 똑같은 방식으로 울고 싶은 내 안의 한 어린아이는 마음의 음성에 의해서 울음을 억누르고 가라앉혔다.[9]

어거스틴은 눈물을 참느라고 있는 힘을 다했다. 그러나 비통은 그가 통제할 수 없을 만큼 매우 강력한 힘을 가지고 있다. 어머니 모니카의 장례식을 마친 후, 침대에 누워 그녀의 사랑과 헌신을 묵상할 때, 그동안 참고 있었던 눈물이 봇물처럼 터져 나왔다. 친구의 죽음으로 눈물을 흘린 경우에 관하여 자신의 비통을 바깥으로 표현한 것을 다음과 같이 참회하고 있다.

---

9 Ibid., IX.xii.29.

> 나의 하나님, 글로써 참회합니다. 원하는 사람은 누구든지 자기 마음에
> 드는 대로 제 글을 읽고 해석하도록 하옵소서. 만일 내가 어머니의 죽음
> 으로 인해 한 시간 동안 슬퍼한 것에 대해 비난한다면, 그로 하여금 저를
> 조롱하지 않도록 하옵소서…만일 그가 자애로운 사람이라면, 그로 하여
> 금 하나님 앞에서 저의 죄를 위하여 울게 하여 주소서.[10]

어거스틴은 유한한 인간에게 너무 지나치게 집착했던 자신의 죄를 위해서 하나님 앞에서 울어 줄 것을 자애로운 사람에게 부탁하고 있는 것이다.

여기서 문제는 우는 행위 그 자체가 아니라, 우는 것이 의미하는 것이다.[11] 어머니를 상실하여 어거스틴의 마음이 무너지고 울었다는 것은 그가 어머니와 얼마나 가까운 사이였는지를 보여주는 좋은 사례이다. 어거스틴은 어머니의 죽음이 자신에게 왜 그토록 뼈아픈 내적인 비통을 안겨다 주었는지 이유에 대해서 곰곰이 생각했다.

> 분명히 어머니와 함께 살면서 가졌던 깊은 애정과 소중한 유대관계로 형
> 성했었던 습관이 단절됨으로써 야기된, 이전에는 전혀 경험해 보지 않았
> 던 상처 때문임이 분명했다.[12]

친밀한 애착관계를 형성했던 모든 사람은 언젠가는 떠나야만 하며, 그 사람이 떠나갈 때 우리 안에 있는 평화도 사라지기 마련이다. 우리는 오직 하나님

---

10 Ibid., IV.xii.33.
11 Cf. N. Wolterstorff, "Suffering Love", in T.V. Morris (ed.) *Philosophy and Christian Faith* (Norte Dame: University of Norte Dame Press, 1988), 196-237, 197.
12 Ibid., IV.xii.30.

안에서만 완전한 휴식을 찾을 수 있다. 우리가 선택하지 않는 이상, 하나님과 우리를 묶는 유대는 절대로 깨질 수 없다.

> 말씀 그 자체이신 하나님은 당신이 돌아오기를 바라며 눈물 흘리고 계신다. 하나님이 계신 곳은 만일 사람이 스스로 떠나지 않는 한, 우리를 버리지 않는 평안한 고요한 곳이다.[13]

비록 창조주 하나님이 세상의 것들을 누리도록 우리에게 주셨지만, 우리는 그러한 것들에 얽매이지 말아야 한다. 영원히 변하지 않는 평화와 행복은 하나님 안에 그리고 오직 하나님께 있다. 어거스틴은 만일 어떤 사람이 비통에 압도당한다면, 그것은 그가 세상적인 것에 너무 지나치게 집착하고 있다는 사실을 보여주는 증거가 된다고 주장하였다. 어거스틴은 우리가 깊은 고통 가운데 있을 때 하나님이 얼굴을 감추고 있는 것처럼 여기는 것에 대해서 하나님께 이의를 제기해야만 한다고는 절대로 생각하지 않았다. 그러한 순간이 닥칠 때 우리가 해야 할 가장 적절한 반응은 탄식이 아니라 참회인 것이다.

2) 고통속에서의 인내에 대한 칼빈의 견해

어거스틴이 고통(혹은 적어도 고통이 나타내는 것)을 참회하라고 우리에게 요구한다면, 존 칼빈은 고통을 인내하며 참으라고 말한다. 하나님은 우리의 모든 것을 다 아신다는 사실에 칼빈은 주목한다. 하나님은 우리의 약함과 죄된 인간의 본성을 알고 계신다. 또한 우리가 그리스도의 성품에 좀 더 가까워지

---

13 Ibid., IV.xi.16.

기 원한다면, 확고한 훈련이 필요하다는 것도 알고 계신다. 인간 고통에 대한 칼빈의 접근은 여기에서부터 시작된다. 경제적으로 번창하고, 건강하며, 일이 잘 풀릴 때, 우리는 자기의 능력과 가진 것을 과신하게 된다.[14] 하나님이 베푸시는 친절과 선함에 너무 젖은 나머지 잘못 길들여지게 되면 인간은 자만과 자기 만족에 의해서 타락한다.

> 따라서, 우리가 과도한 부의 풍부함으로 인해 만용을 부리지 않도록, 명예로 의기양양해져서 거만해지지 않기 위하여, 육신이나 마음이나 행운 등의 다른 요인들로 인해 우쭐거려서 교만해지시 않도록 하기 위해서, 십자가를 통해서 나타내 보이신 것처럼, 예수님이 친히 개입해 주셔야만 우리 육신의 오만을 억제하고 제어할 수 있게 된다.[15]

고통은 하나님의 손안에서 일어나며 거룩한 하나님의 임재하심의 표현이다. 하나님은 우리가 구원의 진보를 이루도록 하기 위하여 사랑의 마음으로 우리를 벌하신다. 칼빈에게 이 세상은 "거대한 갱생학교"[16]이다. 칼빈에 의하면, 크리스천은 자신이 경험하는 고통은 하나님이 의도하신 것임을 의식하거나 적어도 의식하도록 노력해야만 한다. 우리가 당하는 징계를 우리는 받을 만하다는 것은 진실이다. 즉, 벌을 포함한 하나님이 하시는 모든 일은 하나님의 정의와 공평에서 나오는 것이다.[17] 그러므로 불평할 어떤 이유도 없다. 크리

---

14 Cf. J. Calvin, *Institutes of the Christian Religion*, trans. Henry Beveridge (Grand Rapids: Eerdmans, 1989), III.viii.2.
15 Ibid., III.viii.5.
16 N. Wolterstorff, "If God is Good", 49.
17 Calvin, Institutes, III.viii.11.

스천이 해야 할 적절한 반응은 고통을 인내로 참는 것이며, 하나님이 우리의 영원한 선이심을 마음속으로 기억하며 위로를 받는 것이다.

> 우리가 당하는 십자가가 어떤 종류의 것이라고 할지라도 최악의 고난 속에서도 인내를 굳게 지켜야만 한다. 역경은 쓰리고 우리를 아프게 할 것이지만, 결론은 항상 동일하다. 하나님이 그러한 고난을 계획하셨으며, 그러므로 그분의 뜻을 따라가야 한다는 것이다.[18]

칼빈은 크리스천이 초인적인 존재가 되기를 기대하지 않는다. 또한 크리스천이 삶의 고통과 탄식이라는 짐을 얼굴에 미소를 띤 채 이겨나가기를 바라지도 않는다. 이 점을 분명히 인식한 칼빈은 당시 일부 크리스천들이 신봉하고 있었던 신금욕주의를 반대하였다. 스토아 학파의 원리인 부동심(apatheia)의 미덕에 현혹된 일부 사람들은 시련과 고난에 직면했을 때 감정을 표현하는 것은 도덕적 실패라고 주장하였다. 칼빈에 따르면, 신스토아 학파는 "인내를 무감각으로, 용감하고 확고한 사람을 바보 멍청이로 바꾸려 하는 것이다."[19] 고통을 피하려 하거나 두려워하는 것은 자연스러운 일이다. 오직 인간만이 시험을 당할 때 분노와 불안 그리고 우울을 느낀다.

그러나 칼빈은 결국 크리스천은 그들이 당하고 있는 고통이 궁극적으로는 하나님의 사랑과 자비의 표현이며, 그러므로 고통을 인내하며 견딜 수 있는 것이라고 주장하였다. 고통은 하나님이 우리를 훈련시키기 위하여 허락하신 것이기 때문에, 인내하지 못하는 것은 하나님의 정의에 반항하는 것이 된다.

18　Ibid., III.viii.10.
19　Ibid.

만일 고통을 인내로 견딘다면 하나님은 우리가 죄악된 성향을 이기며 그리스도를 더욱 온전하게 닮아 가는 데 도움이 되도록 고통을 사용하신다. 짐을 지는 것이 구세주와 좀 더 밀접하게 연합하도록 한다는 사실이 커다란 위로가 된다. 칼빈은 다음과 같이 적고 있다.

> 우리가 고난을 당하면 당할수록, 그리스도와 더욱 더 공고한 교제를 나눌 수 있다는 사실은 십자가의 괴로움을 더는 데 얼마나 큰 힘이 되는지 알 수 없다. 그리스도와의 연합을 통하여 당하는 고통은 우리에게 축복이 될 뿐만이 아니라, 우리 구원의 진보를 크게 이루게 한다.[20]

요약하면, 하나님은 우리를 구원하시기 위하여 고통을 사용하시기에 우리는 인내를 가지고 고통을 견뎌야 한다.

3) 고통을 기쁨으로 보는 바르트의 견해

칼 바르트의 고통에 대한 접근의 핵심 단어는 기쁨이다. 바르트에게 있어 기뻐하는 것은 본질적으로 우리들의 삶 속에 하나님이 주시는 은혜의 선물이 드러나리라는 것을 기대하면서 살아가는 것을 의미한다.[21] 하나님은 우리에게 삶을 주셨으며, 보다 중요한 것은 모든 삶은 은혜의 언약 안에 있다는 것이다. 하나님은 주이시며, 구원자 그리고 승리자로서 삶의 영역에서 발생하는 모든 것에 있어서 그리스도 안에 그리고 그리스도를 통하여 나타나신다.

---

20   Ibid., III.viii.1.
21   Cf. K. Barth, *Church Dogmatics* III.4 (Edinburgh: T&T Clark, 1961), 378.

하나님의 주권과 은혜가 미치지 못하는 삶의 영역은 한 군데도 없다. 건강, 번영, 성취, 행복한 가정생활 등과 같은 긍정적인 가치에서부터 병, 가난, 실패와 가족의 붕괴 등과 같은 부정적이라고 여기는 것들에 이르기까지 이 모든 것은 하나님의 통치 아래에 있는 것이다. 심지어 바르트가 부르는 무(無) 혹은 허무(das Nichtige, nothingness or nihil)와 같이 하나님과는 완전히 맞지 않거나 적대적인 것조차도 하나님의 주권 아래에 놓여 있다.[22] 모든 것이 하나님께 속한 것이며 우리가 소유한 모든 것은 하나님이 선물로 주신 것이고, 천지만물이 모두 조화롭게 운행되는 데 하나님의 뜻과 목적이 작용되고 있기 때문에 오직 하나님 한 분만이 인간이 행하는 모든 활동의 진정한 목적이 무엇인지, 그리고 무엇이 우리의 진정한 기쁨인지를 결정하신다.

> 그러나 이것이 의미하는 바는 어려움에 처했을 때 올바르고 선하게 기뻐하기 위해서는 기뻐하고자 하는 우리의 의지와 각오가 미지의, 심지어는 애매모호한 하나님의 이끄심에 활짝 열려 있어야만 한다는 것이다. 기쁨은 삶의 고통 때문에 제한당해서는 안 된다. 왜냐하면 심지어 삶의 고통조차도 우리에게 즐거워할 것을 권유하시는 바로 오직 한 분 하나님으로부터 나오기 때문이다.[23]

인간의 모든 삶과 역사는 "십자가의 그늘"[24] 아래에 놓여있다. 십자가는 세상을 심판하며 구원하는 능력이 있다. 여기서 우리는 매우 분명하게 하나님의

---

22 Cf. K. Barth, CD III.3 (Edinburgh: T&T Clark, 1960), 293.
23 Barth, CD III.4, 383.
24 Ibid.

사랑과 은혜의 높이와 깊이 그리고 넓이를 만난다. 그러므로 우리는 "십자가의 그늘 아래에서 사는 것에 대해서 놀라거나 화를 내지" 말아야 한다. 우리가 믿는 모든 것은 바로 "십자가의 그늘에서 나오는"[25] 기쁨과 성취의 원천인 것이다.

> 그러나 이 말의 실제적인 의미는 하나님이 명령하신 삶 속에서 기쁨을 누리는지, 즉, 진정하고 참된 기쁨인지에 대한 진짜 시험은 우리가 예수 그리스도의 십자가의 그늘에서 벗어나지 않는지와 심지어 우리에게 닥치는 슬픔을 견딜 때 진심으로 기꺼이 기뻐하는지에 달려 있다는 것이다.[26]

바르트가 주장하는 것은 다음과 같다. 하나님은 아들에 이르기까지 하나님의 창조 질서를 따라 모든 것을 만드셨기 때문에, 밝음과 어둠, 낮과 밤, 성공과 실패, 기쁨과 슬픔, 출생과 죽음 등 이 모든 것은 다 선하다는 것이다. 우리가 깊은 나락으로 떨어질 때, 빛이 어둠으로 변할 때, 불안해 하거나 불만족스러워 한다거나 혹은 불평할 이유가 없다. 빛처럼 어둠도 하나님으로부터 나오며 하나님의 손안에 있다. 한마디로 말하자면, 모든 것이 하나님의 예정으로 이루어진 것이다. 바르트가 고통에 직면하게 될 때 우리가 해야 할 적절한 반응으로 기쁨을 언급한 것은 그의 예정론에 따르면 자연스러운 결과이다.

바르트는 예정을 "창조주이신 하나님의 자신의 창조물에 대한 최고의 다스리심이며, 자신의 뜻의 계획에 따라서 지혜와 전지전능함과 선함을 가지고 우

---

25 Ibid.
26 Ibid.

주만물을 유지하고 다스리시는 것"[27]으로 정의한다. 바르트는 이러한 하나님의 통치와 다스림은 절대적이라고 주장한다. 우주 삼라만상에서 하나님의 통치가 미치지 못하는 영역이나 일은 절대로 있을 수 없다. 더 나아가 하나님의 뜻과 목적은 모든 만물 안에 나타난다. 바르트는 이러한 점을 자신의 예정론을 다룰 때마다 반복해서 주장하고 있다.

하나님의 주권은 세상의 어떤 다른 주권과는 구별되는 "아버지와 같은 주권"(fatherly lordship)[28]이라고 바르트는 보았다. 그러므로 하나님의 주권은 친절하고 사랑이 가득하며 우호적이다. 훨씬 더 중요한 것은 하나님의 주권은 아들이신 예수 그리스도의 삶과 죽음과 부활 안에서 그것을 통해서 표현된 통치이다. 하나님의 통치는 매우 분명한 목적(텔로스⟨telos⟩)이 있다. 그 목적은 그리스도 안에서 하나님과의 연합이다.[29] 하나님은 은혜의 언약을 맺으신 모든 만물 및 사람 안에서 역사하신다. 우리를 보호하시며 모든 일에 함께하시고 동행하시는 하나님의 궁극적인 목적은 모든 사람을 구원의 언약으로 이끄시는 것이다.

언약이 하나님의 은혜에 기초한다는 말은 곧 선물이 하나님으로부터 우리들에게 자유롭게 주어졌다는 것을 의미한다. 하나님은 우리의 모든 행위에 임재하시며, 그것을 다스리시지만, 하나님은 이 모든 것을 우리가 순전히 자유롭게 할 수 있도록 허락하신다.[30] 만일 우리가 하나님의 임재에 의해서 제한받거나 조종당하거나 굴욕을 당한다면 하나님의 임재는 선물이 아니다. 그러나 바르트는 그렇다고 해서 어떤 경우에는 하나님과 관계없이 인간의 일이 벌어

---

27 Barth, CD III.3, p.3
28 Cf. ibid., 28. 하나님의 "아버지로서의 주권"에 대해서 ibid., 142.
29 Cf. ibid., 155.
30 Cf. ibid., 91.

진다는 것을 의미하지는 않으며 그럴 수도 없다는 점을 지적한다.

하나님의 통치는 피조물의 모든 상황과 영역을 망라한다. 모든 사람을 은혜의 언약 안으로 이끌려는 하나님의 계획은 인간의 활동 안에서 그것을 통해서 역사하신다. 이것은 하나님의 활동과 인간의 활동은 궁극적으로 하나로 연합된다는 것을 뜻한다. 인간과 동행한다는 것은 하나님이 "피조물의 활동에 주권과 전지전능하신 능력으로 나타나시며 피조물의 활동 안에서 피조물과 함께 피조물을 통해서 일하신다는 것"을 의미한다.[31] 바르트 신학의 논리는 명확하다. 하나님의 주권이 의미하는 바는 이 세상에 존재하는 모든 것은 하나님께 속한 것이며 하나님의 거룩한 임재로 충만하다는 것이다. 인간의 모든 활동은 하나님에 의해서 미리 정해졌으며 그리스도의 십자가에서 표현되었고 성령의 능력으로 널리 전파되었던 거룩한 사랑과 소통하기 위하여 하나님에 의해서 사용된다.

만일 은혜의 언약이 어둠이든 빛이든 인간에게 발생하는 모든 것의 중심이라면 언제나 그리고 어느 상황에서든지 우리의 적절한 반응은 찬양과 기쁨이다. 심지어 고통 속에서도 즐거워할 수 있다. 참으로 그리스도 안에서 발견한 우리의 기쁨에 대한 진정한 시험은 슬픔을 당할 때도 여전히 우리 안에 기쁨을 찾을 수 있는지의 여부인 것이다.

---

31 Ibid., 132.

2. 고통에 대한 예외적인 접근: 불평과 항변

지금까지 위에서 언급한 여러 가지 신학 사상들을 고려해 볼 때, 탄식이 예배순서에서 제외되어 온 사실은 그리 놀랄 만한 일은 아니다. 엘렌 채리(Ellen Charry)는 다음과 같이 말한다.

> 하나님의 선하심과 지식과 능력이 절대적이라는 견해에 비추어 보면, 불행에 처했을 때 충격을 받거나 분노하는 것은 하나님을 의심하는 것처럼 보이기 때문에 부적당하다. 하나님의 강력한 선하심에 대한 매우 강한 믿음의 차원에서 보면, 우리에게 일어나는 일은 분명히 유익이 될 것이 틀림없으며, 비록 우리가 벌을 받고 있다고 하더라도 감사하게 여기고 즐거워해야만 한다. 그러한 믿음을 가진 사람들은 하나님의 선하심을 의심하게 만들기 때문에 탄식을 차단한다.[32]

고통 가운데 탄식에 빠지지 않고 모든 일에 겸손하게 복종하고 기쁨으로 하나님을 찬양하도록 장려하는 것은 성경에서 흔히 찾아볼 수 있다. 그럼에도 불구하고, 성경에는 위와 같은 반응 외에도 불평과 항변도 있다는 사실을 인식할 필요가 있다. 하나님의 사람이라고 해서 자신에게 벌어지는 운명을 항상 잠잠하게 인내하며 받아들일 준비가 되어 있는 것만은 아니다. 고난과 불행을 당했을 때, 그들은 하나님의 모순에 대해서 불평하기도 했다.

하나님은 이전에는 그들의 신실함으로 인해 축복했었다. 그런데 지금, 그들

---

[32] E.T. Charry, "May We Trust God", 96.

이 말할 수 있는 것은 자신들은 하나님과의 언약적 의무를 지키는 데 신실했지만, 하나님은 자기들을 버린 것처럼 보이는 것이다. 만일 큰 죄를 지었다면, 크나큰 벌을 예상할 것이다. 그러나 그들은 자기들에게 닥친 고통이 하나님께 대하여 저지른 어떤 범죄와 전혀 상관이 없는 것으로 여겼다.

그들은 자신들이 겪는 고통을 하나님의 완전한 계획의 일부로 유순하게 받아들일 준비가 되어 있지 않았다. 대신에, 왜라는 질문을 던짐으로써 하나님의 왕권을 공격하기 시작하였다.

"하나님 왜 그러셨나요?"

"왜 이러한 혹독한 운명을 줌으로써 우리를 포기하시는 건가요?"

마치 하나님이 적이 된 것처럼 보인다. 그러나 궁극적으로 탄식은 믿음을 확인시켜준다.

비록 불평을 하는 사람들이 분노와 혼란으로 가득 차 있지만, 그들은 여전히 간절한 마음으로 하나님께 매달린다.

> 고통당하는 사람들은 자신들이 더 이상 이해할 수 없는 하나님에게 끝까지 매달린다. 그들의 절망은 인내를 거의 고갈시킨다…그러나 여기까지이다. 비난이 하나님께 대한 죄악으로까지 가지는 않는다.[33]

강하게 저항해 보지만 실질적으로 그러한 몸부림은 항상 희망의 확신과 연결되어 있는 것이다.

---

33 C. Westermann, "The Complaint against God", in T. Linafelt and T.K. Beal (eds) *God in the Pray* (Minneapolis: Fortress Press, 1998), 233-241, 239.

1) 고통에 대한 이스라엘의 주장

고통에 대한 항의의 전통은 이스라엘의 신앙과 행위에 절대적으로 중심을 차지하고 있는 언약신학의 맥락에서 이해할 필요가 있다. 시내산 언약은 엄격한 제재 규약이라는 기본틀 안에서 이스라엘의 생활과 하나님과의 관계를 설정하였다. 만일 이스라엘 백성이 언약 의무를 신실하게 지키면, 그들은 하나님으로부터 축복을 기대할 수 있다. 그러나 만일 언약에 명시된 의무를 지키지 못하면, 하나님의 저주 아래로 들어가게 된다. 언약신학은 명확하게 규정된 도덕적 합리성에 의해서 다스려지는 일종의 규율화된 경험으로서 개인적이고 공동체적인 삶을 규정한다. 모든 삶에는 예측 가능한 양식이 있으며 그러한 양식은 언약적인 율법과 제재 규약에 의해서 정해진다.

언약신학은 고통을 구체적으로 접근한다. 고통을 받는 이유와 치유는 누구나 이해할 수 있을 정도로 단순하다. 사람들은 하나님께 죄를 지었기 때문에 고통과 탄식으로 괴로움을 당하는 것이다. 만일 고통에서 해방되기를 원하면 회개함으로 하나님께 돌아와 하나님의 긍휼하심과 치유를 간구해야만 한다. 욥의 친구들은 고통에 대한 이러한 구조를 매우 분명하게 말하고 있다. 예를 들면, 빌닷은 욥에게 다음과 같은 목회적인 돌봄을 제공한다.

> 하나님이 어찌 정의를 굽게 하시겠으며
> 전능하신 이가 어찌 공의를 굽게 하시겠는가?
> 네 자녀들이 주께 죄를 지었으므로
> 주께서 그들을 그 죄에 버려두셨나니
> 네가 만일 하나님을 찾으며 전능하신 이에게 간구하고

또 청결하고 정직하면 반드시 너를 돌보시고

네 의로운 처소를 평안하게 하실 것이라(욥 8:3-6).

이러한 사고가 히브리 성경에서 두드러지기는 하지만, 이와 반대되는 목소리 또한 찾을 수 있다. 위의 사고방식이 자신의 경험과 단지 너무나 다르기 때문에 그것을 받아들일 수 없는 사람들이 있다. 그들은 자신에게 닥친 끔찍한 운명에 처할 만한 잘못한 일을 전혀 하지 않았다. 하나님과 인간 사이의 관계를 지배하는 그러한 체계가 그들에게는 너무나 엄격하고 강경해 보였다. 그러한 사고에 강하게 이의를 제기할 필요가 있었다.

> 그 이유는…**거기에는 인간적인 면이 부족하다**…한 번의 실수도 용납하지 않으며 자비로움도 없고 실패에 대한 일말의 여지도 없는 사실 그대로만 강조하는 체계다(강조는 원문에 의함).[34]

탄식 전통은 하나님은 일관성이 없게 행동하신다는 가정에 기초를 두고 있다. 종종 무죄한 사람의 항의가 있다. 물론 분명한 것은 고통당하는 사람이 자기에게는 아무런 죄도 없다고 생각하지는 않는다는 것이다. 그보다 그들은 자신들이 저지른 잘못이 너무나 가혹한 처벌을 받을 만큼은 아니라고 주장하는 것이다. 탄식시들은 하나님으로부터 어떤 대답을 듣기를 원한다. 그들은 더 이상 하나님과 하나님이 행하시는 방법을 이해할 수 없다. 하나님이 일하시는 방식은 수수께끼 같은 난제가 되고 만다.

---

34 W.Brueggemann, "A Shape for Old Testament Theology I: Structure Legitimation", *Catholic Biblical Quarterly* 47 (1985), 28-46, 42.

여기서 말하고 있는 것은 지적인 작용에 관해서가 아니라, 우리 마음의 심연에서 일어나는 그 어떤 것에 대해서 다루고 있는 것이다. 시편 기자들은 자신들의 갈등과 혼란 속에서 살을 에는 듯한 아픔을 느꼈기 때문에 평온을 잃어버렸다. 하나님과 그분의 뜻을 이해하고자 하는 절망적인 몸부림은 바로 마음 깊은 곳에서 일어나는 혼란으로부터 나온다. 시인은 하나님이 왜 자기를 그런 두려운 상황으로 몰아넣었는지 알기 원한다.

> 내 하나님이여 내 하나님이여 어찌 나를 버리셨나이까
> 어찌 나를 멀리 하여 돕지 아니하시오며,
> 내 신음소리를 듣지 아니하시나이까
> 내 하나님이여 내가 낮에도 부르짖고 밤에도 잠잠하지 아니하오나
> 응답하지 아니하시나이다(시 22:1-2).

"하나님, 왜 그러시나이까?"
이것은 탄식하는 시인의 심장이 타들어가며 부르짖는 질문이다.

> 왜라는 질문은 구약 전체를 관통하는 하나님에 대항하는 탄식의 핵심이다. 탄식하는 사람은 더 이상 하나님을 이해할 수 없다.[35]

위급함을 당할 때 시편 기자들이 보통 묻는 다른 질문은 '얼마나 오랫동안'이다.

---

35 C. Westermann, "The Complaint", 238.

"오, 하나님 얼마나 오랫동안 하나님의 얼굴을 우리로부터 숨기시려 하십니까?"

"하나님의 부재를 우리가 얼마나 오랫동안 참고 견디어야만 합니까?"

"하나님의 정의가 이루어지는 것을 보기 위해서 우리가 얼마나 오랫동안 기다려야 합니까?"

하나님이 거룩한 공의의 실행을 지연하는 것처럼 보이는 것 또한 예레미야의 고백의 핵심이다. 마을 사람들은 예레미야가 자신들의 죄와 그에 따른 엄청난 심판이 뒤따를 것이라는 사실을 선포하자 몹시 분노했다. 예레미야는 그가 받은 메시지를 긴급하게 알리는 한편, 계속해서 사람들에게 경고했다. 그러나 아무 일도 일어나지 않았다. 그들은 평상시와 다름없이 활동하였다. 예레미야는 웃음거리로 전락하고 말았다. 그뿐 아니라, 그의 삶은 지속적으로 위협을 당하였다. 참을 수 없게 된 예레미야는 악을 범하는 사람들에게 벌을 내릴 것을 하나님에게 간청하였다. 하나님이 정의를 나타내는 것을 지연하자 예레미야는 다음과 같이 불평한다.

> 여호와여 내가 주와 변론할 때에는
> 주께서 의로우시니이다
> 그러나 내가 주께 질문하옵나니
> 악한 자의 길이 형통하며 반역한 자가 다 평안함은
> 무슨 까닭이니이까(렘 12:1).

압박이 갈수록 더 심해지자, 예레미야는 마침내 한계상황까지 이르게 되고, 자기의 삶 전체를 놓고 탄식하기 시작한다(렘 20:14-18). 절망과 혼란 가운데에 빠진 예레미야는 하나님을 정면으로 겨냥한다. 하나님이 자기를 속이고 배반했다고 항의한다(렘 15:18, 20:7). 하나님이 자기를 속였다고 비난하는 예레미야의 의도가 무엇인지는 그리 분명하지 않다.[36] 아마도 그는 사람들에게 모멸감을 당한 것에 대한 자신의 좌절감을 표현하는 한편, 일어날 것이라고 했던 재앙이 닥치지 않음으로써 자신을 현혹시켰다고 하나님을 규탄하고 있는지도 모른다.

혹은 절박하고 지속적인 자신의 경고에도 불구하고 사람들이 아무런 반응을 보이지 않는 것에 대해서 예레미야는 실망했을지도 모르는 일이다. 그 이유가 어쨌든, 중요한 점은 사람들 앞에서 당한 수치심과 격렬한 위협에 직면해서 예레미야는 하나님의 뜻이 이루어질 것이라는 것을 겸손하게 받아들일 만한 준비가 되어 있지 않았다는 것이다. 그는 자기를 실패로 몰아넣은 장본인으로 여기고 있었던 하나님 앞에서 자신의 주장을 내세운다.

예레미야가 하나님을 비난할 용기를 얻는 방식은 욥 저자(들)에게 큰 영향을 받았을 가능성이 매우 농후하다.[37] 하나님에 의해 야기된 불공평한 취급에 대한 욥의 항의는 특히 과격하다. 그러나 욥기의 시작을 보면 전혀 이러한 기미는 보이지 않는다. 욥은 겸손히 그리고 조용히 하나님의 주권에 복종한다. 하나님은 재산, 건강 그리고 가족을 허락함으로써 그를 축복할 권리가 있으며, 반면에 그 모든 것을 빼앗아 갈 권리도 가지고 있다(욥 1:21).

욥기의 나머지 부분에 나오는 매우 힘든 처지에 대한 욥의 태도에 대해서 이러한 유순한 자세를 가지고 어떻게 설명할 수 있을까?

36　이 점에 대해서 다음을 참조. R.E. Clements, *Jeremiah* (Atlanta: John Knox Press, 1988), 121-122.
37　Cf. *Arguing with God: A Jewish Tradition* (Northvale: Jason Aronson, 1990), 20; W.Brueggemann, "A Shape for Old Testament Theology II: Embrace of Pain", *Catholic Biblical Quarterly* 47 (1985), 395-415, 405.

아마도 욥은 처음에는 충격 상태, 즉 자신이 받은 재앙의 기세에 의해서 완전히 압도당하는 느낌이었을 것이다. 이런 혼란 상태에서 그는 무의식적이고 온순하게 자기의 운명을 하나님의 손에 맡겼다. 그러나 모든 것을 다 잃어버리는 고통스러운 반전과 이로 인한 상황을 돌아보면서, 결국 자신의 운명을 조용히 받아들일 만한 준비가 되어 있지 못함을 알게 되었다.[38] 사실 그는 언약신학에 대해서 의문을 제기하고 싶었다. 자기에게는 아무런 죄가 없음에도 불구하고 이런 식으로 고통을 당할 수 있다는 것을 도저히 이해할 수 없었다.

> 가령 내가 의로울지라도 내입이 나를 정죄하리니
> 가령 내가 온전할지라도 나를 정죄하시리라
> 나는 온전하다마는 내가 나를 돌아보지 아니하고
> 내 생명을 천히 여기는구나
> 일이 다 같은 것이라 그러므로 나는 말하기를
> 하나님이 온전한 자나 악한 자나 멸망시키신다 하나니
> 갑자기 재난이 닥쳐 죽을지라도 무죄한 자의 절망도
> 그가 비웃으시리라
> 세상이 악인의 손에 넘어갔고 재판관의 얼굴도 가려졌나니
> 그렇게 되게 한 이가 그가 아니시면 누구냐(욥 9:20-24).

하나님에 대한 욥의 도전은 대담한 것이었으며 대단한 용기가 필요했다. 그는 하나님이 자신의 항의를 받아들이지 않고 짓밟음으로써 자신의 시위

---

[38] 이 점에 대해서 다음을 참조. N. Whybray, *Job* (Sheffield: Sheffield Academic Press, 1998), 18.

에 반응할지도 모르는 모험을 감수했다. 그러나 이 책의 끝에서(욥 42:7), 우리는 욥의 입장을 하나님이 인정하고 있는 것을 읽을 수 있다. 브루그만(Brueggemann)은 이것을 다음과 같이 아주 잘 풀어 쓰고 있다.

> 너의 세 친구에게 가서 너무 따분한 말을 늘어놓지 말고 입 다물고 있으라고 말하라. 나는 그들이 하는 말을 더 이상 듣지 않으려 한다. 그러나 욥아, 만일 네가 그들을 대신하여 말한다면, 너는 내가 좋아하는 사람이니 너의 말은 들으마.[39]

그렇다면 분명한 사실은 깊은 아픔과 고통에 직면한 이스라엘 사람들 중에는 언약신학을 시험하여 그것의 약점을 찾았던 사람들이 있었다는 것이다. 탄식하는 사람들은 자신들이 겪는 고통에 진절머리가 났기 때문에 더 이상 하나님에 대한 분노와 실망을 억누를 수 없었던 이들이었다. 그들은 충분히 유순하고 복종적이었다. 이에 대하여 브루그만은 설득력 있게 말한다.

> 이스라엘이 하나님의 주권에 대하여 불평을 하며 비난하려는 위험을 감수하려는 용기와 믿음을 발견한 순간은 매우 중요한 때였다…탄식은 뒤집을 수 없는 극적이며 수사적이고 의례적인 언어 행위이다…이스라엘이 더 이상 하나님으로부터 내려오는 명령에 대한 복종적이고 추종적인 수용자가 아니라고 하는 사실이 분명해진 셈이다. 맹목적이고 유순하게 받

---

[39] W.Brueggemann, "The Friday Voice of Faith", *Calvin Theological Journal* 36, no.1 (2001), 12-21, 21.

아들이는 것이 아니라, 심지어 하나님 앞에서 위험하게 비난의 소리를 높이는 이스라엘의 대담한 움직임이자 목소리인 것이다.[40]

"위험한 목소리"를 냄으로써, 이스라엘은 "하나님과의 관계를 받아들일 수 없는 경계로 밀어넣은 셈이다."[41] 나는 여기서 자기 의견의 주장에 대한 심리학적 연구결과와의 흥미로운 상관관계를 발견한다. 주장은 다양하게 정의할 수 있는데 우리의 주제와 연관해서 주장은 "자기의 이익을 위하여 적극적으로 방어하고 추구하며 강하게 이야기하는"[42] 경향으로 이해할 수 있다. 주장에 관한 연구자들은 자기의 이익을 강하게 말한다거나 추구하는 것은 사회에서 대부분의 경우 부정적인 영향을 미친다는 것에 동의한다. 일반적으로 사람들은 자기 주장을 잘하는 사람을 그렇지 않은 사람보다 덜 우호적이며 좋아할 만한 사람이 아니라고 여긴다.[43]

주장하는 태도를 취하면 긴장 관계가 야기된다. 물론 하나님과 이스라엘 사이의 관계에서 일어나는 역동성은 보통 사람들 사이의 관계에서 발생하는 것과는 사뭇 다르다. 이스라엘이 "우호적이고 좋아할 만한지"의 여부가 아마도 하나님의 주요 관심사는 아닐 것이다. 하나님과 이스라엘의 관계에서 하나님

---

40 W.Brueggemann, "The Shape II", 400.
41 Ibid., 400.
42 D.R. Ames and F.J. Flynn, "What Breaks a Leader: The Curvilinear Relation between Assertiveness and Leadership", *Journal of Personality and Social Psychology* 92, no.2 (2007), 307-324, 307.
43 예를 들면, 다음을 참조. D.R. Ames and F.J. Flynn, "What Breaks a Leader"; A.H. Gervasio, "Assertiveness Techniques as Speech Acts", Clinical Psychology Review 7 (1987), 105-119; R.J. Delamater and J.R. McNamara, "Perceptions of Assertiveness by Women Involved in a Conflict Situation", *Behavior Modification* 15, no.2 (1991), 173-193; K. Wilson and C. Gallois, *Assertion and Its Social Context* (Oxford: Pergamon Press, 1993), 2.

께 우선권이 있는 것이며 이스라엘이 이 문제를 제기하고 언급하는 것은 위험한 일이었다. 이전에 하나님이 이스라엘 백성들의 주장을 받아들일 만한 것으로 여겼다는 것은 분명하지 않다.

주장은 관계에서 긴장을 일으킨다는 사실을 염두에 두고 있는 많은 심리학자가 내담자를 대할 때 직접적인 방법보다는 공감하는 방법을 선호한다. 공감적인 주장은 다른 사람의 감정이나 입장이 존중받는다. 예를 들면, 약속시간을 변경하려는 어떤 사람이, "불편함을 끼쳐드려서 미안합니다만, 금요일 상담회기를 다른 날로 잡아야만 할 것 같습니다"라고 말하는 것이다.

공감은 주장하는 말투에 담겨있는 딱딱한 측면을 순화하는 데 사용하는 하나의 방법이자 "의무요소"(obligation component)[44]를 구성하는 행동군(群)의 한 부분이다. 이 그룹에 속해 있는 다른 의무요소들은 더욱 세심한 배려, 유연성과 타협, 애정, 칭찬, 감사의 표현 등이다. 주장을 다루는 데 의무요소를 언급하는 이유는 이스라엘 백성들이 하나님께 좀 더 공감적으로 항의했어야만 했다는 것을 말하고자 하는 것이 아니다. 다만 탄식을 다룬 문헌을 보면 "강경한" 주장과 "온건한" 주장 두 가지가 균형을 이루며 나타난다는 사실을 말하려는 것이다. 이스라엘 백성들이 항상 격렬한 어조만을 사용해서 자기 주장을 내세운 것은 아니다. 일부 탄식들은 강경한 면들을 완화한 온건한 어조로 호소하기도 하였다.

---

44 Cf. K. Willson and C. Gallois, Assertion, 28.

2) 탄식의 두 유형: "강경한" 탄식과 "온건한" 탄식

먼저 강한 불평의 몇몇 대표적인 사례를 살펴보자. 다음의 예들은 시편, 예레미야, 욥에 나오는 일부 탄식들이다. 온건한 유형은 시편에서만 따왔다. 이것은 일부 시편 기자들이 하나님께 직접 항의하는 것을 편하게 느끼지 않았다는 증거가 된다.

강경한 유형의 항의 가운데 다음과 같은 표현을 찾아볼 수 있다.

> 주께서 우리를 잡아먹힐 양처럼 그들에게 넘겨주시고
> 여러 민족 중에 우리를 흩으셨나이다
> 주께서 주의 백성을 헐값으로 파심이여
> 그들을 판값으로 이익을 얻지 못하셨나이다
> 주여 깨소서 어찌하여 주무시나이까
> 일어나시고 우리를 영원히 버리지 마소서(시 44:11-12, 23).

> 나의 고통이 계속하여 상처가 중하여
> 낫지 아니함은 어찌됨이니이까
> 주께서는 내게 대하여 물이 말라서 속이는 시내같으시리이까(렘 15:18).

> 어찌하여 전능자는 때를 정해놓지 아니하셨는고
> 그를 아는 자들이 그의 날을 보지 못하는고
> 어떤 사람은 땅의 경계표를 옮기며 양떼를 빼앗아 기르며
> 고아의 나귀를 몰아가며 과부의 소를 볼모잡으며

가난한 자를 길에서 몰아내나니 세상에서 학대받는 자가

다 스스로 숨는구나

그들이 옷이 없어 벌거벗고 다니며 곡식 이삭을 나르나 굶주리고

그 사람들의 담 사이에서 기름을 짜며 목말라 하면서 술틀을 밟느니라

성 중에서 죽어가는 사람들이 신음하며 상한 자가 부르짖으나

하나님이 그들의 참상을 보지 아니하시느니라(욥 24:1-4, 10-12).

하나님에 대한 이러한 직접적이고 노골적인 공격 외에도, 간접적인 예들도 볼 수 있다. 웨스터만(Westermann)은 탄식 시편에 나타난 몇 가지 사례들을 "부정적 탄원"(negative petition)이라고 이름 붙여 불렀다.[45] 이 경우에 불평이 탄원 속에 숨어있다. 하나님이 자기를 버린 것 같은 감정을 말하기 위해서 시편 기자는 숨다, 몰아내다, 버리다, 포기하다, 침묵을 지키다와 같은 동사를 사용하고 있다. 시편 27편은 부정적 탄원의 좋은 예이다.

주의 얼굴을 내게서 숨기지 마시고

주의 종을 노하여 버리지 마소서…

나의 구원의 하나님이시여

나를 버리지 마시고, 떠나지 마소서(시 27:9).

시편에는 이와 마찬가지로 하나님께 직접 대항하기를 주저하는 다른 탄식들이 있다. '왜' 질문, 즉 시편 기자는 하나님 왜 나로부터 숨는 것입니까? 라는

---

45 Cf. C. Westermann, *Praise and Lament in the Psalms* (Atlanta: John Knox Press, 1981), 181, 185.

질문을 던지는데 여기에는 하나님을 신뢰하는 확신이 들어있다.[46] 불평을 믿음의 고백과 연결시킴으로써 불평의 강한 부분들을 제거하였다. 다음의 예들을 생각해보자.

> 내 반석이신 하나님께 말하기를
> 어찌하여 나를 잊으셨나이까(시 42:9).

> 주는 나의 힘이 되신 하나님이시거늘
> 어찌하여 나를 버리셨나이까(시 43:2).

3. 현대 예배에서의 탄식

탄식은 예배의 요소로 거의 인정받지 못하고 있는 반면에, 교인들 가운데 극심한 아픔과 고통을 경험하고 있는 사람들이 있다. 그들은 하나님이 오셔서 도와주시기를 간절히 기도하지만 하나님은 저 멀리 계시는 것만 같다. 좌절하며 분노하고 실망하는 사람들이 있다. 우리가 드리는 예배 의례에서 이렇듯 고통당하고 소외를 느끼는 이들로 하여금 버림받았다는 감정을 가지고 하나님 앞에 나올 수 있는 기회를 제공할 필요가 있다. 탄식 전통에는 강경한 형태와 온건한 형태의 불평이 있다는 점을 기억하면서 온건한 형태의 탄식을 예배에서 가장 자주 사용해야 한다고 제안하고 싶다. 이 유형의 탄식을 용기가

---

46 Cf. ibid., 184.

없는 것으로 해석하는 사람이 있을지도 모른다. 탄식을 예배 의례에 포함하는 것을 현재 널리 행해지고 있는 아름답고 고상한 예배 문화를 포기하는 것으로까지 간주할 수도 있다.

이러한 예상되는 비판에 대해서 가장 하고 싶은 말은 예배순서에 "분노의 의례"가 포함되어야만 한다고 나는 믿는다는 것이다. 다음 장에서, 분노의 의례의 실례가 제시되어 있다.

비판에 대한 나의 또 하나의 대답은 이미 살펴보았던 것처럼, 심리학적인 연구 조사는 대부분의 사람이 직접적이고 노골적으로 자기를 주장하는 행동을 좋아하지 않는다는 것을 매우 분명하게 보여준다는 것이다. 사람들은 그저 그런 행위를 좋아하지 않으며, 그런 행동을 하는 사람이 그렇지 않은 사람에 비해서 그다지 좋아할 만하지 않으며 덜 우호적이라는 사실을 발견한다. 그들이 느끼는 불편함은 기도할 때에 과격한 주장을 펼 경우 더 증폭되는 경향이 있다. 어떤 사람들은 유일하신 주권자이자 우주를 창조하시고 다스리시는 하나님을 비난하는 것은 결국 거만과 불경의 행위와 같은 것으로 본다.

내 제안에 반대해서 완화된 형태를 사용해서 탄식을 예배순서에 포함한다고 해서 그것이 미치는 영향을 줄일 수는 없다고 반박할 수 있다. 왜냐하면 어떤 형태이든지 간에 항의의 기도라는 것 자체를 반대하는 교인들이 있기 때문이다. 불평을 기도의 공식적인 형태로 절대로 받아들일 수 없는 교인들이 연대해서 움직일 수 있는 가능성도 충분히 있다. 그러나 유대인과 기독교인들의 예배 생활에서 탄식이 자리 잡고 있었다는 점에 대해 교인들을 잘 교육하면 부정적인 많은 교인의 협조를 가져올 수 있을 것이다. 그런 프로그램은 온순한 복종이나 조용한 체념보다 하나님이 부재한 것처럼 보이는 것에 대한 항의 안에 사실은 더 많은 사랑과 믿음이 있을 수 있다는 점에 초점을 맞춘다.

또한 평화와 분노, 질서와 혼미, 하나님의 임재와 부재와 같은 삶의 통합적인 경험을 가져오는 것과 관련된 것이 단지 좋고, "받아들일 만한" 것들이 포함된 뭔가 각색된 것을 바치는 것보다 더 진정성이 있다는 사실을 지적하는 것이다. 내가 주장하고 싶은 것은 예배에 탄식을 포함시키는 것을 인정하는 사람들 가운데서도 대다수는 격렬한 것보다는 부드러운 유형에 좀 더 자연스럽게 참여할 것이라는 점이다. 게다가 하나님이 숨어버렸다는 느낌과 싸우고 있는 가운데, "왜" 그리고 "얼마나 오랫동안"이라는 질문을 하는 기회를 갖는 것만으로도 그들을 치유하고 회복시켜 줄 것이다. 대부분의 예배자에게 이 정도의 기회로 족하리라 생각한다.

낸시 더프(Nancy Duff)는 매 주일 사람들에게 회개하라고 촉구하는 것처럼, 매주 탄식의 시간을 가질 것을 사람들에게 요청해야만 한다고 제안한다.[47] 이것은 너무 지나칠지도 모른다. 나는 예배를 드리러 모일 때마다 탄식할 필요가 있다고 생각하지 않는다. 아마도 예배자들이 원하는 목회돌봄은 매달 불평과 항의를 표현하는 것으로 적절하게 채워질 수 있다. 독자들은 각자 필요한 대로 보충하면 될 것이다. 중요한 점은 탄식의 의례가 주일 예배에 정규 순서로 포함될 필요가 있다는 것이다. 더 나아가, 대부분의 항의의 기도는 구약의 일부 탄식의 형식에서 볼 수 있는 것처럼 격렬하고 강경한 모습이 아니라는 사실을 분명하고 확실히 해야만 한다.

하나님 앞에서 행하는 완화된 유형의 주장은 대부분의 예배자가 목회자에게 필요로 하는 부분들을 적절하게 만족시켜 줄 것이다. 나의 목회 경험에서

---

47 Cf. N.J. Duff, "Recovering Lamentation as a Practice of the Church?" in S.A. Brown and P.D.Miller (eds) *Lament: Reclaming Practices in Pulpit, Pew, and Public Square* (Louisville: Westminster John Knox Press, 2005), 3-14, 8-9.

볼 때, 대부분의 교인은 하나님에게 대항하여 분노할 필요를 느끼지 못한다. 그러나 많은 사람이 하나님이 계시지 않은 것처럼 보이는 일로 인해 실망과 혼란을 경험한다. 하나님 앞에 이러한 느낌과 염려를 가지고 오는 기회는 내적인 상처를 치유하고 신앙을 회복할 수 있는 가능성을 제공해 준다.

지금까지 주장해 왔던 탄식 유형의 실례를 담고 있는 예배 지침서들이 많이 있다.[48] 그런 좋은 책들을 보완하는 차원에서 다음과 같은 의례 견본을 마련해 보았다.

의례 A

이 의례는 항의 혹은 피유팀(piyyutim)의 시들을 공식 의례에 포함시켰던 중세 유대교의 예배 의례의 도움을 받았다.[49] 전통적인 유대교 의례는 탈무드와 예배 법전에서 취한 표준 기도뿐만 아니라, 다양한 종류의 시적인 표현들을 포함한다. 시적으로 추가된 것들은 표준 기도 전이나 후에 부르는 찬양이나 표준 기도 그 자체에 포함된 시의 형태를 취한다. 아래에 예를 든 의례의 특별한 의식은 항의의 시가 경배와 찬양의 기도와 함께 나란히 나온다. 시는 경건한 기도 사이에 끼어있다. 항의의 특별한 효과는 변증법적인 구조 안에서의 위치에서 비롯된다.

이 의례에서 첫 번째 단계는 적절한 찬양을 선택하는 것이다. 그 다음에 많은 탄식이 시구들과 조화를 이루기 위해서 있어야 한다. 예배를 드릴 때 회중들은 항의의 기도를 하기 위해서 각 시구마다, 혹은 후렴을 부를 때마다 그 후

---

48 Cf. 예를 들면, *Uniting in Worship 2* (Sydney: Uniting Church Press, 2005); T.C.Falla, *Be Our Freedom Lord*, 2nd edn (Adelaide: OpenBook Publishers, 1994).
49 Cf. A. Laytner, *Arguing with God*, chp.7.

에 잠시 멈춰야 한다는 지시를 받는다. 나는 "하나님은 얼마나 위대하신가"(How Great Thou Art)라는 찬양을 선택했다. 이 찬양의 후렴은 다음과 같다.

> 내 영혼아 구세주 하나님께 찬양을 드려라,
> 하나님은 얼마나 위대하신가, 하나님은 얼마나 위대하신가!
> 내 영혼아 구세주 하나님께 찬양을 드려라,
> 하나님은 얼마나 위대하신가, 하나님은 얼마나 위대하신가!

탄식 1

> (첫 번째 후렴을 부른 후에 회중은 다음을 소리내어 읽는다.)
> 오 하나님, 주님은 위대하십니다.
> 우리가 고통을 당할 때 왜 우리를 잊으셨습니까?

탄식 2

> (두 번째 후렴을 부른 다음에 회중은 다음을 소리내어 읽는다.)
> 구세주 하나님, 우리는 상처를 받고 있습니다.
> 얼마나 오랫동안 이 아픔을 참아야만 합니까?

탄식 3

> 하나님은 우리의 구원의 바위이십니다.
> 왜 우리로부터 하나님의 얼굴을 숨기시는 겁니까?

탄식 4

그리스도께서 죄와 사망의 권세로부터 승리하셨습니다. 할렐루야!

하나님, 우리들의 무거운 짐을 언제 없애주시겠습니까?

의례 B

이 응답 기도에서 사회자가 기도를 마칠 때마다 시편 27:9을 기초로 한 후렴을 소리내어 읽는다.

사회자:

두려움과 증오가 도처에 깔려 있습니다.

폭탄이 터지고 있으며 총이 죽음을 가져오고 있습니다.

공동체가 무너지고 있습니다.

폭력이 산불처럼 걷잡을 수 없이 번지고 있습니다.

회중들:

주의 얼굴을 우리에게서 숨기지 마시고

우리의 구원의 하나님

우리를 버리지 마시고 떠나지 마소서.

사회자:

병이 무자비하게 우리들의 목숨을 앗아가며

언제 어디서 누가 다음 희생자가 될지 아무도 알 수 없습니다.

엉망진창이 되어 파괴된 육신들이 널려있으며

괴로움을 당하는 사람들이 계속해서 걱정과 고통 가운데 살고
있습니다.

회중들:
주의 얼굴을 우리에게서 숨기지 마시고
우리의 구원의 하나님
우리를 버리지 마시고 떠나지 마소서.

사회자:
직장을 찾기 위해 서 있는 실직자의 대기선은 행복하지 않은 곳입니다.
불황을 설명하기 위해 늘어놓는 전문적인 경제 용어들은
큰 위로가 되지 못합니다.
무가치와 불안과 절망이라는 감정에 대응하기란 너무나 어렵습니다.

회중들:
주의 얼굴을 우리에게서 숨기지 마시고
우리의 구원의 하나님
우리를 버리지 마시고 떠나지 마소서.

사회자:
그 어느 것과도 비교할 수 없는 아픔입니다.
사랑하는 누군가를 잃는다는 것은 너무나 많은 것을
잃는 것입니다.

모든 것이 텅 빈 것 같으며 웃음은 모두 사라졌습니다.
슬픔에 눈물 흘리는 사람들, 상황이 언제 나아지겠습니까?

회중들:
주의 얼굴을 우리에게서 숨기지 마시고
우리의 구원의 하나님
우리를 버리지 마시고 떠나지 마소서.

사회자:
때로 인생은 우리에게 너무나 많은 것을 요구하는 것 같습니다.
우리의 가슴은 너무 답답하고 머리는 아파오기 시작합니다.
압박은 계속됩니다,
삶이 이렇게까지 힘들지는 않았습니다.

회중들:
주의 얼굴을 우리에게서 숨기지 마시고
우리의 구원의 하나님
우리를 버리지 마시고 떠나지 마소서.

사회자:
은혜와 자비의 하나님,
우리의 고통스런 울부짖음을 들어주시니 감사합니다.
하나님의 사랑과 신실하심을 찬양합니다. 아멘.

지금까지 제시한 이러한 의례에 불평과 항의가 들어있지만 강경한 부분들은 제거하였다. 그러나 때로는 예배당으로 오는 것 자체가 정말로 갈등이 될 정도로 힘든 사람이 예배를 드리는 경우도 있다. 그들은 하나님께 깊은 실망과 환멸을 느끼며 마음속으로 분노를 가지고 있다. 자기의 경험을 말하는 탄식 전통 안에는 강한 요소가 있다. 다음 장에서 "분노의 의례"[50]의 유형과 기능에 대해서 살펴보도록 하자.

---

50 이 용어는 David Blumenthal이 사용하였다. 그의 논문인 "Liturgies of Anger", *CrossCurrents* 52, no.2 (2002), 178-199 참조.

4장
분노: 기도로 표현하기

주디는 교회의 리더이다. 보통 주일마다 교회에 출석하고 있으며, 예배에 참석하는 것을 매우 좋아한다. 그러나 최근들어 예배에 참석하기가 그리 쉽지 않다고 느끼게 되었다. 오늘은 4주 만에 교회에 출석하였다. 예배의 정규적 순서인 "교우 소식"시간에 일어나 교인들에게 다음과 같이 말하였다.

아마도 여러분 가운데 많은 분이 내가 왜 지난 몇 주 동안 교회에 나오지 않았을까 의아해 하셨으리라 생각합니다. 여러분 모두는 이 교회가 저에게 얼마나 커다란 의미가 있는지 그리고 여러분과 함께 예배를 드리는 것을 제가 얼마나 사랑했는지도 알고 계실 겁니다. 지난 몇 개월 동안 저는 하나님과의 관계에서 정말이지 큰 어려움에 처해 있었습니다. 몇 가지 이유로 인해 이 세상에서 벌어지고 있는 모진 현실들, 제가 보기에는 대개가 피할 수 있을 것 같아 보이는 것들이 저에게 너무나 큰 상처를 주었지요. 저와 매우 가까운 두 명의 친구가 암 선고를 받았는데, 상황이 그 친구들에게 아주 나빠 보였습니다. 그리고 이라크, 아프가니스탄과 다퍼 지역 등에서 날마다 벌어지고 있는 미친 듯한 모든 폭력, 증오, 살인 등에 대해서 많이 생각하는 저 자신을 발견하였지요.

저는 도저히 이해할 수 없었습니다. 이러한 것들이 저에게 심각한 영향을 미쳤습니다. 저는 굉장히 낙천적이었지만 요즘 들어 심한 우울증에 빠지게 되었습니다. 그리고 난생 처음으로 하나님께 화를 내고 있는 제 자신을 발견하게 된 것이지요. 우리는 하나님은 최고로 선하다고 믿습니다.

또한 하나님은 전지전능하다고 믿습니다. 그러나 저는 스스로, "일들은 그저 일어나는 것이 아니야. 만약에 모든 것이 맞는다면, 하나님은 지금보다 훨씬 더 많은 것을 하실거야. 나는 그것을 기대하고 있어"라고 생각해 왔습니다. 그래요. 그런 이유에서 저는 하나님께, "하나님, 지금으로는 충분하지 않아요. 더 많은 대답이 필요하단 말이에요"라고 말하는 것이죠.

그런데 지금까지 보면…하나님은 아무 것도 하시지 않고 있단 말입니다! 제가 왜 예배에 나오지 않았는지 아세요?

왜냐하면 단지 저는 여러분을 볼 수 없었답니다. 밝고 행복한 얼굴 그리고 하나님을 기쁘게 찬양하는 제 옆에 있는 여러분 모두를 말입니다. 그래요, 지금 저는 하나님을 찬양하고 싶은 마음이 그리 많지 않아요. 여기서 여러분과 함께 예배드리는 것이 지금 제가 있고 싶은 곳이 아니랍니다. 사실, 이렇게 말하는 것이 저에게는 정말로 가슴이 아프지만, 정말 그래요, 사실입니다. 여러분께 미안합니다.

주디의 교회는 유일무이한 사례는 아니다. 단지 하나님에 대한 분노를 표현할 수 있는 공간을 예배공동체가 마련해 주는 드문 경우일 뿐이다. 앞 장에서 살펴본 것처럼, 탄식의 내용을 담은 시편들은 좌절과 실망 그리고 분노를 솔직하고 정직하게 쏟아내는 기회를 제공한다. 사실 그것은 전통의 일부이지만 우리가 놓쳐버리고 있는 부분이다. 그 이유는 간단하다. 어떤 상황에서 분노를 표현하는 것에 대해서 우리들 대부분은 불편함을 느끼며 그중의 일부는 두려움을 느끼기 때문이다. 하나님과 인간과의 관계에서 이러한 부정적인 감정의 표현을 큰 불경이나 심지어는 신성모독으로 치부해 버린다.

그러나 시편 기자들에게 야훼 하나님에 대한 분노는 불신앙의 표현이 아니라, 오히려 깊은 믿음에서 나오는 행동이다. 앞으로 살펴보겠지만 그들은 야훼 하나님과의 언약적 약속을 매우 진지하게 받아들였다. 그들은 하나님의 약속과 앞으로 하실 일에 대해 흔들리지 않는 믿음을 가지고 있었다. 말하자면, 만약 하나님이 하셔야 할 일을 하지 못한 것으로 보인다면, 하나님께 화를 내고 가능한 가장 강한 어조로 항의할 자격이 있다고 느낀다.

탄식이 담긴 시편을 읽는 사람은 탄식이야말로 진실되고 순수하며 정직한 신앙이라는 강한 느낌을 받는다. 바로 이것이 위의 예에 나온 주디가 신앙의 위기에서 필사적으로 원했던 것이다. 그러나 안타깝게도 그녀는 예배에 나오지 못했는데 그 이유는 예배에서 보는 모든 것은 예의 바르고 품위 있으며 기도와 행복과 웃음이 가득한 찬양뿐이라는 점을 알기 때문이었다.

예배에서 분노의 감정을 드러낼 수 있는 공간을 만드는 것이 예배자들을 격앙되며 소란하고 불편한 장소로 이끌게 되는 것은 사실이다. 그 공간은 우리가 너무 자주 가야만 되는 그런 곳은 아니다. 그럴 필요는 없다. 하나님께 드리는 예배는 즐거운 축제의 장이 되어야 한다. 분명한 것은 하나님의 끝없는 은혜와 사랑은 실제로 우리의 가슴을 뜨겁게 해주고 우리의 입술을 찬양으로 채워준다는 사실이다.

그럼에도 주디의 경험은 유익한 점을 기억나게 해주는 역할을 한다. 즉, 주일 예배를 드리는 사람들 가운데는 영적인 혼란을 경험하는 사람들, 삶의 어둡고 어그러진 측면을 만나 평정을 잃어버린 사람들, 삶이 공평하지 못하다는 이유로 너무나 가슴 아픈 사람들이 있을 수 있다는 것을 새삼 알게 해 준다. 그들은 자신이 경험하는 모든 것과 하나님께 분노를 터뜨린다. 현대 예배에서 탄식 전통을 회복하는 것은 감정의 정당함을 인정하며 그대로 표현하도록 허락함을 의미한다. 그러한 감정의 표현은 적어도 부분적으로나마 치유와 해결의 가능성을 열어준다.

다른 사람들 또한 분노 의례의 회복을 주장한다. 그들은 이스라엘 백성들이 자유롭게 분노를 분출한 것처럼, 현대를 살아가는 우리들 역시 그럴 수 있는 자유를 가져야만 한다고 지적한다. 그러나 분노의 심리학을 연구 조사한 결과 발견한 사실은 분노의 감정을 줄이려면 표현이나 분출뿐만 아니라, 어느 정도의 인지적 재해석이 필요하다는 것이다. 즉, 만일 분노가 사라지게 하려면 분노의 원인이 된 상황을 인지의 재구조화를 할 필요가 있다.

이러한 점들을 바탕으로, 이 장에서 논의하려고 하는 것은 분노의 의례는 단순히 하나님에 대한 곤혹스러움을 발산시키는 것뿐만 아니라, 해결을 향한 신학적인 지침이 포함될 필요가 있다는 사실이다. 탄식 시편들과 기독교 전통의 다른 요소들에서 우리는 악과 고통 가운데 하나님이 실패한 것처럼 보이는 현상과 씨름하는 데 도움이 되는 신학을 발견한다. 이러한 신학적인 해석은 짧은 의례적인 확인에서 이루어질 수 있으며 분노의 표현 뒤에 포함될 수도 있다. 신학적으로 끌어올린 정수(精粹)는 심리학적인 연구에서 분노를 해소하는 데 중요한 요소로 밝혀진 인지적인 재해석을 위한 기회를 준다.

먼저 논의의 핵심으로 들어가기 전에 사전 지식을 갖추어야 할 필요가 있다. 이를 위해 이스라엘의 예배 시가에서 볼 수 있는 분노에 대해 알아보자.

1. 시편에 나타난 분노

우리가 드리는 주일 예배는 보편적으로 억제된 감정, 점잖은 간구, 그리고 경건한 찬양으로 대변되는 경향이 있다. 탄식을 담은 몇몇 시편 구절을 읽거나 분노와 격한 감정을 그대로 표현하는 것은 하나님께 대항하는 것으로 여긴다. 어떻게 그런 행위를 할 수 있을까라고 우리는 의아해한다. 그들의 기도가 경건하지 않으며 하나님께 무례한 것이고 심지어 불경스러운 것으로 이해될 수도 있다는 것을 시편 기자들은 생각하지 않았을까?

그들이 자신들의 불평조의 시들을 위와 같이 생각하지 않았던 이유는 계약과 계약 이해 당사자들의 권리와 의무에 대한 이해 때문이다. 이 점은 앞 장에서 언급한 바 있지만 여기에서 좀 더 자세하게 다루어 보려고 한다.

야훼 하나님이 이스라엘과 세우신 언약은 이스라엘을 축복하고 보호하시겠다는 하나님의 약속과, 다른 한편으로는 토라에 명시된 대로 이스라엘이 하나님의 뜻을 신실하게 지키겠다는 약속에 기초를 두고 있다. 언약 관계의 필수 구성요소는 축복과 저주의 구조이다. 이스라엘 백성이 하나님께 신실하다는 조건하에서만 야훼 하나님은 이스라엘 백성에게 축복을 내리시는 분으로서 의지할 수 있다. 이스라엘과 야훼 하나님과의 관계에는 징벌이 들어있다. 만일 이스라엘이 하나님께 반역하고 불신앙에 빠지면 그에 대한 야훼 하나님의 노여움을 받게 되는 것이다.

그러나 언약의 불이행으로 인해 받는 저주는 하나님과 이스라엘 관계의 핵심이 아니다. 이스라엘은 자신들을 사랑과 은혜의 하나님이 주시는 축복 속에서 살아가는 백성으로 보았다. 그들이 해야 할 적절한 반응은 마음 중심에서 나오는 찬양과 헌신이었다. 더 나아가 브루그만이 지적했던 것처럼 이스라엘이 드리는 찬양과 불복종 사이에는 분리할 수 없는 연결고리가 있다.[1] 그는, "찬양은 하나님께 대한 자발적인 복종이 이루어지도록 하는 의례적인 실천적 행위이다"라고 말한다.[2] 가장 깊은 의미에서 찬양은 하나님께 자신의 삶을 전적으로 맡기는 행위이며, 그러므로 복종은 억지로 불평 가운데 하는 것이 아니라 자유롭게 감사의 영으로 행해지는 것이다.

이스라엘이 언약을 반드시 지켜져야만 하는 것으로 여기며 야훼 하나님이 번영과 평화 그리고 안전의 축복을 이스라엘에게 줄 때 찬양은 아무 이의도 없이 완전히 드려진다. 축복의 분위기 속에서 이스라엘 백성들의 마음은 경이로움과 놀라움 그리고 감사로 가득 넘쳐난다. 그러나 물론 이스라엘 백성들의 삶이 항상 계획대로 행복하게 잘 진행된 것만은 아니며 야훼 하나님의 축복의 손길이 완전히 딱 막힌 것처럼 보이는 순간도 있었다. 삶의 즐거움과 평화가 부서져버린 것만 같은 순간이라 할 수 있다.

우리는 탄식 시편에서 그러한 순간들을 읽을 수 있는데 시편 기자는 병으로 때로는 적으로부터의 위협으로부터 또는 수치심과 굴욕감으로 인해 마음이 완전히 무너지는 듯한 느낌을 받았다. 시인의 삶이 산산조각 난 것은 "의미의 부숴짐"[3]을 가져왔다. 시편 기자가 자신에게 닥친 운명을 이해하는 데 갈등을 겪고 있는 모습을 다음에서 찾을 수 있다.

> 내 하나님이여 내 하나님이여 어찌 나를 버리셨나이까

---

1 Cf. W. Brueggemann, "Prerequisites for Genuine Obedience: Theses and Conclusions", *Calvin Theological Journal* 36 (2001), 34-41, 34-35.
2 Ibid., 34.
3 N. Wolterstorff, "If God is Good and Sovereign, Why Lament?", *Calvin Theological Journal* 36 (2001), 42-52, 44.

> 어찌 나를 멀리하여 돕지 아니하시오며 내 신음소리를 듣지
> 아니하시나이까(시 22:1)
>
> 주여 깨소서 어찌하여 주무시나이까 일어나시고
>
> 우리를 영원히 버리지 마소서
>
> 어찌하여 주의 얼굴을 가리시고
>
> 우리의 고난과 압제를 잊으시나이까(시 44:23-24).

신실하신 야훼 하나님이 친히 설정하신 언약에 나타난 의무를 이행하지 않는 것처럼 보이기 때문에 개인적이고 공동체적인 의미가 부서져 버린다. 이스라엘 백성이 어려움이나 위험에 빠지게 되면 그들을 돕기 위하여 속히 오셔서 강한 힘으로 도와주겠다고 하나님은 약속하셨다. 어려운 때가 닥치면 야훼 하나님의 능력과 선함과 위대하심이 완전히 나타날 것을 기대하였다. 바로 이것이야 말로 야훼가 이스라엘과 언약을 맺었을 때 약속하신 것이다. 그러나 그런 모습을 지금 시편의 시인은 경험하지 못하고 있다. 시인은 하나님의 은둔과 함께 낯선 부재를 경험하면서 갈등하고 있다.

이런 상황에서 하나님의 백성이 어떻게 반응해야만 할까?

하나의 방법을 언약신학에서 찾을 수 있다. 이 신학에 의하면 만일 일이 잘못 되었는데 누군가 언약에 나타난 헌신을 다하지 못했다면 그것은 분명히 하나님의 책임이 아니다. 이 신학을 엄격하게 적용해야 한다고 주장하는 사람들이 말하는 바는 죄를 참회하고 신실한 삶에 대한 서약을 새롭게 함으로써 위기를 헤쳐 나가는 것이다. 그러나 이것은 이스라엘의 반응이나 목회적인 선택

사항이 아니다.[4] 앞 장에서 살펴보았던 것처럼, 삶이 어려움에 봉착할 때 이스라엘 백성들이 취한 일차적 반응은 탄식과 불평이었다. 그들은 괴로워하며 문제를 자기의 탓으로 돌리는 데 그리 익숙하지 않았다.

> 비판과 탄식은 막연히 순종하는 태도를 뒤집는다. 이것은 그들과 하나님의 관계에 있어서 야훼 하나님의 주도권과 우월성을 일시적으로 뒤집기 위해서 순수한 대화를 나누는 행위에 의해서 이루어진다.[5]

언약 관계의 매우 중요한 두 개의 측면이 위의 자극적인 말에 암시되어 있다.

첫째, 언약은 전적으로 대화적인 관계이다. 이스라엘 백성들은 언약을 만드신 하나님을 "당신"으로 경험한다는 사실인데, 이것은 그들은 하나님을 상호교환의 정신으로 대했다는 것을 의미한다.[6]

둘째, 이와 아울러 중요한 측면으로, 언약관계에서 상호교환이 존재한다는 것은 야훼 하나님이 그의 책무를 다하지 못한 것으로 보일 때에, 이스라엘은 역할을 바꾸어서 강하게 하나님께 언약 관계의 윤리적인 주장을 할 수 있는 권리를 가지고 있음을 뜻한다. 이러한 잠정적인 역할의 역전에 대해서 유대인 신학자인 데이비드 블루멘탈(David Blumenthal)은 다음과 같이 효과적으로 설명하고 있다.

---

4 Cf. Brueggemann, "Prerequisites", 36.
5 Ibid., 36.
6 Cf. D. Blumenthal, *Facing the Abusing God: A Theology of protest* (Louiseville: Westminster/John Knox Press, 1998), 40.

하나님이 언약으로 우리에게 충성을 요구하는 질투하시는 하나님인 것처럼, 타오르는 굴욕감을 경험하게 될 때 우리도 하나님께 요구한다. 언약을 통해서 우리는 우리 안에 있는 분노를 하나님에 대한 윤리적인 주장으로 바꾼다. 언약 안에서 하나님이 우리에게 화를 내듯이 우리도 언약 안에서 하나님을 향해 분노한다. 우리는 순수한 분노를 경험하는데 이것은 상호적인 언약적 채무에 뿌리를 둔 올바른 윤리적 주장이 된다.[7]

하나님과 인간 사이의 관계에 대한 이러한 접근은 우리들 대부분이 이해하고 있는 하나님과 인간과의 관계의 본질을 이해하도록 해 준 신학적인 전통을 상당히 뛰어넘는 해석이다. 전통적인 신학에 따르면 하나님은 인간과는 완전히 다르며 절대적인 주권자이시고 측량할 수 없으며 불변하시고 아픔을 느끼지 않으시는 분이시다. 한마디로 말해서, "인간과는 논쟁의 대상이 될 수조차 없는 그런 존재이시다."[8]

그러므로 하나님은 모든 요구를 하시고 모든 어려운 일을 허락하시는 분이시며 인간은 하나님께 윤리적인 요구를 할 권리가 없다. 이러한 일방적인 관계의 유형은 이스라엘 백성들의 사고와는 완전히 다르다. 이스라엘 백성들은 하나님을 논쟁의 대상으로 삼는다. 상황이 그럴 수밖에 없다거나 강하게 항의를 해야 할 때면 더욱 더 그러한 입장을 취하게 된다.

이것은 대담한 신학이자 위험한 태도이며 하나님과 인간 사이의 관계를 절대적으로 제한된 범위로 몰아넣는다.[9] 시편 기자들은 과감하게 하나님께 대

---

[7] D. Blumenthal, "Liturgies of Anger", *Cross Currents* 52, no.2 (2002), 178-199, 195.

[8] W. Brueggemann, "The Friday Voice of Faith", *Calvin Theological Journal* 36, no.1 (2001), 12-21, 15.

[9] Cf. W. Brueggemann, "A Shape for Old Testament Theology, II: Embrace of Pain", *Catholic*

항하여 분노를 터뜨리며 하나님을 공격할 정도로 대범하다. 반면에 만일 자기들이 하나님께 반역하는 것이라면 불운에 대하여 불평할 권한이 자기들에게 없다는 것을 알고 있다. 바로 그렇지 않다는 것을 알기 때문에 그들은 하나님과, 혹은 하나님께 대항하여 고발자와 같은 논증을 펴는 것이다.[10] 동시에 그들은 자신들의 무죄를 선언할 수 있어야만 한다. 다음에 나오는 탄식의 마지막 연(聯)은 이에 대한 좋은 예이다.

> 우리가 종일 하나님을 자랑하였나이다.
> 우리는 하나님의 이름에 영원히 감사하리이다(셀라).
>
> 그러나 이제는 주께서 우리를 버려 욕을 당하게 하시고
> 우리 군대와 함께 나아가지 아니하시나이다.
> 주께서 우리를 대적들에게서 돌아서게 하시니
> 우리를 미워하는 자가 자기를 위하여 탈취하였나이다.
>
> 주께서 우리를 잡아먹힐 양처럼 그들에게 넘겨 주시고
> 여러 민족 중에 우리를 흩으셨나이다.
> 주께서 주의 백성을 헐값으로 파심이여
> 그들을 판 값으로 이익을 얻지 못하셨나이다.
>
> 주께서 우리로 하여금 이웃에게 욕을 당하게 하시니

Biblical Quarterly 47 (1985), 395-415, 400.
10 D. Blumenthal, *Facing the Abusing God*, 102.

그들이 우리를 둘러싸고 조소하고 조롱하나이다.
주께서 우리를 뭇 백성 중에 이야깃거리가 되게 하시며
민족 중에서 머리 흔듦을 당하게 하셨나이다.

나의 능욕이 종일 내 앞에 있으며
수치가 내 얼굴을 덮었으니
나를 비방하고 욕하는 소리 때문이요
나의 원수와 나의 복수자 때문이니이다.
이 모든 일이 우리에게 임하였으나
우리가 주를 잊지 아니하며
주의 언약을 어기지 아니하였나이다.

우리의 마음은 위축되지 아니하고
우리 걸음도 주의 길을 떠나지 아니하였으나
주께서 우리를 승냥이의 처소에 밀어 넣으시고
우리를 사망의 그늘로 덮으셨나이다(시 44:8-19).

여기서 우리는 언약 관계에서 때로는 역할을 바꿀 수 있는 권리가 자기들에게 있다는 이스라엘 백성들의 확신이 매우 분명하게 드러나고 있음을 보게 된다. 만일 자신들이 하나님과의 언약에 신실했으며 자신들이 당하고 있는 아픔과 고통이 부당하다고 판단되면 그들은 보다 거리낌 없이 하나님을 향해 통렬한 공격을 시작한다. 이것은 관계를 이루는 매우 진실하고 정직한 방법이다. 공손하고 교묘한 수사(修辭) 뒤에 숨어있는 그 어떠한 것도 여기에서는 찾아볼 수 없다. 분노와 격분이 분출되고 억제되었던 것들이 터지며 시인은 비난한다. 탄식 시편의 기자들은 많은 이에게 매우 낯설며 강경하고 매우 정직하며 신랄한 방법으로 하나님과 관계를 맺으면서 우리들과 마주 대하고 있는 것이다.

2. 분노, 기도로 나타내기: 관계 붙들기

사람들이 일반적으로 분노에 대해서 나쁜 인상을 갖고 있다는 것은 사실이다. 우리들 중 대부분은 그저 분노가 일으키는 파괴적인 잠재성만을 크게 인식하고 있다. 화가 났을 때 다른 사람에게 상처나 모멸감을 안겨다주는 말이나 행동과 같은 해로운 선택을 하기가 너무나 쉽다. 소극적이거나 심할 경우 적극적인 공격과 언어적이고 신체적인 학대 등을 통해서 우리의 분노를 표출할 대상에게 아픔과 고통을 가한다. 심리학자들이 분노의 어두운 면을 활발하게 연구 조사하는 것은 당연한 일이다. 그들의 연구 결과, 이 주제에 관한 많은 문헌을 볼 수 있으며 분노의 파괴적인 힘과 그것이 표현되는 독특한 방식의 전반적인 특성에 대해서 알게 되었다.

분노가 억제되어야 하며, 반면에 상대방과의 관계가 계속 지속되어야 할 가치가 있을 경우에는 강한 관리가 필요한 "인간 내면에 존재하는 심승"으로 보통 간주된다. 분노 관리를 주제로 한 책들은 매우 많으며 다양한 인지행동주의적 전략들이 제시되고 있다. 치료사들은 일반적으로 이러한 전략들이 많은

사람에게 도움이 된다는 사실이 증명되었음을 인정한다.[11]

심리학자나 심리치료사들이 그다지 많은 관심을 두지 않고 있는 것은 분노가 가지는 긍정적인 역할이다.[12] 예외적으로 분노의 긍정적인 역할에 대해 연구한 이는 심리학자 앤드류 로프만(Andrew Roffman)이다. 로프만은 내담자가 분노를 "내면의 문제"에서 "타인과의 관계"의 현상으로 이해함으로써 가지는 유익한 효과를 주장하였다.[13] 이런 인지의 변화를 통해서 내담자는 자신의 분노에 대한 이해가 부정적인 것에서 유용한 수단으로 바뀌는 것을 알게 된다. 로프만에 따르면, 분노는 관계의 특별한 문제나 양상의 중요성에 주의를 기울여야 한다는 경계의 신호로 보아야만 한다.[14] 그럴 때 내담자는 분노의 감정에 대응하기 위하여 좀 더 건설적인 대안을 모색한다. 이것은 소중한 관계를 유지해야하는 상황에서는 특히 중요하다.

다른 심리학자들은 건설적인 분노와 긍정적인 토대 위에서 관계를 유지하는 것 사이의 관계를 밝혀왔다. 광범위한 경험적 조사를 실시한 후에, 제임스 애버릴(James Averill)은 분노는 갈등관계에 있는 당사자에게 긍정적인 결과를 줄 수 있으며, 또 보통 그런 결과를 가져온다고 결론을 내렸다. 그의 연구의 참여자 가운데 75퍼센트 정도는 상대방을 공격하기보다는 문제를 해결하려는 시도의 일환으로 대화함으로써 분노에 반응한다고 대답하였다.[15] 대화의 목적은 관계를 회복하고자 분노를 건설적으로 표현하는 데 있었다.

---

11 Cf. A.E. Roffinan, "Is Anger a Thing-to-be-Managed?", *Psychotherapy: Theory, Research, Practice, Training* 41, no. 2 (2004), 161-171, 161.
12 Cf. J.P. Tangney et al, "Assessing Individual Differences in Constructive Versus Destructive Responses to Anger Across the Lifespan", *Journal of Personality and Social Psychology* 70, no.4 (1996), 780-796, 780.
13 Cf. A. Roffinan, "Is Anger a Thing-to-be-Managed?", 165.
14 Cf. ibid., 168.
15 J.R. Averill, *Anger and Emotion: An Essay on Emotion* (NewYork: Springer-Verlag, 1982), 195.

경험적인 연구보다는 임상 경험으로부터 나온 결과를 가지고 심리학자인 로버트 홀트(Robert Holt)는 사람들은 갈등상황에서 자주 그들의 분노를 건설적으로 표현하고자 한다고 보고하였다.[16] 여기서 홀트는 갈등상황에서 한 명 이상의 승자가 있을 수 있다는 함축적인 가정이 있어야 한다고 말하였다. 이러한 견해를 가지고 있는 내담자에게 동기부여를 하는 것은 상대방과 긍정적인 관계를 유지하고자하는 갈망이다.

이를 위해서, 불쾌하고 화가 난 자신의 감정을 직접적이고 솔직하게 표현하고자 하며, 이와 동시에 자신의 감정의 강도를 충분히 지속적으로 통제한다는 것은 분노의 감정에 아주 잘 대처하고 있다는 것을 반영하는 것이다. 즉, 분노가 자신을 휘둘리도록 하지 않는 것이다. 자신의 분노의 감정 때문에 기가 죽지도 않으며, 또한 자신이 느끼는 상처와 실망의 수준에 맞지 않는 수준까지 분노의 감정이 올라가지 않도록 대처한다.

홀트는 임상 경험 결과, 불충분하고 서투르게 표현된 분노는 관계에 해로운 효과를 가져오는 것을 보여준다고 보고하였다. 전형적으로, 해로운 결과는 관계의 단절, 대화하고자 하는 의지의 감소, 소외감 등이다.

> 그러한 냉담한 분위기에서 사랑은 사라지고 말며, 아무 느낌도 없는 역할을 하려는 부자연스럽고 공허한 노력, 혹은 거짓 상호관계로 대치될 뿐이다.[17]

16　Cf. R.R. Holt, "On the Interpersonal and Intrapersonal Consequences of Expressing or Not Expressing Anger", *Journal of Consulting and Clinical Psychology* 35, no.1 (1970), 8-12.
17　Holt, ibid., 9.

인간관계에서와 똑같은 역학관계가 하나님과 인간 사이의 관계에서도 적용된다고 주장하는 사람들이 있다. 캐롤 크리스트(Carol Christ)는 누군가 하나님이 행동을 하시지 않거나 또는 불공평하게 행동하신다는 느낌이 들면, 하나님과의 사랑의 관계를 유지하기 위해서 할 수 있는 유일한 방법은 분노를 표출하는 것이라고 말한다. 실제로 그렇게 함으로써 관계에 새로운 활력과 생기를 불러일으킬 수 있다.

> 하나님께 분노를 표현하는 것은 관계의 회복을 위한 선행요소가 될 수 있다. 분노는 관계의 한 유형이다.[18]

만약 우리 자신이 정직해지지 않는다면 하나님과의 진실한 관계는 이루어질 수 없다. 하나님 앞에서 있는 그대로 격앙되고 어두운 느낌을 내려놓는 것은 사실과 진실의 차원에서 깊이를 더한다. 이러한 감정을 억누르는 것은 피상적인 관계를 가져오게 되며 궁극적으로는 하나님으로부터의 소외감으로 이끈다.[19]

블루멘탈은 이와 관련해서 탄식 시편들이 특별한 역할을 가지고 있음을 확신한다. 고통과 혼란을 겪고 있는 순간에 평화를 찾기 위해서 어느 정도의 수용이 필요하다는 것을 우리는 익히 알고 있다. 그러나 이것이 전부는 아니다. 우리의 온전한 인간다움을 표현하기 위해서, 분노와 항의를 하며 하나님 앞에 나갈 필요가 또한 있는 것이다.

---

[18] C. Christ, "Expressing Anger at God", *Anima* 5 (1978), 3-10, 7.
[19] Cf. S. Carney, "God damn God: A Reflection on Expressing Anger in Prayer", *Biblical Theology Bulletin* 13 (1983), 116-120, 118.

착한 사람에게 나쁜 일이 생길 때 수용은 단지 절반의 답밖에는 안된다는 것을 나는 안다. 다른 나머지 반은 분노와 격노를 인정하고 그것을 생각하며 느끼고 더 나가서 기도하는 법을 배우는 것이다. 이러한 것들이 화난 시편 기자들이 사용했던 방법들이다. 뿐만 아니라, 항의의 의례가 지향하는 점이다. 심지어 우리가 하나님을 향해서 화를 내고 있을지라도 자신의 분노와 격노를 하나님께 가져가는 것이 우리에게 도움이 된다.[20]

어둡고 평정을 잃어버릴 때 적어도 우리들 가운데 일부는 하나님이 나를 버렸다고 느낀다. 우리를 항상 돕고 돌보시겠다고 언약을 맺으셨던 하나님께 버림받았다고 느끼는 것이다.

실라 카니(Sheila Carney)는 다음과 같이 주장한다.

> 그러한 감정에 효과적으로 대응하는 방법(들)은 하나님 앞에서 우리의 분노와 좌절 그리고 불의의 경험을 표현하며 공동체의 지지를 구하는 것이어야만 한다.[21]

그녀는 하나님에 대한 불평거리들을 적어두었다가 분노의 의례에서 종종 사용하라고 했던 캐롤 크리스트의 제안을 지지한다.

하나님 앞에 단지 찬양과 감사뿐만이 아니라, 실망과 좌절 역시 가지고 가야하는 것이 중요하다는 인식을 인정하는 반면에, 다른 한편으로는 의례를 통해서 분노를 표현하는 행위가 저절로 그리고 기본적으로 분노의 감정을 해결해 주는지의 여부에 대해서 질문을 제기하고 싶다. 어떤 사람들에게는 분노를

---

20 D. Blumenthal, "Liturgies", 198.
21 S. Carney, "God damn God", 119.

표현하는 것이 그들로 하여금 화를 더욱 돋우고 혼란스럽게 하며 그래서 더욱 더 화나게 만드는 경우도 있다. 실제로 믿을 만한 경험적이고 임상적인 심리 연구 결과들은 위에서 언급한 사례가 발생할 가능성이 있음을 보여준다.

이 연구는 분노를 일으키게 한 대상에 대한 분노의 표현이 대부분의 경우 분노의 감소보다는, 오히려 더 증가시킨다고 보고했다. 분노를 완화시키는 것은 분노의 감정의 분출과 인지적인 재해석의 종합적인 결과이다. 이러한 사실은 우리가 분노의 의례를 계획하는 데 분명한 지침을 제공한다. 나는 우리가 의례의 순서를 짤 때에 하나님께 분노를 표출할 기회와 함께 개인적인 성찰에 대한 촉구를 제공해야 한다고 믿는다. 이것을 어떻게 실행에 옮길 것인지에 대한 논의로 넘어가기에 앞서, 이것에 관한 심리학적인 연구를 살펴보도록 하자.

3. 분노 감소: 표현과 통찰 모두 필요

쌓아놓은 분노의 감정은 발산해야 없어진다는 견해가 비교적 널리 퍼져 있다. 대중심리학의 요점은 분노를 마음 안에 가두어 두지 말고 "다 털어버려야" 한다는 것이다. 분노를 표현하는 것이 부끄러워하거나 두려워해야 할 것은 아니다. 많은 사람이 분노의 감정을 발산할 수 있다는 것을 솔직하며, 자존감이 높고, 감정적으로 건강하다는 증거로 간주한다. 사람들은 분노를 억누르는 것은 당사자 자신과 분노의 대상과 갖는 관계에 모두 피해를 가져온다고 생각한다.

예배 의례 안에 하나님에 대한 분노를 표출하는 시간을 마련하는 것은 건강하고 정직한 행위라고 하는 것이 크리스트와 카니 그리고 그 밖의 다른 심리학자들의 제안에 들어있는 생각이라고 할 수 있다. 그러나 우리가 실시한 심리학적 연구는 분노의 표출은 단지 절반 정도의 해답밖에는 되지 않는다는 사실을 보여준다. 최근에 발표된 두 개의 논문은 분노의 수준을 감소하려면 표현뿐만이 아니라 인지적 과정과 통찰이 모두 필요하다는 견해를 제시하고 있다.[22] 케네디-무어(Kennedy-Moore)와 왓슨(Watson)은 감정 표현을 다룬 문헌들을 자세하게 검토한 후에 다음과 같은 결론을 내렸다.

> (연구 조사)는 분노의 표현은 그냥 기본적으로 저절로 도움이 되지 않으며 인지 변화를 가져오거나 수반될 때 적절하게 도움이 된다는 점을 지적한다…감정의 표현과 통찰의 결합은 단순한 감정의 발산보다 더 유용하다…분노의 표현은 오직 그것이 화해, 재해석 혹은 자존감의 회복과 같은 긍정적인 인지적 혹은 대인관계의 변화를 가져올 때에만 도움이 된다.[23]

분노의 감소를 위해서는 감정의 표현과 통찰이 모두 필요하다는 위의 견해를 뒷받침해 주는 흥미로운 두 개의 연구가 발표된 바 있다.

첫째, 그린(Green)과 머레이(Murray)[24] 는 연구 절차를 고안했는데, 먼저 피실험자들(모두 남자 대학생)은 자신에 대한 개인적인 비판을 당하면서 화가 나

---

22 Cf. J. Littrell, "Is the Reexpeience of Painful Emotion Therapeutic?", *Clinical Psychology Review* 18, no.1 (1998), 71-102; E. Kennedy-More and J.C. Watson, "How and When Does Emotional Expression Help?", *Review of General Psychology* 5, no.3 (2001), 187-212.
23 E. Kennedy-More and J.C. Watson, "How and When", 196.
24 R.A. Green and E.J. Murray, "Expression of Feelings and Cognitive Reinterpretation in the Reduction of Hostile Aggression", *Journal of Consulting and Clinical Psychology* 43, no.3 (1975), 375-383. 이 두 연구 프로젝트는 E. Kennedy-More and J.C. Watson "How and When"에서 또 한 논의되었다.

도록 자극받았다. 다음에 연구가들은 피실험자들의 적대적인 감정을 감소시키고자 세 가지 다른 방법들을 사용했다.

첫 번째 그룹의 피실험자들은 화를 선동한 사람에게 자신의 감정을 표현하도록 허락받았다.

두 번째 그룹의 경우, 피실험자들은 자신들의 분노를 표현할 기회를 받지 못했으며, 단지 선동한 사람이 자기의 행동을 재해석한 후에 자신의 비판적인 평가를 철회했다는 소식을 전해 들었을 뿐이다.

세 번째 그룹의 피실험자들은 그들의 감정을 표현하도록 허락받았으며 그 후 선동자가 자기의 비난을 재해석하여 취소한 것을 직접 보았다.

이 조사에서 세 그룹은 분노 감소 절차가 주어졌으며, 네 번째 그룹은 통제 그룹이다. 피실험자-실험협조자 조는 짧고 매우 개인적인 자전적인 편지를 씀으로써 서로 더 잘 알도록 지시를 받았다. 자전적 편지를 서로 교환하고 각 사람은 글로 상대방에 대한 "비판"을 기록하여 자신의 정직한 반응을 표현할 것을 요청받았다. 피실험자의 반응은 대부분 비교적 긍정적이었던 반면에, 협조자는 표준화된 모욕적 평가를 했다.

표현 절차(expression procedure)에서, 연구자는 피실험자에게 실험협조자에 대해서 부정적인 감정을 표현하라고 자극했다. 이때 전형적인 반응은 실험협조자의 평가에 대한 분개와 항의이다. 실험협조자는 그저 자기는 지시에 따른 것뿐이기 때문에 피실험자에게 했던 비난을 취소할 수 없다고 말했다.

재해석 절차(reinterpretation procedure)에서 실험협조자는 피실험자에게 왜 비판적인 평가를 하지 않았느냐고 질문을 던짐으로써 시작하였다. 조사자와 실험협조자 사이의 그 후 이어진 대화에서, 실험협조자가 "비판적"(critique)이라는 단어를 오해했으며 불쾌한 평가를 해야만 했던 것으로 생각했던 것이 분명히 드러났다. 그러자 그는 피실험자에 대해서 비판적으로 언급한 원인을 오해 탓으로 돌렸으며, 실제로는 피실험자에 대해서 매우 긍정적으로 느꼈었다고 말했다. 피실험자는 그의 감정을 표현할 기회가 주어지지 않았다.

표현/재해석 절차(expression/reinterpretation procedure)는 처음 두 절차를 결합하였다. 피실험자는 그의 감정을 표현할 수 있으며 그 다음에 실험협조자는 비판한 것에 대해서 오해가 있었고 그것을 철회한다고 미리 짜여진 판에 박힌 말을 했다.

마지막으로, 적개심 유도/무(無) 감소통제 절차(hostility induction/no reduction control procedure)에서는 이 실험을 통해서 학습한 것에 대한 학생의 의견을 담은 한 페이지짜리 보고서에 대한 논의가 있었다. 피실험자는 적개심 유도 절차에는 참여했지만 적개심 감소 절차는 거치지 않았다.

모든 절차를 다 마친 후, 피실험자들은 그들의 공격성의 수준을 평가받았다. 여기서 측정 절차에 사용되었던 두 개의 도구들을 자세히 설명할 필요는 없다. 중요한 점은 그린과 머레이가 분노를 줄이기 위해서 분출과 재해석 둘 다 필요하다는 사실을 발견했다는 사실이다. 그들은 연구의 결과를 다음과 같이 요약하였다.

> 적대적인 공격을 확실하게 줄이는 유일한 실험 절차는 표현/재해석이었다…재해석 그 자체로는 적대적인 공격을 줄이는 데 불충분한 수단으로 보였다…각각 따로 사용된다면 표현 역시 그다지 성공적이지 못했다.[25]

25　Ibid., 381.

둘째, 또 다른 유용한 실험은 아더 보하트(Arthur Bohart)[26]가 실행한 것인데 역할극이 포함되어 있다. 역할극은 다른 접근법을 사용하는 치료사와 함께 게슈탈트(Gestalt) 치료사들이 만든 것인데 갈등상황에서 새로운 통찰과 관점을 얻기 위해 사용한다. 내담자는 자기 자신과 다른 사람과의 대화를 만들어 보라는 요청을 받는다. 먼저, 내담자는 자기 자신의 역할을 하고, 그 다음에 역할을 바꿔서 다른 사람의 역할을 한다. 자기와 갈등관계에 있는 사람처럼 생각하고 느끼려고 시도하면 내담자는 자기 관점과 감정에만 집중했더라면 얻을 수 없었던 이해와 공감을 얻게 된다. 다른 사람과의 공감적인 조율은 분노를 줄이고 새로운 통찰을 낳으며 더 건설적인 대화를 할 수 있는 길을 열어 준다.

보하트는 여대생들로 이루어진 그룹을 대상으로 실험을 하였다. 그는 자신에게 분노를 준 사람 혹은 사람들(보하트는 이들을 "화를 돋우는 사람"으로 부름)을 포함하여 최근에 있었던 두 개의 해결하지 못했던 일들을 생각해 보라고 각 피실험자에게 요청하였다. 그리고 난 후, 두 개 중에서 더 중요한 것을 선택하여 2분 동안 마음에 떠올려보라고 요청하였다. 각 피실험자는 무작위로 통제, 지적-분석, 발산, 혹은 역할극 등을 지정받았다. 역할극에는 감정의 표현과 인지적 재해석 둘 다 포함하였다.

보하트는 역할극이 분노를 줄이고 갈등을 해결하는 데 가장 효과적인 방법인 것을 발견하였다.

> 실험 결과는 역할극이 대인관계 갈등과 연관된 감정, 태도, 그리고 행동을 바꾸는 데 효과적일 수 있다는 가설을 지지한다. 이에 더하여, 역할극은 지

26　Cf. A. Bohart, "Role Playing and Interpersonal-Conflict Reduction", *Journal of Counseling Psychology* 24, no.1 (1977), 15-24.

속적으로 발산이나 지적 분석, 그 밖의 다른 치료들보다 더 나은 방법으로 보인다…역할극의 가장 커다란 효과는 **변화가 일어나기 위해서는 통찰과 감정을 반드시 함께 다루어야** 하다는 입장과 맥을 같이 한다. 발산 그 자체만으로는 효과적이지 않은 것처럼 보였다(강조는 추가됨).[27]

위의 두 프로젝트는 실제 치료 상황에서의 내담자가 아닌, 학생들을 대상으로 이루어졌지만 유사한 결과가 만남 집단(encounter group)을 대상으로 한 임상적 연구과정과 결과에서도 나왔다.[28] 연구에서 17개 그룹들은 다양한 치료 접근들을 사용하였으며 매 회기당 30분 동안 만났다. 많은 그룹에서 분노와 같은 강한 감정의 발산이 치료에 매우 중요한 것으로 나타났다. 그럼에도 불구하고, 감정의 발산만 가지고는 별다른 치료의 효과가 없음을 연구자들은 발견하였다. 감정의 발산이 인지적인 재평가와 함께 이루어졌을 때 효과가 있었던 것이다.

이러한 연구 결과들이 하나님에 대한 분노의 의례적인 표현을 촉진하는 방식과 연관해서 커다란 중요성을 가진다는 사실은 분명하다. 분노 감정의 감소와 하나님과의 관계의 회복을 위해서는 감정의 발산뿐만이 아니라, 신학적이고 목회적인 통찰이 필요하다. 나는 분노의 표현은 반드시 경험에 대한 인지적인 재구성이 동반되어야 한다고 믿는다. 인지적인 재구성에 있어서 두 개의 핵심 요소는 구원의 은혜와 고통과 연대하시는 하나님이다.

"하나님의 연대"라는 단어를 사용한 이유는 하나님은 우리의 아픔과 고통

---

27 Ibid., 22.
28 M.A. Lieberman, I.D. Yalom, and M.B. Miles, *Encounter Groups: First Facts* (New York: Basic Books, 1973).

을 그저 멀리서 보고만 있는 분이 아니시라는 사실을 말하고 싶어서이다. 하나님은 인간 존재의 어두운 면과 단절되려 하시기보다 그리스도의 삶, 고난 그리고 죽음 안에서 그리고 그것을 통하여 인간의 어두운 면에 완전히 들어가기를 선택하셨다. 이러한 신학적인 주제들은 고대와 현대의 의례 양식에서 핵심적인 요소들이며 분노에 대한 치유 의례를 세울 때 지향해야 할 점을 제시해 주고 있다고 믿는다.

4. 분노의 의례

분노의 의례의 첫 번째 유형은 탄식을 노래하는 시편에서 찾아볼 수 있다. 위에서 인용했던 심리학적 연구 조사에서 지적했던 형식과 일치하게 탄식 시편에서도 분노와 통찰을 모두 발견하게 된다. 탄식 시편을 읽으면 분위기가 너무나 갑작스럽게 바뀌는 것에 놀라지 않을 수 없다. 시인은 아주 빠르게 성난 항의에서 찬양과 희망으로 우리를 인도한다. 비록 약간의 예외는 있지만 (시편 88편 등을 보라) 실질적으로 모든 탄식이 이 형태를 취한다. 시편 13편은 이 형식을 아주 잘 보여주고 있다.

> 여호와여 어느 때까지니이까 나를 영원히 잊으시나이까
> 주의 얼굴을 나에게서 어느 때까지 숨기시겠나이까
>
> 나의 영혼이 번민하고 종일토록 마음에 근심하기를
> 어느 때까지 하오며 내 원수가 나를 치며 자랑하기를

어느 때까지 하리이까

여호와 내 하나님이여 나를 생각하사 응답하시고
나의 눈을 밝히소서
두렵건대 내가 사망의 잠을 잘까 하오며
두렵건대 나의 원수가 이르기를 내가 그를 이겼다 할까 하오며
내가 흔들릴 때에 나의 대적들이 기뻐할까 하나이다

나는 오직 주의 사랑을 의지하였사오니
나의 마음은 주의 구원을 기뻐하리이다
내가 여호와를 찬송하리니
이는 주께서 내게 은덕을 베푸심이로다(시 13:1-6).

"나의 하나님, 얼마나 오랫동안 기다려야 합니까?"와 "나의 마음이 기뻐합니다" 사이에 무슨 일인가 일어났음에 틀림이 없다. 브루그만은 내적이고 영적인 경험이거나 혹은 장로, 제사장, 혹은 다른 권위 있는 사람에 의한 외부로부터의 작용일 수 있다고 말한다.[29] 그는 전자에 더 무게를 두고 있으며 "전혀 새로운 신뢰와 감사의 세계가 그 순간 들어왔기 때문에 불평자는 신학적으로는 물론이고 깊은 감정적인 영향을 받았음에 틀림이 없다."[30]라고 말한다.

그 둘 사이의 의례적인 개입과 관련해서는 비그리치(Begrich)가 세운 가

29　Cf. W. Brueggemann, *The Message of the Psalms* (Minneapolis: Augsburg, 1984), 57.
30　Ibid., 57.

설이 가장 널리 인정받고 있다.[31] 그는 의례 인도자가 규범적인 "구원신탁"(salvation oracle)의 형태로 불평과 탄원에 응답한 것이라고 제안하였다. 비록 우리가 이러한 구원신탁에 관한 자료를 가지고 있지 않지만, 처음부터 불평과 찬양 사이에 자리잡고 있었을 것이라고 사람들은 추측한다. 여기서 한걸음 더 나아가 예레미야 30:10-11, 이사야 41:8-13, 43:1-7과 같은 본문 안에 그러한 형태가 남아있는 듯하다고 가정한다. 구원신탁은 곤궁에 빠져있는 사람들을 치유하기 위하여 구해 주러 오실 것이라는 하나님의 약속이다. "두려워하지 마라, 내가 너와 함께 할 것이다"와 같은 확언의 말씀을 선포하면서 말하는 이는 고통받고 있는 사람이 찬양과 희망으로 나아갈 것을 도우며 그가 당하고 있는 깊은 두려움과 분노에 답하는 것이다.

물론 비그리치의 제안은 논란의 여지가 있다. 그의 이론의 매력과 창의성은 인정하는 반면에, 받아들이기는 거절하는 성경학자들이 있다. 물론 이러한 점들이 우리의 주요 관심사는 아니다. 우리의 주제에 비추어 볼 때 비그리치의 가설에서 중요한 것은 많은 성경학자가 이 가설에 큰 관심을 보이는 이유가 무엇인지에 있다. 아마도 그 이유는 비그리치의 가설이 시편 기자가 탄식에서 찬양으로 빨리 방향을 바꿀 수 있었던 이유에 대한 설득력 있는 설명을 해주기 때문이다.

의례 안에 어려움을 완화하는 언어적인 사건, 말하자면 위와 같은 전환이 있었음은 분명하다. 야훼 하나님의 "두려워하지 말라"는 말은 예배자들로 하여금 그 어느 것과도 비교할 수 없는 하나님의 은혜와 강한 능력을 생각하도

---

[31] Cf. W. Brueggemann, The Message, p.57; H.G.M. Williamson, "Reading the Lament Psalms Backwards", in B.A. Strawn and N.R. Bowen (eds) *A God So Near* (Winona Lake: Eisenbrauns, 2003), 3-15, 5.

록 한다. 그렇다면 성난 불평에서 희망찬 찬양으로 전환하는 것은 매우 자연스러운 일이다. 탄식 시편에서 우리는 분노와 인지적인 재해석 모두 살펴보았다.

구원신탁은 곤궁에 빠진 상황과 야훼 하나님과의 언약적인 약속 사이의 관계를 재구성하는 데 촉매가 된다. 성난 불평자는 도움이 너무나 절실한 때에 야훼 하나님이 안 계신다는 생각에 더욱 더 감정이 악화된다. 그러나 구원신탁을 들으면서 야훼 하나님이 지금 "그의 얼굴을 숨기고" 계시지만, 이것은 그저 약간 정도를 벗어난 것일 뿐이라는 생각을 갖도록 해 준다. 하나님과 인간 사이의 관계에서 가장 중요한 주제는 충만한 은혜와 강력한 구원이다. 이스라엘 백성들은 야훼 하나님이 이 전에 자기들을 구원하시는 데 얼마나 열심이셨으며 다시 그렇게 하실 것이라는 사실을 기억한다. 이러한 인지적인 변화는 탄식을 찬양으로 바꾸는 것을 가능하도록 한다.

분노의 감소를 위해서 필요한 표현과 통찰의 심리학적인 원리를 반영하고 있다고 생각하는 두 번째 의례 형식은 매릴린 맥코드 아담스(Marilyn McCord Adams)에 의해서 제시된 것인데, 그녀의 매우 훌륭한 설교집인 『축복을 위한 싸움』(*Wrestling for Blessing*)[32]에 잘 나타나 있다. 아담스는 어느 것도 능가할 수 없는 하나님의 선하심과 삶을 무너뜨리는 악, 이 두 가지를 모두 만나는 삶의 양극단의 경험을 독자들에게 알리고자 자신의 설교를 소개하였다.

실제 삶 속에 나타난 극단적인 모습을 설교학적으로 다루고자 그녀가 택한 방법은 우선, 인간 경험의 부인할 수 없는 요소인 상처와 분노를 정직하고 완전하게 설명한 후, 그 다음으로 우리가 경험할 수 있는 최악의 경험을 하신 그

---

[32] M.M. Adams, *Wrestling for Blessing* (London: Darton, Longman & Todd, 2005).

리스도 안에서 보여주셨던 위로의 메시지를 선포하는 것이다. 즉, 그녀는 인간의 아픔과 혼란에 대해서 있는 그대로의 진실을 과감하게 말하면서, 다른 한편으로는 하나님이 우리의 고통과 연합하신다는 사실이 진정으로 큰 의미를 가진다는 것을 우리로 하여금 깨닫게 한다.

아담스의 접근 가운데 하나의 좋은 예를 "십자가에 못 박히신 하나님: 학대자인가, 구원자인가?"(Crucified God: Abuser or Redeemer?)라는 제목으로 한 그녀의 설교에서 찾을 수 있다. 이 세상 어디에서든지 볼 수 있는 끔찍한 학대를 곰곰이 생각하면서, 하나님이 왜 그런 일들을 허락하시는지의 불편한 질문을 제기한다. 그녀는 또한 심지어 아마도 하나님이 그 일에 공동 책임이 있다는 더욱 불편한 생각들에 대해서도 묻는다. 아담스는 이러한 매우 풀기 어려운 질문에 직면할 때에 사람들은 혼동과 분노를 억누르는 경향이 있음을 인식한다. 그런 맥락에서 그녀는 좀 더 유익한 대안을 제시한다.

> 그리스도의 십자가는 인간이 살아가는 방식이 덧없음을 보여주는 하나의 상징입니다. 세르비아와 르완다, 아프가니스탄과 이라크뿐만이 아니라, 세계 모든 곳에서 항상, 바로 지금 여기에서 말입니다. 그리스도의 십자가는 사람들이 어떻게 구타와 고문 그리고 죽음을 당하는지, 생명과 창조성이 어떻게 우리들로부터 짓밟히고 있는지 보여줍니다. 단순한 변덕, 비열함으로 인해, 순전히 인간의 탐욕으로 인해 말입니다….
>
> 십자가를 의례적인 장식품 가운데 가장 중심에 놓는 등, 십자가에 못 박히신 예수님을 종교적 상징으로 격상시키는 것은 이 사건에 하나님의 인증서를 수여하는 것처럼 보입니다. 하나님을 어린이 학대자라고 한다면

많은 사람은 두려움을 느끼며 사교(邪敎) 신앙이라고 합니다. 결국, 하나님은 자신의 아들인 예수님을 고통 가운데 내버려 두지 않았는지요?

우리들은 마치 입양아처럼 아버지의 적대적인 뜻에 복종하기 위하여 동산에서 크게 우시며 눈물 흘리셨던 예수님과 동일시할 수는 없는 것일까요?

십자가는 제자도를 본받으라는 커다란 명령과 함께, 우리가 하나님의 임재하심을 경험할 수 없게 될 때까지 이 땅의 삶과 세계가 우리들을 때리고 굴복시키도록 내버려 두시며, 그 후 우리들을 사악한 가치 없는 것들에 버린다는 메시지를 보내고 있는 것은 아닙니까?…

위와 같은 메시지를 정말 마음으로 받아들이는 것은 하나님에 대해 반역하는 것이며, 무신론을 받아들임으로써 하나님을 죽이도록 우리들을 몰고 갈 것입니다. 혹은 그 대신에, 우리들 가운데 많은 이가 표면상으로는 종교적인 소속을 유지하면서, 우리 안에 이전보다 더 깊은 내면에 상처와 분노를 파묻는 양극단적인 현상을 보일 것이다.

솔직히 말하면, 우리는 하나님이 왜 학대를 허용하셨는지 모릅니다…그러나 나는 여러분이 깊은 영적인 친밀감을 발휘해 보라고 초청하고자 합니다. 즉, 이 질문을 직접 하나님께 가지고 가 보세요. 그리고 당신에게 어떻게 보여주시는지 지켜보기 바랍니다….

> 하나님은 우리와 같이 되어, 스스로 우리 인간의 전인격을 취하십니다. 고문당할 수 있는 몸, 견딜 수 없는 고통에 의해서 만신창이가 될 수 있는 마음, 두려움, 눈물, 유기와 배신으로 인한 찢어짐 등으로 인해 전전하는 정신, 깨지고 죽을 수 있는 육신. 하나님은 우리가 당한 최악의 경우에 우리와 일체가 되기 위하여 사랑으로 이 모든 것을 담당하신 것입니다.[33]

아담스는 분명히 인간 경험의 어둡고 추악한 면을 억누르고자 하지 않는다. 하나님이 논리정연하고 유창한 신학을 가지고 선착장에서 갑자기 튀어나올 수 있다고 가장하지도 않는다. 그녀는 우리들 중 일부는 화나고 혼란스러우며 이러한 감정을 다루는 것이 매우 어렵다는 것을 알고 있다. 그러나 그녀는 그저 아픔과 분노를 인식하는 것만으로 만족하지 않는다. 설득력 있게 신정론을 제시하기 위하여 여기서 한 발 더 나아간다. 즉, 우리는 고통 가운데 혼자가 아니다. 삶이 우리에게 던질 수 있는 최악의 아픔과 고통 속으로 하나님은 완전히 스스로 임하신다. 분노는 인식되며 하나님의 부재라는 문제는 고통받는 인간과 함께하시는 하나님의 연대를 통하여 재구성된다.

우리들이 느끼는 분노의 표현과 통찰과 치유 그리고 희망으로 가는 길을 열어주는 신학적인 재구성을 모두 포함하고 있는 두 개의 예배 유형의 개요를 말하면서 이 유형을 반영하고 있는 분노의 의례에 관한 몇 가지 구체적인 실례를 들고 싶다. 이것을 살펴보기 전에, 이러한 의례가 예배인도자들에게는 위험하고 불편할 수도 있다는 사실을 인지하는 것이 중요하다. 그리고 단지 예배인도자뿐만 아니라, 그 이상은 아닐지라도 예배드리는 이들에게도 똑같

---

33 Ibid., 51-53.

이 위험할지도 모른다.

만약에 탄식이 교회 문화의 일부로 인식되어오지 않았더라면 많은 사람이 하나님에게 분노를 표현하는 행위가 달갑지 않고 불편하다고 여길 수 있으며 일부는 충격을 받고 심지어 신성모독이라고 생각할 수도 있다. 어느 주일 오전에 분노의 의례를 아무런 준비 없이 그저 시작하는 것은 목회자로서 무책임한 일이라는 것은 두말할 필요가 없다.

앞장에서 언급했듯이 목회자는 우선 탄식과 관련된 시편 구절과 이스라엘 백성들이 하나님께 분노의 기도를 드리는 것을 편안하게 느꼈다는 것을 설교함으로써 교인들을 미리 준비시킬 필요가 있다. 특히 설교자는 이스라엘 백성들이 언약 관계를 실제적으로 대화로 이해했다는 점을 강조할 필요가 있다. 즉, 예배자들이 언약에는 상호의존과 상호교환이 포함된다는 것을 이해하는 것이 중요하다.

야훼 하나님이 언약적인 책임을 다하지 못했다고 보여질 때, 이스라엘 백성들은 역할을 바꿔서 자유롭게 검사의 입장을 취할 수 있다는 것이다. 우리도 역시 하나님과의 언약 안에서 동반자이며 그 언약은 그리스도의 삶, 죽음, 부활 안에서, 그리고 그것을 통해서 이루어졌다. 우리가 하나님과 맺은 언약 또한 대화적인 관계이며 상황이 적합하다면 하나님 앞에서 불평을 하는 것은 정당한 일이다.

분노의 기도 A

(주의: 기도문에서 불평하는 사람의 부분은 성난 목소리로 읽어야 한다. 점잖은 설교식의 목소리를 내야 하는 때가 아니다.)

인도자

여러분이 들을 기도는 우리 가운데 상처받은 사람들 그리고 상처로 인해 하나님께 화난 사람들을 위한 것입니다. 또한 이 기도는 현재의 삶이나 하나님과의 관계가 좋다고 느끼지만 혼돈과 실망을 경험했던 과거의 순간을 기억하는 여러분 모두를 위한 기도이기도 합니다. 어쩌면 여러분은 하나님 앞에서 진정한 자기를 내어놓는 일이 너무나 낯설을지도 모릅니다. 지금 이 순간에 어떤 상황에 처해 있든지 간에 이 기도에 참여하시기를 여러분 모두를 초대합니다.

목소리 1

오 하나님,
우리는 상처받고 있습니다.
우리는 상처받고 있으며 두려워하고 있습니다.
인생이 이렇게 힘들지 않아야 하지 않을까요!
너무나 아프고, 너무나 많은 고통이 있습니다, 정말이지 너무 많네요.
밤낮없이 우리는 기도합니다.
우리가 가진 모든 믿음을 동원해서 기도합니다.
하나님, 매일 반복해서 드리는 우리의 기도에 싫증이 나셨나요?
사실 우리는 너무나 지칩니다!

은혜와 긍휼의 하나님 어디에 계시나요?
주의 얼굴을 우리에게 얼마나 더 오랫동안 숨기려 하십니까?
우리가 힘들 때 오셔서 도와주시겠다고 약속하셨습니다.

우리는 하나님을 신뢰했지만 하나님은 우리를 실망시키셨습니다!

하나님을 향한 믿음을 지키는 것이 얼마나 힘든지 아시나요?
그저 단지 작은 도움이라도 저희에게는 충분합니다.
그런데 상황은 갈수록 더 힘들어지기만 할 뿐, 나아지지 않습니다.
오, 하나님, 정말로 불공평합니다!

목소리 2 (로마서 8:31-35, 37-39에서 발췌.)
그런즉 이 일에 대하여 우리가 무슨 말 하리요
만일 하나님이 우리를 위하시면 누가 우리를 대적하리요
자기 아들을 아끼지 아니하시고 우리 모든 사람을 위하여
내주신 이가 어찌 그 아들과 함께 모든 것을
우리에게 주시지 아니하겠느냐
누가 능히 하나님이 택하신 자들을 고발하리요
의롭다 하신 이는 하나님이시니 누가 정죄하리요
죽으실 뿐 아니라 다시 살아나신 이는 그리스도 예수시니
그는 하나님 우편에 계신 자요 우리를 위하여 간구하시는 자시니라

누가 우리를 그리스도의 사랑에서 끊으리요 환난이나 곤고나
박해나 기근이나 적신이나 위험이나 칼이랴

그러나 이 모든 일에 우리를 사랑하시는 이로 말미암아
우리가 넉넉히 이기느니라

내가 확신하노니 사망이나 생명이나 천사들이나 권세자들이나
현재 일이나 장래일이나 능력이나 높음이나 깊음이나
다른 어떤 피조물이라도 우리를 우리 주 그리스도 예수 안에 있는
하나님의 사랑에서 끊을 수 없으리라
아멘.

분노의 기도 B

오, 하나님,
인생은 아름답습니다.
우리의 오감을 기쁘게 해 주며 우리의 영혼을 밝게 해 주는 아름다운 곳.
생명, 사랑, 그리고 빛으로 가득 찬 멋진 사람들.
우리에게 자신감과 삶의 목적을 주는 만족할 만한 성취들.

그리고 인생은 추하기도 합니다.
증오와 폭력으로 난도질당해 뒤틀리고 일그러져 있는 자연.
상처 입히고 학대하는 사악하고 위험한 사람들.
약해져가고 병으로 신음하는 인간의 몸뚱아리.
자신감을 무너뜨리며 영혼에 상처주는 온갖 실패들.
우리가 상처받을 때, 강한 구원자이신 하나님, 어디에 계시나요?
하나님의 얼굴 간절히 보기 원하는 순간, 왜 우리에게 감추시나요?
우리의 고통을 느끼시나요?
하나님의 내면 깊은 곳에서 느껴지시나요?

아니면 안락한 하늘 보좌에 가만히 앉아 계시나요?

그러나 하나님은 편안하게만 앉아있지는 않으실 것입니다.
그렇죠 하나님?
하나님 역시 추함과 공포를 대면하고 계실 것입니다.
우리 인간 안으로 하나님 자신이 완전히 들어오셨습니다.
하나님의 육체가 두려움과 증오에 의해서 찢기셨습니다.
우리를 위해서 찢기신 것입니다.
아멘.

분노의 기도 C

(강한 탄식을 담은 시편 중의 하나를 읽도록 누군가를 선정하라. 그것을 다음의 진술문과 함께 읽도록 한다.)

우리는 종종 하나님은 우리가 망가지도록 내버려 두는 것처럼 느낍니다. 우리는 아픔과 고통 속에 있는 자신과 하나님은 그 어디에서도 찾아볼 수 없다는 사실을 발견하곤 합니다. 우리의 기도가 하나님께 들려지지 않는 것처럼 보입니다. 이스라엘 백성들도 이와 똑같은 경험을 하였습니다. 그들은 하나님과 상호의존의 관계에 있다고 믿었기 때문에 자신들의 분노와 실망을 하나님께 이야기하는 것이 정당하다고 느꼈습니다. 그러나 그들의 기도는 불평을 늘어놓는 것에 그치지 않았습니다. 탄식 시편은 성난 항의로 시작하고 희망에 찬 찬양으로 끝을맺습니다. 여러분이 탄식을 들을 때, 바로 그 탄식시의 분위기와 주제에 동일시하기를 간절히 바랍니다. 여러분 가운데는 공감을 형성하는 데 어려움을 느끼지 않으리라 생각합니다. 여러분은 상처받았고 하나님께 화가 난 적이 있을 것입니다. 시편 기자가 느끼는 감정을 진심으로 함께하는 것이 그리 어렵지 않을 것입니다. 여러분 가운데 어떤 분은 지금 아무런 심각한 아픔을 경험하지 않을 수도 있습니다. 그리고 하나님에 대한 분노를 조금도 느끼지 않을 수도 있습니다. 만일 그렇다면, 여러분이 과거에 탄식의 감정에 휩싸였던 때, 바로 그 시간과 장소에 다시 서 있다고 상상하시기 바랍니다. 만일 시편 기자가 느낀 그런 감정이 여러분이 느꼈던 것과 같다면, 그 분노와 항의에 연결시켜 보십시오. 그런 후에, 찬양과 희망의 메시지에 마음이 움직일 수 있도록 자신을 여시기를 바랍니다.

(주의: 읽는 이에게 분노의 의례를 시작하기 전에 사실감을 주기 위하여 반드시 성난 어조로 미리 읽도록 알려야 한다.)

PART 3

희망:
어둠 속에서 발하는 빛

5장_희망과 증언의 공동체
6장_희망과 반어적 상상력

희망: 어둠 속에서 발하는 빛

희망을 키우는 것은 목회자가 해야 할 일 중에서 중요한 것으로 널리 인식되고 있다.[1] 부활의 능력을 통하여 어둠을 뚫고 빛으로 걸어가는 것은 복음서의 핵심이기 때문이다. 복음서에 등장하는 사역자들은 그리스도의 은혜 안에서 그리고 그것을 통하여 새로운 삶을 시작할 수 있다는 가능성을 부여잡고 사람들을 돌보았다. 어떤 상황에서도 마지막 할 일은 하나님께 속하는 것이었으며 하나님께 속한다는 것은 항상 희망이 된다.

데이비드 리올(David Lyall)은 이러한 역동성이 목회사역에서 어떻게 이루어지는지에 대해서 매우 훌륭하게 표현하고 있다.

> 우리는 우울증에 빠진 사람 옆에 앉아있다. 우리는 한줄기 빛이라도 뚫고 들어가지 못할 인간의 어둠은 결코 존재하지 않으며, 결국 절망으로 끝나는 것이 아니라, 희망이 우리 곁에 있을 것이라는 확신을 가지고 있다. 용서받지 못할 인간의 어리석음이란 없으며 정죄함이 아니라 은혜가 승리할 것이라는 확신을 가지고 자신의 행동을 후회하고 있는 사람 옆에 있다. 우리는 위로하지 못할 인간의 슬픔이란 전혀 없으며, 죽음이 아니라 생명이 다스릴 것을 믿으면서 사랑하는 이와 사별한 사람의 기운을 북돋우고 있는 것이다.[2]

---

[1] 목회돌봄에서 희망을 다룬 자료들로 다음을 참고하라. A. Lester, *Hope in Pastoral Care and Counseling* (Louisville: Westminster John Knox, 1995); D. Capps, *Agents of Hope: A Pastoral Psychology* (Minneapolis: Fortress Press, 1995); D. Lyall, *Integrity of Pastoral Care* (London: SPCK, 2001), pp.104-107, 158-159, and idem, "The Bible, Worship, and Pastoral Care", in P. Ballard and S.R. Holmes (eds) *The Bible in Pastoral Practice* (Grand Rapids: Eerdmans, 2005), pp.225-240, esp. 238-240.

[2] D. Lyall, "The Bible, Worship, and Pastoral Care", 240.

돈 캅스(Don Capps)는 "희망의 대행자"(agents of hope)[3]란 말을 사용하면서 희망의 사역을 설명한다. 5장에서 나는 목회돌봄 제공자를 희망의 증인으로 부른다. 이 말은 내가 지어낸 것은 아니고 심리치료사인 케티 베인가르텐(Kaethe Weingarten)이 처음으로 사용하였다. 자신의 임상 경험을 통해서 베인가르텐은 희망이란 자기 자신의 힘으로 노력해야만 하는 것이 아니라는 결론을 내렸다. 희망을 찾기 위해서 필요한 것은 혼란과 고통 가운데 있는 이가 빛에 도달할 수 있도록 지지하고 격려해 주는 증인들의 공동체이다. 이 점에 근거해서 희망의 의례는 발전된다. 희망의 의례의 목적은 두 가지다.

첫 번째 목적은 신앙공동체적인 공감과 이해를 표현할 수 있는 의례 양식을 만드는 것이다.

두 번째 목적은 고통당하는 사람을 빛이신 그리스도와 하나가 되게 하는 것이다.

6장은 반어적 상상력이 중요한 초점으로 다루어진다. 윌리암 린치(William Lynch)의 신학의 핵심은 "반어적인 그리스도적 상상력"이라는 개념이다. 그리스도 안에서 약함은 강함이 되고, 마지막이 첫째가 되며, 심령이 가난한 자가 복이 있다. 이러한 중요한 신학적인 통찰은 심리학적인 통찰과 상호 관계가 있다. 즉, 고통받는 사람이 종종 자신의 병이나 장애를 선물이나 친구로 보기 시작할 때 새로운 의미와 희망을 찾게 된다. 삶의 어두운 면에 부딪힐 때에 반어적인 상상력이 큰 도움이 된다. 이런 맥락에서 예배를 통하여 반어적인 상상력을 고무시키는 전략이 제시될 것이다.

---

3 Cf. D. Capps, *Agents of Hope*.

5장
희망과 증언의 공동체

불만족스럽고 괴로운 상황에 처하게 되면 자신을 유지하기 위해서 희망을 갈망한다. 대부분의 경우 희망은 고통으로부터의 벗어남과 어려운 문제의 해결을 뜻한다. 우리는 삶이 좀 더 편안하고 생각대로 잘 이루어지기를 기대한다. 현재와 미래를 희망 안에서 그리며 살아간다. 희망은 상상력을 발휘해서 미래를 향해 투사함으로써 현재의 행복감을 향상시키는 힘이 있다. 더 나아가 희망은 과거와 밀접한 관련이 있다.[1] 희망적인 상상력은 어떤 일을 하고자 노력한 후에 얻어진 긍정적인 결과들에 대한 기억에서 이루어진다. 신앙이 있는 사람들의 경우, 고통스러운 상황에서 희망으로 전환하는 일은 개인적이고 공동체적으로 경험했던 하나님의 은혜와 연관이 있다.

희망에 대한 최근의 많은 심리학적인 사고는 개인주의적인 경향이 강하다. 이러한 사고방식에 의하면 커다란 희망을 가진 사람들은 무엇보다도 그들의 목적을 가로막는 것들에 대한 대책을 세울 수 있는 자원이 풍부한 사람들, 그리고 마지막 목적지에 도달할 때까지 견딜 수 있는 강한 정신력을 가진 사람

---

[1] 희망과 일시성에 대한 책으로 다음을 참조하라. A. Lester, *Hope in Pastoral Care and Counseling* (Louisville: Westminster John Knox Press, 1995), 13-24.

들이다. 희망은 개인이 품고 성취해야 하는 것임에는 틀림없다. 그러나 기독교 전통과 훨씬 더 잘 부합되는 희망에 대한 견해가 있는데 그것은 희망이란 함께 이루어가는 것이라는 관점이다. 힘겨운 상황에 빠져있는 사람들은 그들의 아픔과 고통을 함께하며 희망을 찾는 데 도움을 줄 수 있는 증인이 필요하다.

어떤 의미에서는 사실상 예배에서 행해지는 모든 것은 희망에 대한 일종의 증언이다. 기도, 찬양, 성경봉독, 설교와 성찬의례 등 이 모든 것은 희망의 근원이신 우리 주 예수 그리스도의 은혜와 하나님의 사랑과 성령의 교통하심을 지향한다. 그러나 다음에 나오는 "희망의 증언"이라는 표현은 독특한 방법으로 사용될 것이다. 먼저 심리치료사인 케티 베인가르텐(Kaethe Weingarten)의 말을 빌리면[2], "희망의 증언"은 개인적으로 겪는 고통에 의미를 부여하기 위하여 신앙공동체가 사랑과 공감을 가지고 함께하는 행위로 정의된다. 여기에는 종종 의식이 포함된다. 이 정의를 고려하면서 실제 예배 의례의 예를 제안하려고 한다. 이러한 예배 의례가 희망을 의례적으로 증언하는 데 유용한 공헌을 할 수 있으리라 믿는다. 이러한 작업에 대한 기초를 쌓기 위해서 희망에 대한 심리학적이고 신학적인 측면들을 먼저 다루어야 할 필요가 있다.

---

2   Cf. K. Weingarten, "Witnessing, Wonder, and Hope", *Family Process* 39, no.4 (2000), 389-402; iden, "Cancer, Meaning Making, and Hope: The Treatment Dedication Project", *Families, Systems, and Health* 23, no.2 (2005), 155-160; and idem, "Hope in a Time of Global Despair". 2006년 10월 4-7일 아이슬랜드의 레이자비크에서 열렸던 국제가족치료협회 컨퍼런스에서 발표된 미발행 논문.

1. 희망의 심리학

희망은 그 정의를 완전히 설명하고자 시도하지 않으면서도 그것이 무엇인지 정확히 알고 있다고 오해하는 개념들 중의 하나이다. 그러나 막상 희망이란 정확히 바로 이런 것이라고 말하려고 하면 사실은 매우 이해하기 어려운 것이라는 사실을 곧 깨닫게 된다. 희망을 정의하는 것이 매우 어려운 과제임을 염두에 두고 시작하도록 하자. 일반적인 정의에서 보면 희망은 미래에 좋은 것을 기대하는 것이다.[3] 좀 더 구체적으로 말하자면 미래에 대한 긍정적인 느낌이 부정적인 느낌보다 훨씬 더 많기를 기대하는 것이다.[4]

힘들고 견디기 어려운 상황에 놓여 있음을 발견하게 될 때에 희망은 우리에게 중요하게 다가온다. 고통과 근심을 느끼는 것은 매우 불편한 자리이다. 우리가 처한 상황에 갇혀 있는 듯한 느낌을 받는 것이다. 이럴 경우, 냉담하거나 절망에 빠지기 쉽다. 희망은 우리를 저 깊은 나락으로 빠뜨리려고 하는 힘에 저항하도록 해 준다. 우리를 지탱해 주는 것은 어둠에서 빠져나갈 틈이 있다는 것을 인식하고 느끼는 순간이다.[5]

---

[3] Cf. K. Herth, "Fostering Hope in Terminally ill People", *Journal of Advanced Nursing* 15 (1990), 1250-1259, 1250.

[4] Cf. S.R. Staats and M.A. Stassen, "Hope: An Affective Cognitio", *Social Indicators Research* 17 (1985), 235-242, 235.

[5] Cf. W.E. Lynch, *Image of Hope: Imagination as Healer of the Hopeless* (Notre Dame: University of Norte Dame Press, 1974), 32.

1) 희망의 심리학적 정의

희망을 찾아가는 작업은 희망의 일반적인 측면을 살피는 데에서부터 시작된다. 물론 가능한 한 명확하게 이해하는 것이 중요하다는 점은 두말할 나위가 없다. 이 점에 있어서 희망의 정의를 살펴보는 것이 도움이 된다. 희망의 심리학을 파악하기 위해서 희망에 대한 대표적인 정의 몇 가지를 알아보도록 하자.

> 희망은 일어나기를 바라는 것이 일어날 것이라는 인식이나 갈망이나 상실에 대한 반응에 의해서 부추겨지는 인식이다.[6]

> 희망을 갖는다는 것은 지금은 그렇지 않지만, 뭔가 긍정적인 것이 여전히 일어날 수 있으며, 그래서 그것을 갈망한다고 믿는 것이다.[7]

> 희망은…기대되는 미래의 긍정적인 감정이 부정적인 감정들보다 우세한 것이다. 갈망과 기대로 구성되는 희망은 감정과 인지의 상호작용을 포함한다.[8]

위의 정의들을 보면 희망에는 적어도 세 개의 중심 요소들이 있음을 보여준다.

첫째, 이미 지적한 바대로, 희망은 상실의 경험과 관련이 있다. 우리가 처한

---

6 D. Capps, *Agents of Hope: A Pastoral Psychology* (Minneapolis: Fortress Press, 1995), 53.
7 R.S. Lazarus, "Hope: An Emotion and a Vital Coping Resource against Despair," Social Research 66, no.2 (Sum. 1999), 653-678, 653.
8 S.R. Staats and M.A. Stassen, "Hope", 235.

상황이 탐탁지 않고 견디기 어려운 경우에 자연스럽게 미래에는 좀 더 나은 무언가를 희망하게 된다. 철학자 가브리엘 마르셀(Gabriel Marcel)은 상실감이라는 느낌을 보다 잘 이해하기 위해서 어둠과 속박의 은유를 사용한다.[9] 질병, 상실, 우울증 혹은 실패의 그늘진 땅에 사는 것은 속박이라는 감정의 색조를 띤다. 속박당하는 사람은 깊은 소외감, 즉, 자신으로부터 자기가 소외당하는 고통을 당한다. 이러한 자기성(selfhood)의 통합의 상실을 마르셀은 "나 자신으로부터 나를 분열시키는 것"[10]이라고 생생하게 묘사한다.

둘째, 희망의 개념의 정의와 연관된 또 다른 필수 요소는 갈망이다. 불쾌하고 고통스러운 상황에 갇혀있다는 느낌이 들 때 우리는 구조와 해방을 갈망한다. 희망의 심리학을 깊이 연구하기도 했던 신학자인 윌리암 린치는 이러한 갈망을 소원이라고 부른다.

> 우리는 인간을 숭고한 의미에서 어떤 희생을 치르더라도 자기가 원하는 것을 이루어야만 하는 소망을 가진, 갈망하는 존재로 받아들여야 한다. 아무런 소원이 없는 곳에는 희망도 없다.[11]

그가 주장하는 요점은 중요하다. 긍정적인 결과에 대한 열망이 없는 곳에는 오직 냉담과 절망만이 있을 뿐이다.

그러나 그가 "소원"(wishing)이라는 단어를 사용한 것에는 아쉽게도 혼란을 일으킬 여지가 다분히 있다. 심리학자들은 소원과 희망을 구별하는 경향이

---

9 Cf. G.Marcel, *Homo Viator: Introduction to a Metaphysic of Hope* (London: Victor Golllancz Ltd., 1951), 30.
10 Ibid., 31.
11 W.E. Lynch, *Images*, 25.

있다. 소원에는 희망에서 볼 수 있는 것과 똑같은 수준의 개인적인 헌신이 들어있지 않기 때문이다.[12] 흔히 우리는 자신이 바라는 것에 대해서 지나치게 신중하게 생각하지 않는다. 우리는 "로저 페데러처럼 테니스를 잘 칠 수 있다면 얼마나 좋을까?" 또는 "백만불 짜리 복권에 당첨되서 은퇴 후에 편안하게 살 수 있으면 좋겠는데…"라고 말한다.

바라는 것이 실제로 이루어지면 정말로 좋을 것이다. 그러나 설령 그렇게 되지 않아도 그렇게 상처받지 않는다. 그 이유는 우리가 바라는 것들이 정말로 우리에게 중요한 것이 아닐 수 있기 때문이다. 물론 때로는 "소원"이라는 말을 우리가 정말 간절하게 바라는 어떤 것과 관련이 있어서 사용하는 경우도 있기는 하다. 예를 들면, "메리 아줌마가 더 나아졌으면 좋겠다"라고 말할 수 있다. 이것은 단순히 소원하는 정도가 아니라, 간절한 희망을 표현하기 위해서 "소원"이라는 단어를 사용하는 경우이다. 희망은 우리의 행복과 밀접하게 관련된 삶의 영역과 연결된다. 예를 들면, 소중한 관계(하나님과의 관계를 포함하여), 건강, 사랑하는 것들, 경제적인 안정 등을 들 수 있다.

이 중에서 하나 혹은 그 이상이 잘못되었을 경우에 우리는 긍정적인 전환이 이루어지기를 희망한다. 위에서 열거한 것들이 너무나 중요하기 때문에 그것들에게 많은 것을 자연스럽게 투자한다. 만일 희망이 실패로 끝나면 커다란 타격을 받는다. 반면에 소원이 이루어지면 기분이 매우 좋을 것이다, 그렇기에 바라는 것이 이루어지기를 필사적으로 원하는 것이다.

린치이 이론의 문제는 내용보다는 용어의 사용에 있다. 린치의 접근에 들어 있는 생각은 분명히 맞다. 예를 들면, 그는 소원을 사람들의 "내면의 동력"의

---

12 Cf. I. N. Korner, "Hope as a Method of Coping", *Journal of Consulting and Clinical Psychology* 34, no.2 (1970), 134-139, 135; D.Capps, Agents, 59.

원천으로 본다.[13] 그는 소원이 하는 "전체적인 기능"은 "관심과 갈망을 가지고 현실에서 이루어지도록 나아가는 것"으로 말한다.[14] 이것은 심리학자들이 갈망이나 바람을 희망의 기본 요소로 본 것과 정확하게 일치한다. 그러나 린치가 자신의 생각을 전달하기 위하여 갈망(yearning)이나 바람(desire), 이 둘 중의 하나가 아니라 소원(wishing)을 선택한 것은 유감이다. 소원을 선택함으로써 그는 불필요한 혼란을 가져온 것이다.

희망의 정의에서 강조하고 있는 마지막 요소는 희망에는 감정과 인지 이 두 가지가 들어있다는 점이다. 감정적인 요소는 보통 우리가 방금 논의했던 소원과 연관성이 있다.[15] 희망이 있는 사람은 미래의 긍정적인 결과에 대한 강한 열망에 사로잡혀있다. 라자러스(Lazarus)는 감정적인 측면 역시 그의 정신상태의 강도의 수준을 분명히 높여준다고 말한다.[16] 희망은 그의 기분을 고양한다. 코너(Korner)는 감정적인 요소는 "희망에 들러붙는, 붙드는"[17] (clinging, holding on to hope)이라는 말로 가장 잘 묘사된다고 주장한다. 그는 이런 감정은 믿음을 가졌을 때의 느낌과 매우 가깝다고 말한다.

두려움과 의심으로 공격받을 때 희망이 있는 사람은 결국에는 빛이 어둠을 깨고 들어올 것이라는 느낌에 의해서 희망을 유지한다. 그렇지만 이런 유형의 "느낌"을 감정의 범주로 분류하는 것이 맞는지 아닌지 의아해 할 수는 있다. 캅스(Capps)는 그런 느낌을 감정이라기보다는 직관이나 혹은 인식이라고 보았는데, 그가 바르게 본 것이라고 생각한다.[18] 그는 우리가 바라는 것이 이루어

---

13 W.F. Lynch, Images, 135.
14 Ibid., 141.
15 Cf. S.R. Staats and M.A. Stassen, "Hope", 235; R.S. Lazarus, "Hope", 663.
16 Cf. R.S. Lazarus, "Hope", 663.
17 Cf. I. N. Korner, "Hope as a Method", 136.
18 Cf. D.Capps, *Agents*, 53-54.

질 것이라는 직관이나 느낌이 너무 강하기 때문에 의심의 느낌을 극복할 수 있다는 사실을 언급한다.

심리학자들에 의하면 희망은 또한 인지적인 차원이다. 희망을 가진 사람은 최근의 불만족스러운 상황이 보다 나은 상황으로 바뀔 것이라는 기대가 있다.[19] 우리는 현재의 고통도 결국 지나갈 것이라는 믿음으로 희망을 유지해 나간다. 사고 요소는 "합리화의 고리"로 생각할 수 있다. 합리화의 고리는 불확실성에 대한 방어, 외적인 의심에 대한 인지적인 지지, 부정적인 결과의 가능성이 낳는 불안에 대한 해독제로 볼 수 있다."[20] 지금 이 시점에서 크리스천들이 희망의 감정적이고 인지적인 요소들을 하나님께 기초를 두고 있다는 점에 주목할 만한 가치가 있으며, 아래에서 좀 더 자세하게 다루려고 하는 주제이다. 먼저, 감정적인 요소와 관련해서, 하나님은 그리스도의 은혜와 성령의 능력을 통해서 우리 안에 그리고 우리를 위해서 일하신다는 믿음의 확신을 가지고 있기 때문에 우리가 희망을 붙들 수 있다는 것은 분명한 사실이다. 사랑이 충만하신 하나님의 친절함을 신뢰하기 때문에 보다 긍정적인 상황을 향한 우리의 갈망이 채워질 것이라고 확신한다.

그러나 좀 더 긍정적인 상황 속에 있다는 것이 반드시 우리가 당하는 고통이 사라져 버려야 한다는 것을 의미하는 것은 아니라는 것을 인정한다. 우리가 경험하고 있는 것을 이해하도록 도우시며 평화와 힘을 주시기 위해서 하나님이 역사하신다는 인식은 희망을 발견하는 중요한 원천이다. 또한, 인지적인 요소에 관하여 하나님은 우리에게 좋은 것을 주시기 위해서 사랑으로 그리고 강한 능력으로 일하고 계신다고 굳게 믿는 순간, 모든 일이 다 잘 되어갈 것이

---

19 Cf. S.R. Staats and M.A. Stassen, "Hope", 235.
20 I. N. Korner, "Hope as a Method", 137.

라고 믿음에 부합된 강한 기대를 갖는다.

지금까지 알려진 자료들을 검토한 많은 심리학자가 희망의 가장 중요한 본질, 즉 목표의 추구에 대한 연구가 활발하지 못한 것에 대해서 놀랐다.[21] 희망의 심리학에서 목표에 기초한 접근 방법을 가장 활발하게 연구한 사람은 C. R. 스나이더(Snyder)와 그의 동료들을 들 수 있다.[22] 초기 작업에서 그들은 희망을 "성공적인 주도성(목표지향적인 의지)과 경로성(목표를 달성하기 위한 계획) 간의 상호 작용으로 얻어진 직관에 기초한 인지적인 경향"[23]으로 정의하였다.

이 이론에서 세 가지 필수 요소인 목표, 경로, 주도성 등을 찾아볼 수 있다. 물론 위에서 제시한 희망의 정의는 목표지향적인 행동을 가장 중요한 요소로 보고 있다고 말할 수도 있다. 절망에 빠진 사람의 목표는 아주 분명한데, 그것은 당연히 절망으로부터 빠져나오는 것이다. 그는 어둠 속에 갇혀있다고 느끼며, 목표는 빛으로 탈출하는 것이다.

그러나 이 접근은 스나이더와 그의 동료들을 만족하지 못할 것이다. 그들은 목표는 적절한 희망의 심리학을 발전시키기 위해서 아주 구체적이어야만

---

[21] 희망의 목적지향적인 측면을 강조하면서 심리적으로 다룬 저서로 다음을 참조하라. S.E. Hobfoll, M. Briggs-Phillips, and L.R. Stines, "Fact or Artifact: The Relationship of Hope to a Caravan of Resources", in R. Jacoby and G. Keinan (eds) *Between Stress and Hope: From a Disease-centered to a Health-centered perspective* (New York: Greenwood, 2005), 81-104, 94; J.F. Miller and M.J. Powers, "Development of an Instrument to Measure Hope", *Nursing Research* 37, no.1 (1998), 6-10, 7.

[22] Cf. C.R. Snyder et al, "The Will and the Ways: Development and Validation of an Individual Differences Measur of Hope", *Journal of Personality and Social Psychology* 60 (1991), 570-585; C.R. Snyder, J. Cheavans, and S.C. Sympson, "Hope: An Individual Motive for Social Commerce", *Dynamics: Theory, Research, and Practice* 1, no.2 (1997), 107-118; C.R. Snyder, "Hypothesis: There is Hope", in C.R. Snyder (ed.) *Handbook of Hope: Theory, Measures, and Applications* (New York: Academic Press, 2000), 3-21; C.R. Snyder, J. Cheavans and S.T. Michael, "Hope Theory: History and Elaborated Model", in J.A. Eliott (ed.) *Interdisciplinary Perspectives on Hope* (New York: Nova Science Publishers, 2005), 101-118.

[23] C.R. Snyder et al, "The Will and the Ways", 571.

한다고 주장한다.

> 만약 역사가 보여주고 있는 희망에 대한 부정적인 견해들을 돌이켜보면, 종종 그런 결과가 생길 수밖에 없었다. 왜냐하면 희망 자체가 애매모호했으며 그것을 뒷받침해 주는 것들이 부족했기 때문이었다. 목표는 정신적인 행동이 최종 지점을 향하도록 한다. 즉, 목표는 희망이론의 닻이다.[24]

여기서 두 가지 다른 유형의 목표가 나타난다.[25]

첫째, 긍정적인 '차원'의 목표이다. 예를 들면, 책을 내기 위해서 출판사를 얻고자 하는 작가, 새롭게 만든 날씬한 몸매를 유지하고픈 다이어트 중인 여자 등이다.

둘째, '회피'를 위한 목표가 있다. 이 유형의 목표가 확실하게 지향하는 것은 부정적인 결과를 막는 것이다. 예를 들어, 정규적으로 해변을 찾는 사람은 피부암이 걸리는 것을 방지하기 위해서 자외선차단제를 사용할 것이다.

한편, 목표는 전략적인 접근을 하지 않으면 달성할 수가 없다. 바라는 궁극적인 지점에 도달하기 위해서 우리는 계획을 세울 필요가 있다. 즉, 우리는 따라가야 할 길을 그릴 필요가 있다는 것이다.

> 경로사고는 목적을 달성할 수 있는 길을 만드는 능력을 개발시켜준다.[26]

---

24 C.R. Snyder, "Hypothesis", 9.
25 Cf. C.R. Snyder et al, "Hope Theory", 105-106.
26 C.R. Snyder, "Hypothesis", 9.

마지막으로 주도성은 동기적 속성인데, 사람들로 하여금 그들의 목표를 향해서 가도록 이끌어주는 역할을 한다. 희망하는 목표점을 달성하기 위해서 지속적인 접근을 하려면 정신력이 필요하다. 주도 사고는 "한 사람이 목표를 추구하는 데 필요한 동력을 제공한다."[27]

우리가 품고 있는 목표를 어려움 없이 지름길로 가서 금방 달성할 수 있는 것은 아니라는 사실을 경험은 말해준다. 목표 달성의 길을 가다보면 장애물을 만난다. 스나이더와 그의 동료들은 큰 희망을 가진 사람은 장애물 주위의 길을 볼 수 있는 능력과 계속 앞으로 나아가는 데 필수적인 정신력을 가지고 있다고 지적한다.

스나이더의 접근을 살펴보았을 때 즉시 떠오르는 하나의 질문은 그들이 묘사하고 있는 경험이 확실히 희망인지의 여부이다. 내가 보기에는 희망이라기보다 낙관주의에 더 가까운 듯이 보인다.[28] 보통 낙관주의는 가는 길에 장애가 있다고 하더라도 자신이 추구하는 바를 계속 밀고 나가려는 느낌이나 확신이라고 정의한다. 낙관주의 심리학에 관한 연구에서 크리스토퍼 피어슨(Christopher Pearson)은 이렇게 말한다.

> 낙관주의는 자신이 가지고 있는 목표를 성취해 나가는 과정에서 부딪치는 장애물에 대해서 스스로 질문을 던질 때 자기 조절 역할을 한다. 어려움에 직면했음에도 불구하고 목표를 성취할 수 있다고 믿는가? 만일

---

27 C.R. Snyder et al, "Hope: An Individual Motive", 108.
28 Cf. S.E. Hobfoll et al, "Fact or Artifact", 85.

그렇다면, 그는 낙관적인 사람이며, 그렇지 않다면 그는 비관적인 사람이다.[29]

낙관주의에 대한 이러한 해석을 고려해 볼 때, 피어슨이 자신의 조사에 스나이더와 그의 동료들의 연구를 포함시킨 것은 그리 놀랄 일이 아니다. 그들의 목표-경로-주도성 접근을 살펴보면, 그들이 묘사한 것은 희망의 경험보다는 오히려 낙관적인 전망에 더 가까운 듯이 분명해 보인다. 이 두 개의 용어를 혼동하지 않는 것은 중요하다. 이 두 용어는 밀접한 연관이 있지만 구별 가능하다. 가브리엘 마르셀은 희망과 낙관주의를 구분해야 한다고 말한 바 있는데, 이러한 지적은 우리의 논의와도 연관된다. 그의 구분은 나-우리 축(I-We axis)을 중심으로 전개된다.

낙관주의는 "'나 자신'의 범위"[30]에서 이루어진다. 나는 내 목표를 이루어 나가는 데 방해가 되는 것을 극복할 수 있는 개인적인 수단을 가지고 있다고 내가 판단한다. 반면에, 희망은 관계적인 맥락에서 유지된다. 마르셀은 가장 적절한 희망의 표현은 "나는 우리를 위한 희망을 당신 안에서 갖고 있다"라고 단언한다.[31] 희망이 타인과의 교제와 뗄 수 없이 묶여있다는 것은 명확한 사실이기 때문에 마르셀은 "절망과 고독이 근본적으로 동일한 것이라고 볼 필요가 있지는 않은지" 질문을 던진다.[32] 마르셀은 절망하고 있는 사람을 이웃으로, 그리고 특별한 도움을 요청하고 있는 사람으로 본다. 그는 다음과 같이 말한다.

---

29 C. Pearson, "The Future of Optimism", *American Psychologist* 55, no.1 (Jan. 2000), 44-55, 47.
30 G. Marcel, Homo Viator, 34.
31 Ibid., 60.
32 Ibid., 58.

(절망하고 있는 사람이) 다음과 같은 질문을 던진다고 가정해 보자. "당신은 모든 탈출구가 꽉꽉 막혀있다고 하더라도 나에게 여전히 희망을 가질 수 있는 힘이 있다고 생각하고 있는거죠?" 그럼 나는 의심할 바 없이 이렇게 대답할 것이다. "당신이 나에게 질문을 던진다는 단순한 사실이 이미 당신은 자신의 감옥을 깨뜨리고 나올 첫 시도를 하고 있는 것입니다. 사실 당신의 행동은 단지 나에게 질문을 던지는 것이 아니라, 나에게 호소하고 있는 것입니다. 내가 당신에게 촉구할 수 있는 것은 오직 나를 의지하는 것뿐만이 아니라, 포기하지 말고, 절망에 지지 말고, 오직 겸손하고 약함을 인정하며, 마치 희망이 당신 안에 존재하는 것처럼 행동했으면 하는 것입니다. 그것은 그가 누구이든지 간에 다른 사람을 의지하는 것 이상의 의미를 지닙니다. 당신을 파괴시키려고 하는 강박관념에서 탈출하려고 하십시오."[33]

낙관주의와 희망은 비록 밀접하게 연관되어 있지만 별개의 현상이다. 나는 나 자신과 이용 가능한 자원을 신뢰하기 때문에 낙관적이다. 동시에 나는 희망적이다. 나의 호소를 들어주고 나와 사랑의 연대를 이루는 이웃들이 있기 때문이다.

---

33 G. Marcel, "Desire and Hope", in N. Lawrence and D. O'Connor (eds) *Reading in Existential Phenomenology* (Englewood Cliffs: Prentice-Hall, 1967), 277-285, 285.

2. 희망과 증언하기

곤경한 처지에 놓여있다고 느끼는 친구와 사랑의 연대를 하는 사람을 심리치료사인 베인가르텐은 증인이라고 부른다.[34] 그는 스나이더와 그의 동료들이 제안한 개인주의적인 시각의 부족한 부분에 관심을 가졌다.[35] 그녀는 그들이 개발했던 성인특징 희망척도(Adult Trait Hope Scale)에 있는 다음의 두 항목을 참조하여 자신의 견해를 피력한다.

> 나는 내가 세웠던 목표를 달성한다.
> 나는 이 혼란에서 빠져나가는 많은 방법에 대해서 생각할 수 있다.

성인특징 희망척도에 있는 항목들은 오직 자기의 개인적인 자원에만 의존해서 자신이 바라는 목적지에 도착할 수 있는 능력에 대한 확신을 측정하기 위해서 만들어졌다. 마르셀처럼 베인가르텐에게 희망은 공동체의 책임이다. 희망은 사람들이 함께 이루어가는 것이다. 그녀는 우리에게 희망은 공동체가 해야 할 일이라는 확신을 서술하고 있는 희망척도(Hope Scale)를 생각해 볼 것을 권한다. 위에서 언급한 항목들을 다음과 같이 바꿀 수 있을 것이다.

> 나는 내 목표를 달성하는 데 도와 줄 다른 사람의 지지를 기대할 수 있다.

---

34 Cf. K. Weingarten, "Witnessing, Wonder, and Hope".
35 Cf. K. Weingarten, "Hope in a Time of Global Despair", 2-3.

친구들, 가족, 동료들과 나, 우리 모두가 함께 곤경에서부터 벗어나는 길
을 항상 찾을 수 있다.[36]

우리 역시 같은 의견인데, 베인가르텐은 낙관주의와 희망은 같은 것이 아님
을 지적한다.[37]

바클라프 하벨(Vaclav Havel)과 맥을 같이 하면서 그녀는 낙관주의는 무엇인
가가 잘 될 것이라는 확신을 가리킨다면, 희망은 그것이 어떻게 나타나느냐에
관계 없이 무언가가 의미 있을 것에 대한 확신이다. 불만족스럽고 고통을 주
는 상황에 갇혀있다고 느끼는 사람을 위해서 증언하는 것이야말로 그로 하여
금 자신의 상황을 이해하도록 돕는 데 필요한 가장 시급하고 중요한 일이다.

베인가르텐은 자신의 딸인 미란다와 함께 했던 경험을 이야기하면서 증언
이 어떻게 작용하는지 생생하게 설명하고 있다.[38] 미란다는 희귀한 유전병을
가지고 태어났으며, 이상 증후들이 많이 나타났다. 그 결과 그녀의 신체적인
기능은 예측할 수 없었고 믿을 만하지도 않았다. 그녀가 커다란 신체적이며
감정적인 고통을 겪었다는 것은 두말할 나위 없는 일이다. 베인가르텐은 미
란다의 고통을 다음과 같이 증언하였다.

1995년 3월, 미란다의 엉덩이 한쪽과 양쪽 어깨가 탈구되었다. 그녀의
친구들은 미란다의 상태가 불안하고 당혹스럽다는 것을 알았다. 그들은,

---

36 Ibid., 3.
37 Cf. Ibid., 5.
38 Cf. K. Weingarten, "Witnessing, Wonder, and Hope," 399-401.

"그냥 쇼파에 앉기만 했는데 왜 이런 일이 발생한거지?"라고 물었다. 미란다는 설명해 줄 수가 없었다.

이야기를 연구하는 사람들은 그 이야기가 일관성이 있는지 혹은 없는지에 대해서 말한다. 즉, 대부분의 사람에게 이해가 되게끔 한다…반면에 장애와 관련된 미란다의 이야기는 거의 이해가 되지 않는다. 일관성이 부족하다. 장애로 보이는 특별한 현상이 그녀가 느꼈던 고립을 가져왔다는 사실을 나는 견딜 수 없었다. 나는 미란다의 상태에 대한 이야기가 종종 모순된다는 사실이 그리 큰 문제가 되지 않는 환경을 만들어야 되겠다는 결심을 하였다. 나는 미란다에게 함께 어떤 의식을 계획해서 그녀가 장애를 가지고 살아온 이야기를 나눌 만큼 신뢰할 수 있는 친구와 도우미들을 초청하자고 제안하였다. 그 어떤 것에도 열려 있기로 미란다는 동의하였다.

그 의식은 우리들을 활기차게 만들었는데, 우리 가족은 다른 사람들과 함께한다는 의미를 가진 유형의 의식을 만들 필요가 있었다. 그 목적은 좀 더 정확하게 우리의 경험을 개념화시키려는 의도를 반영하기 위해서였다. 미란다가 혼자 자신의 고통을 견뎌야 하는 것은 "불공평한" 것이라는 점을 확고히 믿으며, 그리고 고통은 본래 개인적이고 사적인 문제라는 생각을 거부하면서, 우리는 미란다를 지지하는 한계를 우리 가족을 뛰어넘어 고통받는 사람들을 돌보려고 하는 사람들의 공동체로 확대하였다….[39]

---

39 Ibid., 400.

3. 희망에 대한 성경의 증언들

희망은 우리가 서로 함께할 때 이루어진다. 크리스천과 유대인들이 형성하는 희망의 공동체의 중심에는 하나님이 계신다. 희망은 우리가 서로 연합하는 것이며 하나님은 "우리가 서로 붙들어주며 연합할 수 있도록 이끌어 주신다."[40] 성경의 거대 담론의 핵심 주제는 하나님의 자기 소통이다. 증언은 소극적인 활동일 수 있다. 한 사람이 어떤 사건을 증언하지만 그에 대한 반응으로 거의 혹은 아무것도 하지 않을 수 있다. 그러나 하나님은 적극적인 증인이시다. 하나님은 사랑이시며 다른 사람을 위해서 최선을 다하고 사랑을 공고히 하기 위하여 자신을 적극적으로 내어주는 것이 사랑의 본질이다. 우리는 성경에서 개인과 공동체를 치유하며 자유를 주는 하나님의 역사하심의 이야기를 많이 본다.

사람들이 신뢰하며 희망을 갖는 법을 알게 되는 것은 하나님이 적극적인 증인이시기 때문이다. 성경에 기록된 모든 중요한 사건은 희망의 이야기로 이해할 수 있다. 먼저 아브라함과 이삭과 야곱을 둘러싸고 전개되는 창세기 이야기들은 희망의 증거로 읽어야 한다.[41] 이러한 이야기들은 하나님의 백성들의 정체성과 미래는 근본적으로 하나님의 약속과 밀접한 관계가 있다는 것을 증거하고 있다. 이스라엘 백성은 하나님이 그들에게 무수히 많은 자손을 줄 것이며 위대한 나라로 만드시고 새로운 땅으로 인도하며 그들을 통하여 열방이 축복을 받는 미래를 상상으로 그려보라는 초대를 받았다.

그들은 야훼 하나님을 약속을 신실하게 지키시는 하나님으로 알게 되었으

---

40 G. Marcel, *Homo Viator*, 60.
41 Cf. W. Brueggemann, *Hope within History* (Atlanta: John Knox Press, 1987), 73.

며 희망은 시간이 지남에 따라 더 공고해져 갔다. 그들에게 희망은 하나님의 약속에 대한 기억을 토대로 해서 이루어졌다. 이스라엘 공동체의 기억에 들어있는 이야기들은 그 어떤 장벽이나 장애물도 비교할 수 없는 하나님의 높고 넓으신 능력의 역사하심이 담긴 이야기들이다.

그러한 희망의 이야기의 전형인 출애굽기는 고통의 울부짖음으로 시작한다.[42] 오랫동안 속박과 지배를 당하던 이스라엘 백성들은 그저 자신들이 처한 상황대로 살아갈 수밖에 없는 운명이라고 받아들이고 있었다. 그들은 군주가 내리는 명령만을 따르며 살아가도록 자신들을 내버려 두었다. 그러나 애굽의 히브리 노예들의 상황을 바꾸는 일이 발생하였다. 그들은 자신들을 압제하는 사람들이 만들었던 세상을 더 이상 수동적으로 받아들이지 않았다. 자신들의 불만과 고통의 소리를 발견하자, 그들은 저항과 항의의 첫 발을 내딛었다. 저항 안에 희망이 있는 것이다.

히브리 노예들의 상황은 그들이 소리쳐 울 수 있었기 때문에 급격하게 바뀌었다. 그들의 울음소리가 하늘에 닿았고 하늘은 응답하였다. 고통의 울음이 야훼 하나님께 향한 것은 아니었지만, 그럼에도 불구하고 야훼 하나님은 들으셨고 이 백성을 해방시키려는 의지를 확고히 하셨다.

주전 8세기에서 6세기의 예언서들의 중심 주제 또한 약속과 희망과 신뢰이다. 예언서에 들어있는 시들은 하나님이 그의 백성들을 위해 예비하신 미래로 우리를 이끈다. 당시 이스라엘 공동체에 속했던 많은 사람이 자신들에게 부과되었던 것들에 순응하는 데 급급하였다. 그러한 상태가 이스라엘 공동체의 불의와 우상숭배에서 나왔든지, 혹은 호전적인 국가들의 억압적인 행위와 지

---

42 Cf. ibid., 16, 20.

배하려는 목적에서 나왔던 것인지 간에, 당시 그들이 처한 형편은 많은 사람이 그저 당연한 규범이거나, 아니면 적어도 그저 그런대로 흘러가는 것이며 앞으로도 항상 그럴 것이라고 받아들여야 했었다. 그럼에도 불구하고 선지자들이 "보라, 심판의 날이 오고 있다"라고 선언했던 것처럼, 어둠을 뚫는 한 줄기 희망의 빛이 있었다. 새로운 질서가 오고 있는 것이다. 선지자들은 새롭고 더 좋은 날은 다른 곳에서가 아닌 하나님의 신비로움에서부터 온다고 선언한다.

신약에서 하나님이 우리와 함께하신다는 말은 예수 그리스도의 인성과 사역에서 궁극적으로 표현되었다. 우리의 희망인 예수님은 하나님의 다가올 통치에 희망의 중점을 두고 있다.

> 예수께서 갈릴리에 오셔서 하나님의 복음을 전파하여 이르시되 때가 찼고 하나님의 나라가 가까이 왔으니 회개하고 복음을 믿으라 하시더라 (막 1:14-15).

희망이 지탱력을 필요로 한다면, 박탈의 중심 이미지는 바로 속박 상태임을 보게 된다. 하나님의 통치는 모든 형태의 노예상태로부터의 해방이라는 특징을 갖는다.

> 주의 성령이 내게 임하셨으니
> 이는 가난한 자에게 복음을 전하게 하시려고
> 내게 기름을 부으시고 나를 보내사 포로된 자에게 자유를,
> 눈 먼 자에게 다시 보게 함을 전파하며 눌린 자를 자유롭게 하고
> 주의 은혜의 해를 전파하게 하려 하심이라 하였더라 (눅 4:18-19).

치유하며 마귀를 내쫓으시고, 죄사함과 용서를 선포하시며, 소외당한 자들의 친구가 되시며, 불의와 억압적인 행동을 비난하시면서 예수님은 사랑과 자유 그리고 의의 통치를 시작하셨다. 희망을 잃어버린 사람들은 옴짝달싹 할 수 없는 덫에 걸린 것 같은 느낌을 받았다. 어디를 바라보아도 보이는 것이라곤 그저 "출구 없음" 표시뿐이었다. 예수님은 하나님의 사랑을 구현하셨다. 사랑은 덫에 걸린 사람들에게 탈출구를 보여준다.

사랑은 죄와 고통과 불의에 시달리는 사람들을 품으며 평화와 치유와 자유가 있는 새롭고 좀 더 희망찬 미래로 가는 문으로 인도한다. 부활은 이러한 미래에 대한 확실한 선포이다. 부활은 우리를 기다리고 있는 영광스러운 상태를 미리 보여준다. 지금 우리는 자유를 희망하고 있지만 우리의 궁극적인 희망은 하나님이 "우리 눈의 눈물을 닦아 주시는" 바로 그 마지막 때에 이루어지게 된다(계 21:4).

4. 희망, 증언하기, 그리고 의례

예배의 환경에서의 증언은 그 무엇보다도 제일 먼저 그리스도 안에서 가지는 희망을 지향한다. 신실한 증인은 고통받고 있는 사람이 자신에게 가장 좋은 희망을 향해 갈 수 있도록 지지해주는 사람이다.

물론 인간에게 증언은 희망을 만드는 데 매우 중요한 역할을 한다. 그러나 그것은 그저 모든 예배 의례에 끼어 넣기만 하면 되는 것이 아니다. 진정한 공동체적 경험이 없이는 증인을 발견하는 것은 불가능하다. 만일 우리가 서로 각자 경험하는 고통과 혼란에 대해서 이야기할 수 있으려면 비교적 높은 수준의 신뢰가 필요하다. 만일 교인들 사이에 강한 사랑의 관계가 있다고 생각하지 않으면 우리는 단순히 우리 자신을 있는 그대로 이야기해도 괜찮을 것이라는 확신을 가질 수 없을 것이다. 교인들이 서로 희망을 가지도록 도와주는 것과 공동체를 만드는 것은 분리할 수 없이 연결되어 있다.

사랑의 줄이 비교적 강하고 사람들이 서로 진정으로 신뢰하며 행동하는 그런 예배에서 증언은 일반적으로 다음에 나오는 두 개의 중요한 방식으로 일어난다.

첫째, 다른 사람들이 자신을 위해서 함께 기도할 수 있도록 고통을 당하고 있는 사람이 공동체에게 자기의 고통을 꺼내놓도록 초대받는다. 이렇게 함으로써 중보 기도자들은 다른 사람의 문제를 자신의 것으로 여기며 기도한다.

둘째, 증언이 취하는 또 다른 유형은 "기쁨과 염려" 순서를 활용하는 것이다. 먼저, 사람들은 그들의 삶에서 있었던 기쁜 일과 경험을 나눌 기회를 가진다. 그리고 그 후에, 자기에게 부담이 되는 갈등과 걱정을 공동체로 가져오도록 초청받는다. 종종 걱정거리는 예배가 거의 끝나갈 즈음에 중보기도 순서를 통해서 말할 기회가 주어진다.

베인가르텐의 희망에 대한 증언 접근은 위에서 언급했던 것과는 다른 접근을 발전시키도록 도와주었다. 즉, 증언을 의례에서 사용하는 것과 관련해서 두 개의 중요한 의견을 준 것이다.

첫째, 베인가르텐이 제시한 방법의 핵심 요소는 아픔과 고통 가운데 있는 사람을 지지하는 증인의 공감적 반응이다. 예배는 집단치료가 아니며, 고통을 표현한다고 해서 개인적으로 치료를 받을 수 있는 합당한 수단이 없다. 즉, 고통받고 있는 사람이 자신의 아픔을 교인들과 함께 나눈 다음에 예배인도자가 개인적으로 그에게 공감적인 반응을 주는 것은 적절하지 않다.

인도자가 할 수 있는 것은 공감을 의례를 통하여 표현하는 것이다. 기도를 통해서 자기의 이야기를 교인들과 함께 나눈 사람이 느끼는 아픔과 고통을 인정하는 것은 매우 적절한 한편, 큰 도움이 될 것이다. 내가 말하고자 하는 것은 예배 가운데 개인적인 표현이 아니라 기도를 통해서 이해와 지지를 표현하는 것이 바람직하다는 것이다.

둘째, 희망에 대한 증언으로 베인가르텐이 의례를 사용한 것은 아래에서 보는 바와 같이 내가 의례 안에 증언을 포함시키는 데 큰 도움을 주었다. 사실 우리는 아주 오랫동안 목회돌봄에서 의례가 가치 있다는 것을 알고 있었기 때문에 그것을 보여주기 위해서 베인가르텐의 이론이 굳이 필요한 것은 아니지만, 그녀의 경험은 이 주제에 관한 나의 생각에 유용한 도움이 되었다.

이러한 여러 가지 생각들을 토대로 하여 희망을 효과적으로 증언하고 있다고 믿는 예배의 일부를 만들어 보았다. 이 형식은 중보기도에는 초점을 맞추지 않았으며 단지 의례의 한 요소일 뿐이다. 또한 이 의례 형식은 예배에서 제공할 수 있는 지지에다 다른 것들을 추가할 수 있는 유연성을 가진다.

만일 예배공동체가 고통받는 교인들을 위한 희망의 증인이 되려고 한다면 고통을 당하는 이가 어떤 방식으로든지 자기를 "나타낼" 필요가 있다. 자신이 뭔가 어려움을 당하고 있다는 사실을 공동체가 알도록 해야 한다는 것이다. 그러므로 이러한 과정에는 어느 정도의 모험이 따르기 마련이다. 아래에 제시하고 있는 의례 형식들 가운데 두 개는 모험의 강도가 상당히 높다고 느낄 수 있는 요소들이 포함되어 있으며 나머지 두 개는 그 정도가 매우 낮은 내용을 담고 있다.

증인 의례: 예시 1

예배순서 중 적절한 때에(설교 후) 예배인도자는 다른 교인들과 나누고 싶은 개인적인 걱정거리를 가진 이를 누구나 초청한다. 나눔의 시간이 끝나면 인도자는 고민을 말한 사람의 아픔을 인지하고 각 사람에게 나누어 주기 위해서 그리스도 초에서부터 작은 초까지 불을 점화한다. 이런 식으로 각 사람은 어둠 속에서 빛을 향하게 된다.

사람들은 인도자가 가까이 그리고 멀리서 고통받고 있는 사람들을 위하여 초에 불을 붙이는 것을 주목할 것이다. 의례가 마친 후, 이 초는 반드시 성찬상에 놓아야 한다. 따라서 초는 받침이 필요하며, 만일 받침이 없다면, 초는 조그마한 모래 상자 안에 둘 수 있다.

의례는 다음과 같이 진행된다.

인도자

사랑의 하나님,
만국을 향해 빛이 되라고 저희를 언약백성으로 부르셔서
감사드립니다.
선지자를 통하여 희망의 말씀을 전해 주셨으며,
불의의 어둠을 물리치는 진리를 주셨습니다.
충만한 은혜로 독생자를 보내주셔서
우리에게 평화와 치유와 새로운 생명을 주심을
감사드립니다. 아멘.

인도자는 자신의 고통과 아픔을 나누었던 사람에게 다시 앞으로 나오라고 초대하고 사람들에게 작은 초를 나누어 준다. 그리고 난 후에 그는 초에 불을 붙여 들고, 다음을 읽는다.

> 이 초는 마음에 상처를 안고 있는 사람들을 위한 것입니다.
> 이것은 또한 이 세상 각 도처에서 고통당하고 있는 사람들을 위한 것입니다.

다음을 기도한다.

> 당신의 삶에 염려와 고통이라는 어둠이 드리우고 있습니다.
> 당신에게는 견디기 어려운 시간입니다.
> 하나님이 당신과 함께 계시고 우리도 당신과 함께 있습니다.
>
> 우리가 어둠 속을 걸어갈 때 그리스도는 우리의 빛이 되십니다.
> 그분 안에 평화와 희망이 있습니다.
> 그분의 충만한 사랑과 은혜 안에 쉼이 있습니다.

이때 앞으로 나온 사람들은 다시 자기 자리로 돌아간다. 인도자는 들고 있는 작은 초를 성찬상에 놓는다.

증인 의례: 예시 2

염려의 시간을 함께 나눈 후, 참가자들은 앞으로 나와 인도자와 함께하라고 초청한다. 또한 그들의 가족과 다른 예배인도자들도 앞으로 나와 그들 주위의 반원을 만들라고 권유한다. 이러한 의식의 목적은 염려를 나눈 이들이 교인들의 사랑과 애정에 둘러 쌓여있다는 것을 말하기 위함이다. 인도자는 앞에서 예시한 의례 1에서 이것을 실행할 수 있다.

증인 의례: 예시 3

물론 어떤 사람들은 앞으로 나가서 자기의 고통의 이야기를 나누려 하지 않을 것이다. 그들에게 이러한 행동은 너무 큰 부담이 될 수 있다. 증인의 의례에서 자기의 염려를 말하는 것이 크게 부담스럽지 않아야 한다. 예시 3은 비교적 교인수가 적을 경우에 사용할 수 있다. 앞으로 나오는 대신에 그냥 자기 자리에 서 있으면서 자신의 염려를 말하도록 한다. 예를 들면, 어떤 사람이 "나는 곧 수술을 받을 예정인데, 위해서 기도해 주셨으면 좋겠습니다"라고 말할 수 있다. 다른 사람은 "나는 직장에서 너무나 스트레스를 심하게 받는 상황 때문에 염려하고 있습니다"라고 말할지도 모른다. 사람들이 이렇게 자신의 염려를 나눌 기회를 가진 후에, 인도자는 다음과 같이 기도 드린다.

> 사랑의 하나님,
> 만국을 향해 빛이 되라고 저희를 언약백성으로 부르셔서
> 감사드립니다.
> 선지자를 통하여 희망의 말씀을 전해 주셨으며
> 불의의 어둠을 물리치는 진리를 주셨습니다.
> 충만한 은혜로 독생자를 보내주셔서
> 우리에게 평화와 치유와 새로운 생명을 주심을
> 감사드립니다. 아멘.

인도자는 그리스도 초에서 자기의 초로 불을 붙인 후 다음과 같이 말한다.

> 나는 염려를 나눈 사람들과
> 또한 마음속에 염려하고 있는 사람들을 위해서
> 초에 불을 켰습니다.

그 후 인도자는 다음과 같이 기도드린다.

> 당신의 삶에 염려와 고통이라는 어둠이 드리우고 있습니다.
> 당신에게는 견디기 어려운 시간입니다.
> 하나님이 당신과 함께 계시고 우리도 당신과 함께 있습니다.
> 우리가 어둠 속을 걸어갈 때 그리스도는 우리의 빛이 되십니다.
> 그분 안에 평화와 희망이 있습니다.
> 그분의 충만한 사랑과 은혜 안에 쉼이 있습니다.

인도자는 들고 있는 작은 초를 성찬상에 놓는다.

증인 의례: 예시 4

예시 4 또한 예시 1과 2보다는 덜 부담스럽다. 개인적인 염려를 가지고 있는 사람들을 앞으로 나오라고 초대한다. 그들은 자신의 이야기를 말할 것을 요구받지 않고 그냥 서 있는다. 예배공동체는 앞에 나온 사람들이 어떤 문제로 힘들어 하는지 정확히 몰라도 희망의 목격자로서의 역할을 충분히 할 수 있다. 공동체에 속한 교인들은 뭔가 잘못되었다는 것만은 알고 있으며 그것으

로 충분하다. 일단 염려를 가지고 있는 사람들이 앞으로 나와 모이면 인도자
는 다음의 기도를 드린다.

> 사랑의 하나님,
> 만국을 향해 빛이 되라고 저희를 언약백성으로 부르셔서
> 감사드립니다.
> 선지자를 통하여 희망의 말씀을 전해 주셨으며,
> 불의의 어둠을 물리치는 진리를 주셨습니다.
> 충만한 은혜로 독생자를 보내주셔서
> 우리에게 평화와 치유와 새로운 생명을 주심을
> 감사드립니다. 아멘.

인도자는 그리스도 초에서 자기의 초로 불을 붙인 후 다음과 같이 말한다.

> 나는 염려를 나눈 사람들과
> 또한 마음속에 염려하고 있는 사람들을 위해서
> 초에 불을 켰습니다.

그 후 인도자는 다음과 같이 기도드린다.

> 당신의 삶에 염려와 고통이라는 어둠이 드리우고 있습니다.
> 당신에게는 견디기 어려운 시간입니다.
> 하나님이 당신과 함께 계시고 우리도 당신과 함께 있습니다.

우리가 어둠 속을 걸어갈 때 그리스도는 우리의 빛이 되십니다.

그분 안에 평화와 희망이 있습니다.

그분의 충만한 사랑과 은혜 안에 쉼이 있습니다.

이때 앞으로 나온 사람들은 자기 자리로 다시 돌아간다. 인도자는 들고 있는 작은 초를 성찬식 책상에 놓는다.

6장
희망과 반어적 상상력

신약성경은 역설 혹은 반어적 표현들로 가득하다. 예수회 신학자 윌리엄 린치는 역설을 자신의 신학체계의 중심 사상(leitmotif)으로 삼았다. 린치는 신앙생활에서 필요한 것은 신앙과 불신앙, 수용과 비판, 진지함과 유머와 같이 상반되는 개념들을 받아들이도록 이끄는 유추적 상상력이라고 주장하였다. 이 장의 나머지 부분은 고통에서 희망을 발견하는 데 반어적 상상력이 도움이 된다는 관점을 다루고 있다.

앞 장에서 살펴본 것처럼, 심리학자들은 희망을 다양하게 정의한다. 여기서는 희망을 의미의 생성과 관련해서 다룰 것이다. 역경으로 고통받는 사람들은 만일 그 가운데서 의미를 찾을 수 있다면 좀 더 견딜 만하다는 것을 안다. 이런 점에서 역설적 접근은 종종 매우 큰 도움이 된다. 예를 들면, 생명을 위협하는 질병으로 고생하는 사람은 질병을 선물이나 혹은 사명감으로 보았을 때에 어떤 빛이 자신에게 들어왔다고 말한다.

다른 사례를 보면, 정신질환으로 고통당하는 사람들은 그들의 병을 적뿐만이 아니라, 친구로 간주할 때 발생하는 희망과 치유를 증언하였다. 물론 그들은 이런 종류의 "친구"를 가지지 않았더라면 좋았을 것이라고 말할 것이다. 자기들이 당하는 고통을 위와 같은 방식으로 말할 때 감상에 빠진 것은 아니다.

단지 삶의 한 부분이 중병, 우울증, 불안과 같이 분명히 상당히 나쁜 상황일지라도, 다른 차원에서는 긍정적인 부분도 있다는 것을 발견한 것이다. 여기서 우리는 의미와 희망을 낳는 데 작용하는 반어적인 상상력의 힘을 보게 된다.

이 장은 예배에는 반어적인 사고를 촉진하며 형성하는 능력이 있다는 점을 보여주고자 한다. 반어적 상상력은 설교, 기도, 찬송, 연극, 상징, 그리고 그 밖의 다른 예배 요소들을 통하여 향상될 수 있다. 위의 요소들 중에서 설교와 기도에 초점을 맞추어 다루어 보자.

1. 믿음이 지닌 반어적 상상력

많은 사람이 복음서가 역설적 표현들로 가득 차 있다고 말한다. 복음서는 겸손한 자가 높음을 받을 것이며, 가난한 사람들이 축복받은 자들이고, 약할 때 강함이 있으며, 가장 중요한 것은, 수치스러운 죽음이 영광스러운 승리라고 선포한다. 윌리암 린치는 신약성경의 가르침의 특징인 반어를 그의 신학적 방법론의 중요한 원리로 삼았으며, 특히 신학과 예술과의 관계에 관심을 가졌다. 창조적인 삶과 상상력의 중심인 역동성을 중요하게 생각했으며, 그러한 역동성과 신학과의 관계를 묘사한다.

린치는 신앙은 세상을 경험하고 상상하는 하나의 방식이라고 시사한다. 신앙의 관점으로 세상을 바라볼 때, 세상을 신앙적인 통찰력에 따라서 재해석하는 것이다. 반어적인 기독교 상상력을 통해서 사회가 규범이라고 받아들이고 있는 생각, 행위, 구조와 가치들에 반전이 이루어진다.

1) 유한성을 통해 무한자로 가기

린치의 신학 체계의 출발점은 하나님으로 가는 길은 현재의 인간 상황을 통해서라는 확신이다. 어떤 사람은 순결한 영으로써 인간 조건의 모든 번잡한 것과 고통으로부터 벗어나 살아가기를 희망한다. 그러나 그러한 마술적인 접근은 단지 희망사항일 뿐, 하나님의 온전함에 이르는 길에는 지름길이 없다. 무한자에게로 가는 길은 오직 하나뿐이며, 그것은 "실제 현실의 모든 혹독함, 여유 없는 상황, 한계, 순간순간 내리는 결정 등을 경험함으로써"[1] 가능한 것이다.

우리가 만드는 개인적이고 사회적인 존재 유형과 더불어 타고난 생물학적인 형태는 우리로 하여금 현재의 인간의 모습을 이루게 한다. 어떤 존재론적, 발달적, 가족, 사회정치적, 그리고 문화적인 이슈와 갈등은 우리의 선택의지와 관계없이 주어진다. 인간의 모든 경험을 초월해서 더러움 없는 하늘에서 하나님을 만나려고 애쓰려는 유혹을 받는 사람들이 있다. 그러나 린치는 이러한 과도한 영적인 환상을 거부한다. 즉, "인간 안에서 허우적거리고 부대끼는 삶의 현장"[2]을 통해서 무한자에게 갈 수 있다고 말한다.

믿음은 실제 삶에 참여함으로써 "구현"된다.[3] 린치는 기독교인이 개인적이고 공동체적으로 오랜 시간에 걸쳐서 현실에 참여하며 살아가는 방식이 어떤 감수성을 낳는다는 사실을 알게 되었다. 그는 믿음의 사람들은 "분위기와 보

---

[1] William Lynch, "Theology and the Imagination II: The Evocative", *Thought* 29 (1954), 529-554, 545.
[2] Lynch, "Theology and the Imagination", *Thought* 29 (1954), 61-86, 68.
[3] Cf. Lynch, *Images of Faith: An Exploration of the Ironic Imagination* (Notre Dame: University of Notre Dame Press, 1973), 12-13.

편적인 감수성"⁴ 속에서 살아간다. 기독교인이 소중하게 품고 있는 것은 단지 이데올로기가 아니라 역사적 정신이다.

신앙의 본체는 "책, 행동, 역사, 삶, 죽음, 상황이라고 불리는 어떤 일의 끝없는 영역들, 무엇보다도 그리스도의 인성안에 주어진 표현이다…."⁵ 린치는 이러한 전통이 그가 이름 붙인 "감수성의 본체"⁶를 일으킨다고 보았다. 믿음의 사람은 어떤 독특한 방식으로 현실과 자신이 살아가는 세상을 인식하고 해석한다. 예술적인 감수성을 가진 사람을 생각해 보자. 그는 독특한 방식으로 세상을 본다. 사람과 물건이나 풍경의 본질을 사실적으로 표현하는 특별한 능력이 있으며 그 능력을 가지고 풍부한 표현으로 실체를 정확히 드러낸다.

이와 유사하게 인간의 영성에 흐르고 있는 오랜 전통에 참여함으로써 기독교인은 독특한 방식으로 세상에 참여한다. 기독교인은 인간 본질을 죄와 은혜, 율법과 복음, 죽음과 부활과 같은 기독교에서 절대적으로 중요한 범주를 가지고 해석한다. 특히, 린치는 기독교인은 반어적으로 해석한다고 지적한다.

린치는 인간의 실존을 완전히 받아들이는 기독교적인 전통과 무한자에 대한 탐구에서 유한성을 무시하는 현대 문화의 경향을 비교한다.

"우리는 삶의 완전하고 유한한 구체성에 대한 탐구가 실제로 우리를 어디론가 이끌 것이라는 것을 확실하게 신뢰하지 못한다." (그렇기 때문에 우리는 유한한 것의) "빈약하고, 비인지적이며, 에매모호한 암시력 대신에 우리 영혼 속에 깃들어있는 무한성을 불러내려 하는 것이다."⁷

---

4 Lynch, *Images of Faith*, 64.
5 Ibid., 64.
6 Lynch, "Images of Faith II: The Task of Irony", Continuum 7 (1969), 478-492, 478.
7 Lynch, "Theology and the Imagination II", 538.

인간 조건의 한계에 정면으로 직면하는 것이 그리 매력적인 일이 아니기 때문에 우리는 자신을 순수한 영혼으로 이해한다. 마술과 심리주의는 실제를 다루기 원하지 않는 사람들을 위한 도피처가 된다. 사람들은 날마다 "거짓된 천국과 값싼 무한성"[8]으로 훌쩍 올라갈 수 있다는 희망을 안고 마술약이나 부적과 요술에 집착한다. 만일 마술이 적합하지 않으면 할리우드 필름이나 텔레비전과 언론 매체가 만든 환상의 세계에 쉽게 자신을 내어준다.[9]

린치는 이러한 현실로부터의 도피는 그리스도께서 품었던 삶의 방법과는 완전히 다르다고 주장한다. 그리스도께서는 "유한한 것들에 완전히 실제적으로, 긍정적이고, 적극적으로 참여하셨다."[10] 예수님은 사막에서 마술과 요술을 선택해서 인간에서 영화로운 무한한 존재가 되라는 시험을 받았다.[11] 그러나 그 대신에 예수님은 인간의 길을 선택하였다. 그리스도의 삶은 유한성을 통해서 무한자로 가는 길을 확실하게 보여주셨다. 인간 존재가 겪는 고통과 번잡함과 비천함으로 내려오심으로써 그리스도께서는 크게 높임을 받으신다.

> 그는 태양이지만, 그가 가는 길은 인간의 길이다. 무엇보다도 그는 신랑이며…기쁨으로 달려가는 운동선수이다…인간이 하는 모든 모험을 다 감당하시면서…유일한 **길로서** 예수님은 이 전에 그 어느 누가 했던 것보다도 더 담대하게 감당해 갔다…유한한 인간의 최후 지점까지…인간의 가장 아래까지 당당하

---

8   Ibid., 541.
9   Cf. Lynch, "Theology and the Imagination", 69.
10 Ibid., 61.
11 Cf. ibid., 72.

게 걸어 나갔다…그러므로 그는 높임을 받았으며 하늘과 땅 위와 땅 아래에 있는 모든 것이 그 앞에 무릎 꿇고 절하는 것이다(강조는 원문에 의함).[12]

2) 유추적 상상력

린치의 신학적 접근의 핵심은 인간의 유한성이 가지는 엄격성, 밀도와 실제는 오직 유추적인 상상력을 통해서만 이해할 수 있다는 것이다. 린치는 상상력을 획일적이거나 특별한 기능이 아니라고 지적한다. 그는 다음과 같이 말한다.

> 상상력은(역주) 인간의 모든 자원이며, 기능이고, 전체 역사와 삶이자 유산이다. 이 모든 것은 인간의 구체적인 내면과 외부세계에 영향을 미치며, 세상에 대한 이미지를 형성하여 알게 되고, 세상에 대처해 가고 형성하며, 심지어 세상을 만드는 데 사용된다. 상상력의 역할은 실제를 그리는 것이다.[13]

실제를 그리는 행위는 존재하는 모든 것은 유추적인 구조를 가지고 있다는 사실을 인정하는 것이다. 가장 중요한 점은 그들이 동일한 것과 상이한 것, 이 두 특성을 모두 가지고 있다는 것이다. 즉, 실제는 이극(二極)의 구조를 가지고 있다. 그러나 그러한 구조가 서로 갈등을 일으킨다는 것을 의미하는 것은 아

12　Ibid., 73.
13　Lynch, *Christ and Prometheus: A New Image of the Secular* (Notre Dame: University of Notre Dame Press, 1970), 23.

니다. 유추적 상상력은 어떤 특정한 존재의 상반되는 두 극단은 창조적인 긴장을 이루면서 서로 지지하고 있다고 인식하도록 한다. 유추적 상상력은 바로 "한 존재의 다른 수준들이 어느 정도 동일하다고 보는 것이며, 따라서 같은 이미지 안에 동일한 하나의 인지의 설명과 관련시킬 수 있다고 보는 인식의 습관이다."[14]

유추적 관점이 부족한 사람은 존재를 한 가지 방향으로만 해석하려는 경향이 있다, 즉, 오직 하나의 이미지에만 집착하려고 하는 것이다. 사물이나 경험을 절대화하거나, 오직 이상적인 것만을 추구하려는 욕구는 인간 존재의 높이와 깊이와 넓이를 축소하는 것이다. "사물을 보는 시각과 유연성의 범위에 있어서 오직 최종적으로 정확한 것 하나만을 추구하는 획일적인 접근은 갈수록 강도가 심해져 가는데, 그로 인해 우리의 마음과 상상력은 능력을 제대로 발휘할 수 없게 된다."[15]

일의적 관점은 매우 제한적인 시야로 사물을 보는 것인데, 이 접근은 사물이나 생각, 혹은 경험의 상반되는 특징들이 적절하게 결합될 수 있다는 것을 인식하지 못한다(유추를 뜻하는 ana-logon은 "적절한 비율에 따라서"라는 뜻이다).[16] 생명과 죽음, 믿음과 불신, 유한성과 무한성 등의 상반되는 개념들은 함께 묶어서 생각해야만 한다. 린치는 "이러한 분리되지 않은 상상"은 존 도네(John Donne)의 시에 잘 나타나 있다고 보았다. 이 시에서 존 도네는 곧 죽을지도 모르는 병실에서 그가 겪었던 일들을 그리고 있다.[17]

---

14 Lynch, "Theology and the Imagination", 66.
15 Lynch, *Images of Faith*, 78.
16 Cf. General J. Bednar, *Faith as Imagination: The Contribution of William F. Lynch* (Kansas City: Sheed & Ward, 1996), 54.
17 Donne의 시는 Lynch의 "Theology and the Imagination"의 74페이지에서 다루고 있다.

나는 지금 보고 있는 서쪽으로 쭉 뻗은 길을 즐긴다.

비록 그 길들은 누구에게도 다시 돌아오지 않지만 말이다.

서쪽이 나에게 상처를 줄 수 있을까? 서쪽 그리고 동쪽

모든 평평한 지도는 (나도) 하나이다.

따라서 죽음은 부활에 인접해 있다.

도네는 자신의 죽음과 부활이 하나라는 것을 알기 때문에 죽음이 쏘는 것을 조금도 두려워하지 않는다. 그리스도께서 우리에게 주신 선물은 자신이 죽음과 부활 사이의 통일성을 만들어 놓은 것을 우리로 하여금 누리도록 한 것이다. 기독교 신앙의 바로 그 중심에서 우리는 유추적 상상력을 발견하게 된다.

3) 반어적 기독교 상상력

린치는 그리스도의 인성과 사역이 유추적 상상력의 특별한 형태, 즉, 반어적인 상상력을 구현했다고 봄으로써 자신의 신학 체계를 발전시켰다. 우리는 위에서 인간 실존의 실제에 참여함으로써 믿음을 발견할 수 있다는 것을 살펴보았다. 종교적 상상력은 단순히 실존에서 발견한 것의 이미지만을 만드는 것이 아니라, 실제로 실체를 만든다.[18] 종교적 상상력은 사물이 존재하는 방식의 새로운 유형을 만들기 위해서 현존하는 유형을 전환한다. 이 새로운 패러다임은 반어와 반어적인 이미지에 의해서 형성된다.

반어는 상반되는 것들을 함께 연결시켜주는 일을 한다. 인간 경험의 깊이

---

18 Cf. Lynch, "Images of Faith II", 187-194; 190; *Christ and Prometheus*, 23.

를 충분히 이해할 수 있는 것은 오직 상반된 것의 통일성을 진심으로 음미함으로써만 가능하다. 겉에서 보기에는 부유하고 강한 자가 힘을 가진 것처럼 보인다. 그러나 기독교인들은 팔복에서 정반대의 것을 보며 마음을 서로 나눈다. 그리스도의 은혜를 통해서 가난하고 약한 사람들이 강한 사람인 것이다.

린치는 반어는 상반된 것을 하나의 통일체로 형성하는 것으로 상상하는 어떤 방식이라고 지적한다. 예를 들면, 유일한 것과 많은 것이 공존한다는 사실에 대해서는 딱히 반어적이라고 할 만한 것이 없다.[19] 그것은 단지 사물이 실제로 지니고 있는 존재의 형태를 나타낼 뿐이다. 현존하는 것은 무엇이든지 (완전히 영적인 실체를 제외하고) 그 안에 통일성과 다양성을 가지고 있다. 예를 들면 하나의 탁자라고 하는 통일성은 많은 부분으로 이루어져 있다. 하나의 탁자이지만, 거기에는 다리들, 위, 옆면, 그것들을 서로 지탱해주는 나사들이 있는 것이다.

또는 서로 모순되는 것에 대해서도 반어적인 요소가 전혀 없다.[20] 선과 악은 서로 모순되는 힘이며, 서로를 소멸시키는 경향이 있다. 반어적인 상상력은 모순이 아닌, 대조를 다룬다. 예를 들면, 어떤 사람이 당하고 있는 고통에는 좋은 점과 나쁜 점 모두 존재한다. 이러한 대조되는 점들은 한 사람의 경험 안에서 공존하고 있으며, 더 나아가 그 안에 통일성을 형성하는 것으로 상상할 수 있다. 바로 이것이 반어적 상상력의 힘이다.

---

19 Cf. Lynch, *Images of Faith*, 84.
20 Cf. ibid., 84.

반어의 일반적인 특징은 동일한 것, 혹은 어떤 모순된 것의 예기치 않은 공존이다. 보통 **모순**이나 **반대**라는 말은 형이상학적인 의미로 사용된다. 모순된 것은 짝을 이루며 각각의 경우에 그 짝은 한 종(種)이나 부류에서 가장 크게 분리된 두 구성원이나 혹은 두 개의 가장 상이한 하위 종(種)에서 나타난다는 것이 일반적인 철학적 이해이다. 따라서 모순된 것으로서 아주 뜨거운 것과 매우 차가운 것은 **온도**라는 공통된 속성에 속한다. 인간의 속성인 무모한 것과 현명한 것은 형이상학적으로 다루어질 수 있는 대조와 반대의 짝이 될 것이다. 무모와 현명은 가장 큰 대척점을 이루는 개념이다. 그런데 갑자기 우리는 반어적으로 같은 한 사람 안에서 이 둘이 그리 크게 분리되지 않는다는 사실을 깨닫게 된다(강조는 원문에 의함).[21]

기독교가 전파되기 이전 시대에 반어를 가장 잘 사용한 사람이 소크라테스였다고 린치는 보았다.[22] 심지어 물리적인 측면에서도 반어는 뚜렷하게 나타난다. 소크라테스는 가장 숭고하고 아름다운 진리를 표현한 못생긴 남자였다. 그는 자신이 말한 진리를 경시했지만, 그러나 동시에 그것을 철회하지 않음으로써 진리에 대해서 매우 진지한 자세를 보였다.

반면에 예수님이 사용하신 반어법은 매우 다르다. 그의 삶과 사역을 보면 냉소란 전혀 찾아볼 수 없다. 예수님은 반어적 표현을 사용하시기 위해서 서투른 모방이나 비웃음을 칠 필요가 없다고 린치는 지적한다. 완전히 다른 차원의 반어법인 것이다. 예수님은 우리에게 자신이 가졌던 소명과 약속이 지닌 위엄과 인간 실존의 평범함을 결합할 것을 요구하신다.

21　Ibid., 85.
22　Cf. Lynch, "Images of Faith II", 489.

> 거기에는 지금 여기에 다가오는 위대한 생각, 위대한 통찰력, 위대한 약속, 위대한 일들이 있다…또한 평범한 인간의 생각들, 너무나 평범한 인간의 감정, 인간의 임무와 욕구 등이 있다…한편으로는 거의 무제한의 신적인 생각이 있는가 하면, 다른 한편으로는 약하고 죽을 수밖에 없는 부분이 있다.[23]

예수님은 또한 우리에게 확신에 찬 믿음과 함께 거룩한 두려움을 늘 가질 것을 요구하신다.[24] 믿음은 두려움과의 "역동적인 제휴" 안에서 존재한다고 린치는 주장한다. 그는 이러한 자신의 믿음에 대한 이해를 발전시키기 위하여 루터의 사상을 원용한다. 종교개혁자 루터는 하나님에 대한 두려움과 하나님의 은혜와 사랑이 넘치는 애정을 분리하지 않았다. 루터는 한편으로는 믿음을 하나님의 자비를 전적으로 신뢰해 주는 지지대로 여겼다. 그러나 믿음은 또한 적절한 두려움을 포함하며, 여기서 두려움이란 하나님의 의로우심과 정의에 대한 깊은 존경에 기초를 둔다. 결국 확신에 찬 믿음은 두려움보다 더 강하지만, 그럼에도 불구하고 두려움은 그 나름대로 역할을 한다.

예수님의 반어적인 상상력의 마지막이자 가장 중요한 예는 바로 인간 실존의 가장 비천한 모습을 통해서 그가 높임을 받는다는 사실이다.[25] 절대적인 순종 속에서 성자 예수님은 고통과 죽음의 길을 받아들였으며 완전한 사랑이시며 성실하신 성부 하나님은 아들을 다시 살리셨고 그를 모든 사람의 구주로 영화롭게 하셨다. 죽음과 부활이 예수님 안에서 연합되었다.[26] 예수님은 우리

---

23 Lynch, *Images of Faith*, 88.
24 Cf. ibid., 90-92.
25 Cf. Lynch, "Images of Faith II", 491.
26 기독교의 역설과 상상력의 능력 사이의 관계에 관심을 가진 사람들로, 예를 들면, 다음을 참조하라.

가 죽음과 약함을 통해서 강해지는 방법을 이 세상에서 상상하도록 돕는다. 이런 맥락에서 힘은 반어적으로 정의된다.

> 약함은 강함의 커다란 형태들 중의 하나가 된다. 연로함, 병, 그리고 죽음은 더 이상 우리에게 힘을 발휘하지 못하며 힘의 다른 형태를 취한다. 정확하게 말해서 우리의 인격이 우리의 인격을 초월하는 반어적인 양식이 되는 것이다.[27]

반어적 상상력이 부족한 사람들은 기독교 신앙을 단지 이상적인 관점에서 이해하려고만 한다. 그렇게 본다면 기독교인의 삶의 정수는 순전한 선, 흔들리지 않는 믿음, 그리고 절대적인 엄숙함을 통해서 표현된다. 그러나 이러한 태도는 우리 모두가 살아가야 하는 실제의 삶과는 전혀 동떨어져 있다.

수세기에 걸쳐서 믿음에 대한 핵심적인 사고는 절대화된 성향의 거부이다. 이것은 "하나의 똑같은 행위에 들어있는 동일한 실재에 대해서 믿음과 불신, 현실감과 환상, 신뢰와 비난, 매우 엄숙함과 비웃음 등을 동시에 경험한다는 것을 의미한다."[28]

D. Louw, "Creative Hope and Imagination in Practical Theology", *Religion and Theology/Religie and Teologie* 8, nos. 3-4 (2001), 327-344. 그는 우리가 하나님의 고통에 담긴 미추라는 대조점을 이해할 수 있도록 돕는 것은 바로 심미안적인 상상력이라고 말한다. 이론적인 사유에는 진실과 거짓의 가치들이, 실제적인 사유에는 선과악 또는 옳고 그름이 포함되는 반면에, 심미안적인 사유는 아름다움과 추함, 숭고함과 비천함, 혹은 깊음과 피상적인 것을 추구한다. 이를 위해서 심미안적인 사유는 상상력과 창의성이 필요하다(334).

27 Lynch, "Images of Faith II", 492.
28 Lynch, *Images of Faith*, 93.

2. 희망과 반어적 상상력

나는 앞으로 기독교인의 삶에 대해서 린치가 살펴본 것이(즉, 반어법이 그의 논의의 핵심이다) 고통에 직면해서 희망을 발견하는 과정에서 독특한 방법으로 적용될 수 있다는 것에 대해서 보여 주려고 한다. 나의 경험에 의하면, 역경과 싸울 때 드리워지는 어둠의 장막에서 빠져나오는 길을 발견한 사람들은 반어적 상상력을 가진 사람들이었다.

이들은 당연히 그저 적으로만 인식했던 것을 친구로도 여기는 심오한 통찰력을 가진다. 격렬하게 증오해 왔던 것들을 이제는 선물로도 여기게 된 것이다. 역설적 사고를 사용함으로써 희망을 낳는 것의 예를 보여주기 위해서, 우울증과 생명을 위협하는 질병과 싸우며 살아가는 몇몇 사례들을 선택해서 다뤄 보려고 한다.

1) 우울증과 반어적 인식

사실상 모든 사람이 종종 찾아오는 나쁜 기분이나 전문적인 심리학적인 용어를 사용하자면 일시적인 불쾌감으로 인해 고통받는다. 보통 사람들은 일반적인 의미의 행복감을 경험하지만, 종종 너무나 불만족스럽다거나 짜증이 나고, 우울한 기분을 느끼기도 한다. 대개의 경우, "우울한" 느낌은 특별한 실패나 좌절 혹은 실망감과 관련되어 있다.

이따금씩 찾아오는 불쾌감의 경험은 우울증과 구분해야 한다. 일시적인 나쁜 감정은 모든 사람이 어느 시점에서 어쩌다가 경험하는 실망과 상실에 대한 정상적인 반응이다. 그런데 만약에 시간이 지나도 계속 부정적인 감정의 상태가 지속되면 우울증의 시초라고 볼 수 있다. 우울증은 이론적으로 규정하기가 어려우며 그렇기 때문에 많은 사람이 자신이 경험하고 있는 것을 다른 사람에게 이야기할 때 상징이나 은유로 표현하는 것이다.

예를 들면, 우울증은 검은 풍선 안에 갇혀 있다거나, 마실 물을 찾을 수 없는 황량한 사막에서 자신을 끌어당기거나, 고요한 바다 위에 떠 있는 텅 빈 보트에 혼자 있는 자기를 발견하는 것과 같은 것이다.[29] 어떤 사람에게는 커다란 오래된 떡갈나무를 자라지 못하게 막고 있는 것처럼 보이는 큰 덩굴을 관찰하는 것이 우울증으로 인해 숨이 막힐 것만 같은 느낌을 갖고 있는 자신을 강력하게 대변해 주고 있는 것일 수도 있다.[30]

우울증에 걸린 사람은 거의 항상 자신이 불행하다고 느끼기는 하지만 우울증이 전적으로 기분만을 언급하는 것이 아님을 기억해야 한다. 그보다 우울증은 신체적, 정신적, 그리고 행동적인 요소들을 포함하는 경험의 복합체로 이해해야 한다.[31] 감정적인 증후로는 슬픔, 침울한 느낌, 허전함, 그리고 과민함 등의 현상을 포함한다. 그러나 우울증에 걸린 모든 사람이 슬픔을 경험하는 것은 아니다. 어떤 사람에게는 가장 뚜렷하고 너무나 당황스러운 증상이 흥미나 기쁨의 상실로 나타날 수 있다.[32] 이전에 스포츠나 취미 생활, 사람들과의 교제나 해변을 걷거나 등산과 같은 활동을 즐겼을 수 있다. 그런 시간들을 정말로 재밌어 하며 오기만을 고대했을 것이다. 그러나 우울증에 걸렸기 때문에

---

29 Cf. 이 이미지들은 Dorothy Rowe가 처음 만들었다. Dorothy Rowe, *Breaking the Bonds: Understanding Depression, Finding Freedom* (London: Fontana, 1991), 9-10.
30 Cf. Andrew Solomon, *The Noonday Demon: An Anatomy of Depression* (London: Vintage, 2002), 18.
31 Cf. Constance Hammen, *Depression* (Hove, East Sussex: Psychological Press, 1998), 4-7.
32 Cf. ibid.m p. 4 and Michael E. Thase and Susan S. Lang, *Beating the Blues: New Approaches to Overcoming Dysthymia and Chronic Mild Depression* (New York: Oxford University press, 2004), 27.

그러한 활동들에서 어떠한 재미도 찾지 못하는 것이다. 그것은 마치 삶에서 생기 넘치는 색깔은 다 고갈되어 모든 것이 검정 아니면 흰색뿐인 것과 같다.

우울증과 연관된 매우 분명한 인지적인 증상이 있다. 애런 벡(Aaron Beck)의 선구자적인 연구 이래로,[33] 많은 사람이 우울증을 기분 장애만큼이나 심각한 사고의 장애로 생각하게 되었다. 일반적으로 우울증에 빠진 사람은 자기 자신과 자신을 둘러싼 세상, 그리고 미래에 대해서 부정적으로 생각한다. 자기가 누구인지 생각할 때, 그들은 무능력, 결함, 그리고 열등이라는 측면에서 자기의 정체성을 구성한다. 그들은 마음속으로 자신을 비난하는데, 자기의 가치나 능력에 가차 없는 비난을 퍼붓는 것이다. 삶의 방식이나 세상을 바라보는 시각 또한 부정적이다. 마땅히 필요한 것을 가질 수 없으며, 이 세상은 불공평해서 늘 결국에는 최선을 다해 살려는 의지를 꺾어놓고야 마는 식으로 설계되어져 있을 뿐이라는 것이다.

우울증에 걸린 사람에게는 미래가 너무나 황량하게 보이는 것은 피할 수 없는 일이다. 기대할 만한 것은 아무 것도 없으며 조금만 참으면 뭔가 얻을 것이라는 기대감에 찬 보상도 없다. 우울증은 어떤 상황이나 관계가 더 나은 방향으로 바뀔 수 있을 것이라는 일말의 희망도 앗아가 버린다. 무언가를 바꾸려는 노력은 그저 무의미하고 실패만 있을 뿐이며 그러기에 자신을 굳이 힘들게 할 아무런 이유가 없는 것이다.

감정적이고 인지적인 차원과 함께, 우울증은 행동적인 요소들도 있다. 우울증에 걸린 사람은 매사에 무관심하고 동기가 부족하다. 일이나 사회적이고 그 밖의 다른 활동을 하는 데 필요한 흥미와 에너지가 부족하다. 우울증은 장기

---

33 Cf. Aaron T. Beck, *Depression: Clinical, Experimental, and Theoretical Aspects* (New York: Harper & Row, 1967).

간 동안 사람을 침대에 계속 누워있도록 만드는 경우도 종종 있다. 우울증의 상태가 경미한 경우에는 여전히 자신의 삶을 유지해갈 수는 있지만 우울증으로 인해 힘들고 괴롭다.

> 기분부전증(Dysthymia; 만성적인 경증의 우울증)은 에너지가 고갈되고 기분을 축 늘어지게 만드는 기분 장애이다. 여전히 업무를 수행하고 필요한 것을 할 수는 있지만, 금방 피로해지고, 무감각해지며, 부정적이고 수동적이며, 자기를 혐오하게 된다. 이런 증세는 집이나 학교 혹은 직장에서 제대로 기능을 발휘하는 것을 더욱 더 힘들게 만든다…날마다 살아가면서 삶이 단조롭고, 힘들며, 무섭고 힘겨운 절망일 뿐이라고 느끼게 된다.[34]

마지막으로 우울증과 연관된 신체적인 증상도 나타난다. 흔히 알려진 증세로는 식욕, 수면과 의욕의 변화를 들 수 있다. 우울증에 빠진 사람들은 기운이나 의욕이 너무 없다고 자주 호소한다. 의욕이 없으며, 무기력하고, 몸이 너무 무겁고, 활기가 없다고 느낀다. 수면 패턴의 변화는 우울증의 대표적인 특징이다. 수면 패턴의 변화는 다양한 형태로 나타나는데, 잠들거나 숙면을 취하기가 어렵다거나, 너무 오랫동안 잠을 자는 등의 현상을 들 수 있다. 마지막으로, 식욕 또한 자주 영향을 받는다. 식욕이 증가할 수도 저하될 수도 있다.

위에서 기분부전증을 언급하였다. 이것은 다른 주요 우울증과 비교할 수 있다. 기분부전증은 삶을 고갈시키며, 비틀어 왜곡하고, 사람을 무너지게 만

---

34 Thase and Lang, *Beating the Blues*, 18.

드는 파괴적인 힘이 있다. 앤드류 솔로몬(Andrew Solomon)은 자신이 직접 경험했던 쓰라린 기억을 다음과 같이 묘사한다.

> 제일 먼저 사라진 것은 행복감이다. 그 어떤 것으로부터도 기쁘다는 느낌을 얻지 못한다…그러나 이윽고 다른 감정들이 행복에 이어서 망각 속으로 사라져 버린다. 당신이 지금까지 알아왔던, 당신을 지금 여기까지 오게끔 한 슬픔, 유머 감각, 사랑에 대한 당신의 믿음과 능력. 당신의 마음은 자신이 바보같이 느껴질 때까지 계속해서 걸러지고 또 걸러진다. 만약 머리카락이 늘 가늘었다면, 더 가늘어지게 보일 것이며, 피부가 늘 좋지 않았다면, 더 나쁘게 될 것이다. 당신 자신조차도 맘에 들지 않을 것이다. 누군가를 신뢰하거나, 감동을 받거나, 슬퍼할 능력을 상실하게 된다. 결국, 당신 자신을 잃어버리게 되는 셈이다.[35]

우울증을 치료하는 가장 흔한 방법은 약물 치료와 인지 치료 그리고 대인관계 치료이다. 인지치료는 항우울증약만큼 효과적이라고 알려져 있다.[36] 이 유형의 이야기 치료의 이면에는 부정적인 사고가 우울증에 더 쉽게 걸리도록 이미 작용한다는 확신이 들어있다. 어떤 사람들은 나쁜 행동적인 습관을 발달하는 것처럼, 파괴적인 인지 습관을 발달하는 사람들도 있다. 어떤 사람의 정신이 패배주의나 자기비판 그리고 아무런 희망도 없다는 생각에 사로잡혀 있을 때, 우울증에 걸리기 쉽다. 위에서 살펴본 것처럼, 그런 사람은 자기 자신을 흠이 있거나, 결점투성이며, 열등한 존재라고 생각한다. 삶의 목적을 찾기가 어

---

35 Solomon, *Noonday Demon*, 19.
36 Cf. Thase and Lang, *Beating the Blues*, 89.

렵고 미래는 단지 공허하고 무익할 뿐이다.

벡에 따르면 이러한 부정적인 생각은 자동적으로 일어난다. 즉, 그것들은 무의식적으로 떠오르는 것인데, 의식적으로 그런 생각을 발전시키거나 어떤 상황에서 의도적으로 불러오지도 않는다. 또한 특정한 상황이나 경험들과 연관되어 있다기보다는, 개인적인 정체성과 더 관련이 있는 사고 패턴이다. 그러한 사고 패턴은 자기의 핵심을 규정짓는 믿음이다. 애런 벡의 딸인 주디스는 그 차이를 잘 이해하고 있다.

> 핵심 믿음은 믿음 중 가장 토대가 되는 수준으로 총체적이며, 고정적이고, 지나칠 정도로 일반화되어 있다. 우리의 마음에 일어나는 실제적인 단어나 이미지인 기계적인 사고는 특정한 상황과 관련이 있으며 가장 피상적인 인지 수준이다.[37]

"나는 패배자야"와 같은 핵심 믿음은 분명히 우울증적인 경향과 강하게 연관되어 있다. 이러한 믿음은 삶에서 부딪히는 좌절과 실망을 보는 거울이 된다. 무자비하고 가차 없이 비난의 화살을 한없이 자기에게 가하며 원하지 않은 결과는 여전히 자기의 부족과 결핍의 확실한 증거로 여긴다.

인지치료사는 내담자의 기계적인 생각과 핵심 믿음을 고치기 위한 치료 작업을 한다. 치료사들은 거의 모든 내담자가 자기의 기본적인 인지 패턴을 완전히 인식하지 못하고 있으며 그렇기 때문에 그것을 한 번도 다루어 본 적이 없다는 사실을 알게 된다. 가장 일반적으로 말해서 인지치료사의 목적은 내담

---

[37] J. Beck, *Cognitive Therapy: Basics and Beyond* (New York: The Guilford Press, 1995), 16.

자가 자기의 왜곡된 사고습관을 식별해서 건설적인 방법으로 재구성하도록 돕는 데 있다.

대인관계 치료는 최초에 비통과 상실, 새로운 관계의 형성, 힘든 해묵은 관계 유지 등이 스트레스를 일으킨다는 것과, 다음으로는 서투른 대인관계 기술이 사회적 고립을 유발한다는 것 등을 관찰한 것에 기초한다.[38] 그러므로 대인관계 갈등과 스트레스는 우울증에 걸리는 중요한 요인이 된다. 치료사는 관계의 질을 향상시키기 위해서 내담자가 대인관계 기술과 문제해결 전략을 개발하고 적용하도록 돕는다.

지금까지 언급한 매우 간단한 우울증의 현상과 치료에 대한 논의조차도 그리 간단하지는 않다. 마치 일종의 돌파구로서 우울증을 치료하는 데 반어적 접근을 사용하는 것은 너무 단순한 생각이다. 그럼에도 불구하고 어떤 경우에는 반어적인 상상력을 활용하는 것이 치료의 희망을 열어 가는 데 중요한 것만큼은 사실이다. 여기에서 제시하는 것이 단지 퍼즐 한 조각에 불과할지도 모르지만 그 조각이 중요하다고 믿는다.

우울증이라는 어둠이 더 깊이, 더 넓게, 그리고 더 풍부하게 내적 자기와 연결해 주는 빛과 결합될 수 있다는 사실을 알게 된 사람들이 있다. 앤드류 솔로몬은, "나는 우울해지는 것이 너무 싫었다. 그러나 우울 속에서 나 자신과 내 영혼을 더 많이 알게 되었다"[39]고 적고 있다. 파커 팔머(Parker Palmer)는 치료사의 도움으로 우울증이 한편으로는 적이지만, 다른 한편으로는 친구라는 사실을 알게 되었을 때 생의 전환기를 맞이하게 되었다. 처음에는 그런 생각에 저항했는데 서서히 그의 상상력 안에 들어오기 시작하였다.

---

38 Cf. Thase and Lang, *Beating the Blues*, 12.
39 Solomon, *Noonday Demon*, 24.

몇 시간 동안 주의 깊게 내 이야기를 들은 후에, 치료사는 하나의 이미지를 제시했는데, 결국 그 이미지가 나의 삶을 바꾸는 데 도움이 되었다. "당신은 우울증을 당신을 망가뜨리려고 하는 적으로 보는 것 같아요. 대신에 당신을 안전하게 하도록 돕는 친구로 여기면 어떨까요?"
우울증으로부터 고통받고 있는 중에 우울증이 친구가 될 수 있다는 그의 제안은 너무 낭만적이고 심지어는 나를 모욕하는 소리로 들렸다. 그러나 내 안에 있는 무언가가 건강해지는 방법을 확실히 알고 있었으며, 치료사가 제시한 친구의 이미지가 나를 치유하는 데 천천히 작용하기 시작하도록 하였다.[40]

우울증을 친구 이미지로 보는 방식은 팔머가 의기양양하게 살아갔었던 때를 돌아볼 수 있도록 도와주었으며, 역설적으로 우울증은 그가 다시 세상을 살아가도록 이끌었다. "높은 지위"를 가지고 살아가는 팔머로 하여금 그가 굳게 가지고 있었지만 사실은 잃어버렸던 삶의 네 영역들을 보게 해 주었던 은유였다.

첫째, 그는 지식인으로 훈련받아 왔으며 개념과 이론이 주를 이루는 고상한 곳에 휩쓸렸다. 이것은 그가 매우 중요한 현실적인 실제들과의 접촉점을 잃어버렸다는 것을 의미하였다.

둘째, 그는 하나님을 경험을 통해서 알았다기보다는 추상적인 관념으로만 알았던 무늬만 기독교인으로 살아왔다.

셋째, 그의 자아가 그로 하여금 하늘 높은 줄 모르고 기고만장한 채 살도록

40　Parker, J. Palmer, *Let Your Life Speak: Listening for the Voice of Vocation* (San Francisco: Josse-Bass, 2000), 66.

이끈 원인이 되었다. 비록 자기의 오만이 실제로는 자신의 부족함에 대한 두려움을 방어하기 위함이었다고 말하기는 했지만 말이다.

넷째, 팔머는 왜곡된 윤리관이 그를 실제 자기 자신이 아닌, 자신이 바라는 이미지를 가지고 살도록 이끌었다는 것을 지적하였다. 그의 "친구"(우울증-역주)가 진정한 자기의 실체로 이끌도록 돕고 있다는 것을 보기 시작하였다.

> 정말로 우울증은 나를 안전한 곳으로 이끌기 위하여 애썼던 친구의 손길이었다. 그곳은 진정한 나 자신과 나의 본성이 깃든 곳이며, 한계와 재능, 부채와 자산, 어둠과 빛이 복잡하게 혼재해 있는 곳이기도 했다.[41]

팔머의 개인적인 통찰은 린치가 매우 강하게 주장하였던 유추적 상상력과 개인의 완전성 사이의 분리할 수 없는 연결을 확인시켜 준다. 만일 우리가 이상적이거나 절대적인 것, 즉 오직 재능이나 선함, 그리고 빛에서만 살려고 노력해야 한다고 주장한다면, 우리 영혼은 산산조각 나 버릴 것이다. 진정한 자기는 순수한 형태로만 이루어진 것이 아니라, 서로 반대되는 것들이 역동적이고 창조적으로 상호작용하는 혼합된 실체이다.

목회심리학자인 시로즈 소라자쿨(Siroj Sorajjakool) 역시 팔머와 비슷한 경험을 하였다. 물론 우울증에는 부정적인 측면, 즉 정말로 끔찍한 고통이 있지만, 반면에 긍정적인 면도 있다. 이 긍정적인 면은 우리를 진정으로 인도하는 힘과 연관되어 있다. 소라자쿨은 자신이 느꼈던 공허한 감정을 극복해야 할 것으로 보지 않고 그의 진정한 자기로 돌아가는 초대장으로 보았다.

---

41 Palmer, ibid., 67.

우울증을 겪었을 때 너무 공허하다는 느낌이 들었던 것을 기억한다. 이 공허감을 없애버리려고 노력하였다. 공허감이 나 자신으로부터의 여행을 상징하는 것이라는 사실을 깨닫지 못하였다. 그러는 가운데 완전히 텅 비우기까지 나 자신을 천천히 망가뜨리고 있다는 사실을 깨닫지 못하고 나를 찾는 여행을 했던 것이다. 나는 이 공허함이 극복할 필요가 있거나 그렇게 할 수 있는 것이 아니라는 사실을 알지 못했다. 그 공허감은 극복할 대상이 아니라, 오히려, 내가 나 자신에게 돌아올 것을 알리는 목소리 혹은 초대였던 것이다.[42]

치유로 가는 길이 공허와 대항하는 싸움에 의해서가 아니라, 그것을 받아들임에 의해서 찾을 수 있다는 깨달음에서 소라자쿨은 도가에서 말하는 무위(無爲, wu wei)의 개념을 강조하고 있다. wu wei는 그 자체가 반어적이다. 이 개념은 종종 가장 효과적인 행동은 바로 무행동이라는 생각을 표현하고 있다. 그것은 아무 노력도 기울이지 않는 노력이며 무의식적이고 자연과 조화를 이루며 행동하는 것이다.[43] wu wei가 분명히 무행동(無行動)으로 해석될 수 있는데("wu"는 "아닌" 또는 "없는"을 의미하며, wei는 "하다" 또는 "행동하다"라는 뜻이다), 동양 종교의 전문가인 레이 빌링턴(Ray Billington)은 다음과 같이 지적한다.

> Wu wei를 좀 더 정확하게 해석하면…"자연적인 행동"으로 목적을 삼지 않으면서 목표를 맞춘다는 선(禪) 개념과 다르지 않다. 이것은 직관

---

[42] Siroj Sorajjakool, "Wu Wei (Non-Doing) and the Negativity of Depression", *Journal of Religion and Health* 39, no.2 (Sum. 2000), 159-166, 165.
[43] Cf. ibid., 160.

적으로 심지어 비의도적으로 행동하는 것을 의미한다. 즉, 자신에 대해서 스스로 만든 어떤 류의 투사된 이미지가 아닌, 참된 자기에 기초한 진정한 감정을 표현하는 것이다.[44]

힘들고 고통스러운 경험을 통해서 소라자쿨이 발견한 것은 공허감과 싸우며 선해지려고 노력하고 악한 것은 없애버리고자 하는 것은 오히려 우울증을 더 깊게 만들 뿐이라는 점이었다. 그는 악순환을 거듭하고 있는 자신을 발견하였다. 더 나은 사람이 됨으로써 자신의 내적인 자기 증오를 극복하고자 정말 열심히 노력하였다. 그러나 그는 어떤 진전도 느끼지 못했다. 실패만 하고 있다는 생각은 그의 안에 도사리고 있는 비난자를 더 격분시킬 뿐이었다.

내면의 비난자는 더 격렬하게 자신을 공격하였다. Wu wei는 직관적이고 무의식적으로 진정한 자기를 포용하는 것이다.

> Wu wei는 우울증에 걸린 사람은 자기 자신으로 돌아가야 하는 것이고, 스스로를 분석하는 것을 중단하며, 더 나아가 자신을 고치려는 노력을 그만두라고 권고한다. Wu wei는 심지어 부정적인 경험을 하고 있을지라도 바로 거기에 머물러 있으라고 초대한다.[45]

그의 개인적인 경험은 우울증으로 고통받고 있는 사람을 치료하는 방법을 바꾸게 하였다. 그의 내담자들 중 한 명은 너무 예민해지는 자신에 대해서 계속해서 실망하고 있다고 자신의 마음을 토로했다. 그녀는 만일 우울증에서 벗

44　Ray Billington, *Understanding Eastern Philosophy* (London: Routledge, 1997), 92.
45　Sorajjakool, "Wu Wei", 16-166.

어나기 위해서라면 반드시 자신의 예민한 성격을 고쳐야만 한다고 생각하고 있었다. 소라자쿨은 그녀에게 반어적 상상력을 활용할 것을 권유하였다.

> 나는 그녀에게 wu wei의 정신을 담아서, "예민하다고 해서 너무 걱정하지 마세요. 우울증에 빠진 사람들은 예민하기 마련이지요. 만약에 예민하지 않다면, 그들은 우울증이 아니랍니다. 당신 자신에게 예민해지는 것을 허락하면 어떨까요. 예민한 상태를 즐기세요"라고 말했다. 그러자 잠시 대화가 끊겼다. 그 후 그녀의 얼굴에 미소가 흐르는 것을 보았다. 그녀는 "마음이 놓이고 있음을 느끼네요"라고 말했다.[46]

사람들에게 심각한 고통을 주는 다른 요인은 생명을 위협하는 질병을 가지고 살아가는 것이다. 죽음을 앞둔 사람들 역시 자신이 당하는 고통에 대한 반어적인 접근이 희망으로 가는 길을 만든다는 사실을 발견한다. 병을 역설적으로 보는 것은 병으로부터 어떤 의미를 만드는 데 도움을 준다. 앞으로 이 주제에 대해서 다루어 보려고 한다.

2) 삶과 죽음 그리고 반어적 상상력

생명을 위협하는 병으로 고통당하고 있는 사람이라 할지라도 여전히 살아갈 날이 많이 남아있다. 보통 죽어가고 있는 사람은 자신이 주위 사람들로부터 사랑받았다는 것을 알고 싶어하며, 남아있는 시간에 할 수 있는 것들을 완전히 다하며 살아갈 기회가 주어지기를 희망한다. 죽음과 임종에 관한 연구의

---

46   Ibid., 166.

선구자인 엘리자베스 퀴블러-로스(Elisabeth Kubler-Ross)가 끼쳤던 큰 공헌 중의 하나는 정신건강 전문가, 채플린, 사회복지사 그리고 가족과 친구들에게 자기라고 하는 선물을 제공함으로써 죽어가는 사람과의 관계에서 인간미가 나도록 할 것을 환기시킨 것이다.

대표적인 저서인 『죽음과 임종에 관해서』(On Death and Dying)의 서문에서, 그녀는 이 점을 독자들에게 "환자를 인간으로 재조명하라"[47]고 간결하게 말함으로써 표현한다. 나중에, 그녀는 다음과 같이 말했다.

> 존경받고 이해받고 있으며 관심과 시간이 주어진 환자는 자신이 가치 있는 사람이며, 돌봄을 받고 있으며, 주어진 시간에 할 수 있는 것은 무엇이든지 할 수 있다는 사실을 알게 된다.[48]

임종을 눈앞에 둔 사람은 매우 어렵고 고통스러운 질문과 과제에 어쩔 수 없이 직면하게 된다. 이러한 질문과 과제는 신체적, 심리적, 사회적, 그리고 영적인 차원에 영향을 미친다. 퀴블러-로스는 그녀의 단계 모델에서 임종을 눈앞에 둔 사람의 경험을 아주 잘 묘사하고 있다. 자신의 경험주의적 연구에서 그녀는 일반적으로 죽어가는 사람은 부인, 분노, 협상, 우울증, 수용 등의 "방어기제"를 사용한다는 사실을 알게 되었다.

또한 "이 모든 단계를 통해서 끈질기게 붙들고 있는 한 가지는 바로 희망"[49]임을 발견하였다. 비록 그녀가 발전시키지는 않았지만, 희망에 대한 강조점이

47　Elisabeth Kubler-Ross, *On Death and Dying* (London: Tavistock Publications, 1970), xi.
48　Ibid., 46.
49　Ibid., 122.

죽어가는 과정을 통해서 바뀐다는 것은 분명하다.⁵⁰ 증상이 불치병과 관련이 없는 경우 치료될 수 있다는 희망으로 대체된다. 종양학 전문의가 치료할 수 없는 상태라고 진단을 내리면, 그는 "끝내지 못한 일"을 마칠 시간이 좀 더 있기를 원한다.

살 시간이 거의 얼마 남지 않은 시점에서, 자신에게 가장 중요한 사람들의 사랑과 친절 속에서 마지막 순간이 비교적 편안하고 고통이 없기를 기대한다. 가장 알기 쉽게 말하면, 치료에 대한 희망이 사라지면 의미를 찾고자 하는 희망이 떠오른다. 희망은 인간에게 있어서 특히 강한 욕망인 것 같아 보인다. 심지어 죽음에 직면할 때(또는 아마도 특히 죽음에 직면할 때라고 말해야 할 것이다) 희망의 불꽃이 계속 타오른다. 한시라도 희망의 불꽃은 사라지지 않는다. 다만, 불꽃이 "전체 시간 속에서 이따금씩 사라질 뿐이다."⁵¹

퀴블러-로스의 접근이 대중적인 차원에서 좋은 반응을 얻고 있음에도 불구하고, 학자들이나 임종을 눈앞에 둔 사람을 보살피는 사람들로부터 비난의 대상이 되어왔다. 퀴블러-로스의 모델에 대한 비판을 살펴보려면 다음을 참조하길 바란다.⁵² 모든 비난을 자세하게 살펴볼 필요는 없으며, 아마도 주요 이슈, 즉, 문제의 소지가 있는 단계 모델의 특징을 집중적으로 살펴보는 것으로 충분할 것이다. 로버트 카텐바움(Robert Kastenbaum)은 임종을 앞둔 사람들에게서 단계가 있다는 사실이 입증된 적이 없다는 사실에 주목하였다. 그는, "이 모델이 소개된 지 거의 40년이 지났지만, 일반적으로 단계가 있다는 것과 단

---

50 Cf. Lynne A, De Spelder and Albert L. Strickland, *The Last Dance: Encountering Death and Dying*, 6th edn (Boston: McGraw Hill, 2002), 158.
51 Robert J. Kastenbaum, *Death, Society, and Human Experience*, 9th edn (Boston: Pearson, Allyn & Bacon, 2007), 134.
52 ibid., 134-136, and Charles A. Corr, Clyde M. Nabe, and Donna M. Corr, *Death, and Dying, Life, and Living*, 5th edn (Belmont: Thomson Wadsworth, 2006), 134-137.

계가 구체적으로 특정한 순서에 따라 5단계로 이루어졌다는 것에 대한 분명한 증거는 없다"고 적고 있다.[53]

보통 죽어가는 사람이 퀴블러-로스가 구체적으로 밝힌 다섯 개의 반응들을 경험한다는 것은 의심의 여지가 없다 (비록 모든 사람이 다섯 개의 반응들을 전부 다 경험할 필요는 없을지라도). 문제가 되는 것은 단계라는 말에 있다. 단계라는 말보다 반응으로서 부인, 분노, 협상 기타 등등의 말이 더 좋아 보인다.[54] 죽어가는 과정에서 단계라는 말을 사용하면, 마치 어떤 사람이 적절하게 죽기 위해서는 반드시 직선적으로 다섯 단계를 각각 거쳐야만 한다는 인상을 준다.

그러나 우리는 "사람들이 임종에 어떻게 대처해야 할 것인가 하는 주제"[55]가 퀴블러-로스가 실제로 의도했던 것과는 많이 다르다는 사실을 주목해야만 한다. 그녀는 죽어가는 과정이 그렇게 정연하거나 엄밀하게 이루어진다고는 생각하지 않았다. 그녀는 방어기제들이 "지속되는 시간들이 다르며, 서로 대체되거나, 종종 나란히 동시에 발생하기도 한다"[56]고 말한다.

만일 단계라는 말을 쓰지 않고 그 대신에 반응이란 말을 사용한다면, 퀴블러-로스가 분류한 다섯 가지 외에 죽어가는 사람이 경험하는 다른 현상들을 인식할 필요가 있다. 죽어가는 사람은 부정을 경험하며, 화가 나고 우울 증세를 보이고, 가족이나 돌봄 제공자 그리고 하나님과 타협하려고 하며, 운명을 받아들이고 갈등을 종결하는 시점에 도달한다. 그들은 또한 충격, 몸으로부터의 소외, 불안, 죄의식, 희망, 사회와의 분리, 사회와의 연합, 화해 (타인과 하나님), 자율성의 수준, 통제의 상실, 희망, 의미에 대한 탐구 등등을 경험한다.

---

53 Robert Kastenbaum, *Death*, 134.
54 Cf. Robert Buckman, *I Don't Know What to Say* (Melbourne.: Sun, 1990), 39.
55 De Spelder et al, *Last Dance*, 156.
56 Kubler-Ross, *On Death*, 122.

나는 특히 임종의 영성과 의미의 탐구에 집중하려고 한다. 반어적 상상력은 특히 여기서 중요하다. 임종의 영성은 세속적이거나 아니면 종교적인 형태, 둘 중 하나를 취한다고 일반적으로 알려졌다. 이를 좀 더 알기 위해서 다음을 참조하면 좋을 듯 싶다.[57] 종교적으로 헌신하지 않는 사람도 삶의 영적인 차원을 가치 있게 여길 수 있다. 의미를 찾고, 건강한 관계를 향상시키며, 절망 가운데 있는 사람을 고치기를 갈망하고, 삶의 초월적인 차원과 연결하는 등, 다양한 종교적인 신앙을 가진 사람이나 아무런 종교도 가지고 있지 않은 사람들 모두 임종을 대처하는 데 각자의 영성을 표현하는 것이다.

의미에 대한 탐구는 절대적으로 중요하다. 병을 앓고 있는 가운데서도 자신의 삶이 가치와 목적으로 가득하다고 느끼고 싶은 강한 열망이 있다. 온전함과 통합에 대한 욕구 속에서 죽어가는 사람들은 다음과 같은 질문을 던진다. 왜 이렇게 많은 고통이 존재하는가? 고통을 경험하는 것이 나를 포함한 인간 존재의 본질에 대해서 무엇을 말해주고 있는가?

코(Corr)가 초월적인 차원과의 연결을 언급할 때, 세속적인 차원의 경험을 뛰어 넘는데, 그것은 곧 궁극적인 의미와 가치를 의미한다(물론 종종 궁극적인 존재를 날마다 현실 속에서 그리고 현실을 통하여 경험하지만). 희망은 초월적인 것과의 관계에서 중심을 이룬다. 하나님과의 좀 더 깊은 관계에 대한 소망이 흔히 표현된다는 것이다. 많은 사람이 이 땅에서의 삶의 고통과 불완전함을 뛰어넘는 무언가, 즉 하나님과 함께하는 영원한 생명의 기쁨이나 자유를 얻은 의지의 더 없이 행복한 상태를 희망한다. 또 어떤 사람들은 인간이 된다고 하는 것의 더 깊은 통찰력과 경험과 진정한 의미를 갈구한다.

---

57 C.A. Corr, "A Task-Based Approach to Coping with Dying", *Omega: Journal of Death and Dying* 24 no. 2 (1991-1992), 81-94.

『최초의 죽을 수밖에 없는 인간』(*First Person Mortal*)이란 제목의 죽음과 임종에 대한 개인적인 이야기들을 조사하면서, 루시 브레그맨(Lucy Bregman)과 사라 티어맨(Sara Thierman)은 죽음을 앞둔 삶을 살아가는 두 영성, 즉 병과 싸우기와 "항복의 지혜"[58]를 비교하였다. 저자는 맥스 러너(Max Lerner)[59]를 전투적 영성의 대표적인 인물로 들었다.

> 암과 죽음은 적이지만, 나이든 맥스에 대항하여…그들은 실제로 그와 싸울 기회를 갖지 못했다. 러너는 자율성과 자결권을 강하게 발휘하였으며, 신화적인 영웅이 될 가치가 있다.[60]

러너는 하나님을 상대로 한 야곱의 사투로부터 영감을 받았다.

> 네 이름을 다시는 야곱이라 부를 것이 아니요 이스라엘이라 부를 것이니 이는 네가 하나님과 및 사람들과 겨루어 이겼음이니라(창 32:28).

브레그맨과 티어맨은 모든 사람이 맥스 러너처럼 영웅적인 투쟁을 할 준비가 되어 있는 것은 아니라고 지적하였다. 그 대신에 "항복의 지혜"를 포용하는 사람들이 있다. 내가 발견한 놀라운 것은 이 방식을 선택한 사람들이 반어적 상상력의 힘을 배우고 있다는 것이다. 브레그맨과 티어맨이 연구한 많은 사적

---

58 Cf. L. Bregman and S. Thiermann, *First Person Mortal: Personal Narratives of Dying, Death, and Grief* (New York: Paragon House, 1995), 171-173.
59 그들은 두 개의 암과 심장마비와 사투를 벌였던 Max Learner의 자서전적인 이야기를 인용한다. Max Learner, *Wrestling with the Angel* (New York: W.W. Norton, 1990).
60 Bregman and Thiermann, First Person, 172.

인 이야기 안에는 다음과 같은 경험이 들어있다.

> 전환점은…어떻게 대안적인 길이 심지어 더 깊은 축복의 통로가 되는지를 인식할 때 다가온다. 의사와 병원이 아닌, 절대로 끝나지 않을 싸움보다는 오히려 항복이 더 지혜롭고 진실이라는 세계와의 관계에서 말이다.[61]

이상하게 들리겠지만, 생명을 위협하는 병과 축복은 함께 상상된다. 이 길을 가는 여행객은 자신의 경험을 암과 모험이라는 역설적인 병렬 관계를 통해서 표현한다. 엘리자베스 지(Elizabeth Gee)는 자신의 병을 다름 아닌 자기를 더 깊이 경험하라는 초대로 보게 되었다.

> 중요한 의미에서 암은 일종의 초대이다. 병이 결국 새로운 자신의 속성과 삶의 경이로움을 훨씬 더 깊이 이해할 수 있는 길이 된다는 사실을 받아들인다면, 병은 사고의 전환에 대한 모험으로의 초대이다. 암이나 그 어떤 위기를 초대나 의미, 그리고 다른 유형의 행복과 가능성에 대한 기회라는 시각을 거부하는 것은 모험을 재앙이나 공허함, 그리고 약속이나 희망이 사라지고, 삶의 주인공이 패배자가 되고 마는 상태로 전환하는 것이다.[62]

---

61 Ibid., 173.
62 E. Gee, *The Light Around the Dark* (New York: National League for Nursing press, 1992), 71; Bregman and Thiermann의 *First Person* 171에서 인용함.

항복의 여정을 걸어간 다른 사람은 조지 쉬한(George Sheehan)이다. 이것이 그가 맥스 러너의 접근이 끼친 중요한 공헌을 인정하지 않았다는 것을 뜻하지는 않는다. 쉬한은, "성서시대나 혹은 어느 시대를 막론하고 치명적인 질병과 치열하게 싸워야만 했던 사람들은 러너의 견해를 입증해주는 좋은 예"라는 사실을 인식하고 있다.[63] 다만 조지는 전투적인 유형을 취했지만, 그것이 자신에게는 적절하지 않다는 것을 알았던 것이다. 전립선암을 치료하는 과정 가운데 테스토스테론 수치를 최대한 낮추기 위해서 Gn-RH(생식샘자극호르몬방출호르몬-역주) 매일같이 주입받아야만 했다. 이것은 화학적 거세의 유형이다.

조지는 자신에게 벌어진 일을 받아들였으며, 이 과정에서 그는 저주라고 여겼던 Gn-RH가 기대하지 않았던 선물을 가져왔다는 사실을 발견하고는 소스라치게 놀랐다.

"이 새로운 저주가 축복인가?"

"살 소망이 다 끊겨버린 지금 이 상태가 생명의 선물인가?"[64]

그는 이러한 생명의 선물을 "어린 시절에 살던 에덴으로의 귀향"[65]으로 묘사한다. 에덴이라는 너무나 사랑스러운 곳에서 노인들은 아이들과 공간을 공유한다.

> 에덴은 일곱 살 어린 아이와 일흔 살 노인이 친구인 곳이다. 그곳은 함께 뛰어놀며 배우고 사랑하는 것 외엔 어떠한 염려도 없다. 이 땅에 사는 사람들은 결코 서두르는 법이 없다. 우리들의 날은 온갖 경험들로 가

---

63 G. Sheehan, *Going the Distance: One Man's Journey to the End of His Life* (New York: Villard, 1996), 86.
64 Ibid., 87.
65 Ibid., 87.

득하다. 스페인 사람들이 말하듯이, 우리는 인생보다도 더 많은 시간이 있다….

그러나 나는 상황을 매우 다르게 보는 아주 현명한 아이이다. 어른들이 하는 일이나 관심사는 나를 질식시킨다. 그들은 아무 생각도 없어 보인다. 마치 소리를 끈 텔레비전을 보다가 갑자기 사람들이 얼마나 어리석은지를 깨닫는 것과도 같다.

나는 대신에 어른들이 나를 어리석다고 보기를 바란다. 어린아이와 같은 행동이 노인에게는 적합하지 않다고 보일지도 모른다. 나는 상처받지 않을 것이다. 나는 새로운 영웅과 모험을 기대하고 싶다. 만일 누군가가 나에게 어디에 있었느냐고 묻는다면 나는 "저 밖에" 있었다고 말할 것이며, 만일 거기서 무엇을 했었느냐고 또 묻는다면 나는 "아무 것도 하지 않았다"고 말할 것이다.[66]

고통의 경험에 대해서 한 가지 확실한 것이 있다면 사람들이 대처하는 방법은 매우 개인적인 문제라는 것이다. 사람들은 그들의 아픔과 고통 속에서 온갖 다른 방식으로 희망을 찾는다. 여기에서 나는 반어적인 상상력을 동원하는 것이 모든 사람에게 도움을 줄 것이라는 것을 말하려는 것이 아니다. 그보다는, 우울증이나 임종을 앞둔 사람들의 사례 연구를 통해서 일부 사람들의 경우 고통을 역설적인 방법으로 접근해 가는 것이 의미를 만들거나 희망을 발견한다는 사실을 강조하고자 하는 것이다.

이 접근은 신약성경의 정신과 잘 부합된다. 린치와 그 밖의 다른 많은 이가

---

66   Ibid., 88, 90.

말하고 있는 것처럼, 반어적 상상력은 예수님이 전하신 메시지에 아주 잘 나타나 있다. 예수님이 전하신 희망의 중심 주제는 반어적 형태를 취하는데, 즉, 죽음을 통해서 새로운 생명을 얻을 수 있으며, 심령이 가난한 자가 복이 있다는 것, 나중 된 자가 처음 된 자가 될 것이라는 것, 그리고 고통 가운데 즐거워하라는 것 등이다.

3. 예배와 반어적 상상력

위에서 언급한 내용을 바탕으로 예배와 의례의 요소들이 어떻게 반어적 상상력을 환기시키기 위해서 사용될 수 있는지를 살펴보자.

여기서 모든 것을 전부 다룰 수는 없다. 반어적 상상력을 형성하기 위해 사용되는 접근을 보여주는 많은 요소가 있다. 곧 설교, 기도, 상징, 드라마, 찬양 등이다. 처음 두 요소인 설교와 기도에 관한 예화에 초점을 맞추는 것만으로도 충분할 것이다.

아래의 설교문에서 산상수훈에서 행복을 가난과 애통과 연결시킨 예수님의 논리를 다룸으로써 시작하려고 한다. 이어서 상처와 아픔에 대처하기 위해서 오늘을 살아가는 우리들이 어떻게 역설적 상상력을 사용할지에 대해서 살펴볼 것이다.

1) 희망과 반어적 상상력을 주제로 한 설교

이해가 잘 안 가나요? 고통받는 사람들이 행복합니다
(마 5:3-12)

"심령이 가난한 자는 복이 있나니…애통하는 자는 복이 있나니"(마 5:3, 4)라는 말씀을 우리는 천 번도 넘게 들어왔습니다. 그래서 그런지 이 말씀을 그냥 그렇고 그런가 보다 하는 경향이 있지요. 그러나 저는 여러분이 예수님이 하신 말씀을 다른 방향에서 생각해 보기를 원합니다. 이 말씀이 이상하게 반어적으로 들리지 않나요? 예수님은 "행복"이나 "부자가 부유하다"라는 말을 가난과 애통과 잘 어울리는 것으로 상상하기를 원하십니다. 물론 이것을 실천으로 옮기는 것은 매우 어려운 일입니다. 아마도 우리는 "부유하고, 힘이 세고, 건강한 사람이 행복하다"라고 말하는 것이 더 쉬울 것입니다.

그러나 예수님의 가르침에 따르면 가난하고 애통하는 사람이 부유한 사람입니다. 예수님이 어떻게 이런 말씀을 할 수 있었을까요? 예수님을 모르는 사람은 아마도 그가 가난한 사람들의 고통을 비웃고 있다고 생각하지 않을까요?[67] 예수님은 분명히 힘이 없고 소외당하는 사람들을 희롱하자고 그런 말씀을 하신 것은 아닐 겁니다. 그는 매우 진지합니다. 그렇다면 심령이 가난한 자가 부유하다는 그의 확신에 찬 말씀은 무슨 뜻을 담고 있을까요?

만일 우리가 예수님의 설교에 나오는 몇몇 핵심 용어들, 즉, "심령이 가난한 자", "온유", "애통"과 같은 용어들을 생각해보면 이해하기가 좀 더 명확해질 것입니다. 우리는 마태복음에 나오는 산상수훈을 보고 있지만 누가복음에도 같은 형태가 나옵니다. 누가는 단지 "가난한 사람들은 행복하다"고만 말했기

---

[67] Cf. Donald Senior, *Invitation to Matthew* (New York: Image Books, 1977), 60.

때문에, 마태는 "심령이"라는 말을 추가한 것입니다. 누가가 솔직하게 가난이라고 말한 것은 가난의 수치스러움을 강조합니다. "심령이 가난한 자"라고 언급하면서, 마태는 우리에게 우리의 마음 안에 하나님을 의뢰하는 태도를 가져야만 한다고 말하고 있습니다.[68] 또한 그는 심령 안에 하나님을 모시는 태도는 힘 있는 사람들로부터 물질이나 호의와 같은 지원을 받는 구체적인 것들에 의존하는 것과는 정반대되는 것이라고 말합니다.[69]

예수님이 이 말씀을 하신 당시의 상황은 이렇습니다. 유대인들은 로마제국 체제의 압제 아래에 놓여 있었습니다. 유대인들 중 일부는 자연스럽게 억압자들을 몰아내기 위한 수단으로 폭력을 사용한 혁명을 일으키고자 하였지만, 반면에 마음이 가난한 사람들은 이러한 방법을 거부하였습니다. 그들은 하나님의 손을 우격다짐으로 밀어붙이기를 원하지 않고 신실하게 그리고 인내하며 하나님이 행동하실 때까지 기다렸던 것이지요.

우리는 또한 "온유함"이라는 단어에 대해서 좀 더 생각할 필요가 있습니다. 온유함은 오늘날 그리 많이 듣는 말은 아니지요. 설혹 듣는다 해도 거기에는 큰 뜻이 담겨 있지 않습니다. 온유한 사람이라고 하면 소심하거나 어느 정도 다루기 쉬운 사람이라고 생각하곤 합니다. 겸손과 온유함은 서로 밀접하게 연관되어 있습니다. 실제로 "친절함"이란 단어는 온순함 대신에 사용할 수 있지요. 온순한 사람이란 겸손함이 친절을 통해서 나타나는 사람을 말합니다.[70] 심

---

68 Cf. Ulrich Luz, *Matthew 1-7: A Continental Commentary*, trans. W.C. Linss (Minneapolis: Fortress Press, 1992), 237. Luz는 "심령이 가난한"(poor in spirit)은 상황이 아니라 태도로 봐야 한다고 지적한다. 그것은 겸손하게 "자기를 낮추는 영성"(lowly spirit)을 의미한다.
69 Cf. Robert H. Gundry, *Matthew: A Commentary on His Handbook for a Mixed Church Under Persecution*, 2nd edn (Grand Rapids: Eerdmans, 1994), 67; Craig S. Keener, *A Commentary on the Gospel of Matthew* (Grand Rapids: Eerdmans, 1999), 168-169.
70 Cf. Luz, Matthew 1-7, 236.

지어 적을 포함한 모든 사람을 사랑하며 살고자 합니다. 온순함을 가치 있게 여기는 예수님의 제자는 멍청이나 바보가 아니라, 할 수 있는 한 사랑과 겸손으로 갈등을 해결하고자 하는 사람입니다.

온순함의 특징에 대해서 생각해 보다가, 문득 제가 전에 섬겼던 교회 중 한 곳에서 경험했던 일이 떠오릅니다. 이 경험은 제가 속해 있었던 두 개의 특별위원회에서 있었던 일입니다. 이 두 위원회의 위원 중 "잭"과 "탐"이 모두 저와 함께 속해 있었는데요, 저는 그들과 거의 항상 다른 의견을 보이고 있었습니다. 두 사람 모두 매우 강한 의견을 가지고 있는 성격이었지요. 그런데 저는 두 사람과 각각 아주 다른 관계를 맺고 있었습니다.

어느 날 저는 이에 대해서 다음과 같은 질문을 떠올렸다.

"나는 잭과 탐 두 사람 모두와 의견 충돌을 빚고 있는데, 잭에 대해서는 기분 나쁘고 속이 불편한데, 탐은 왜 내가 정말 좋아하는 걸까?"

제가 발견한 답은 이것이었는데요, 즉, 잭은 모든 것을 승자와 패자라는 관점으로 보았던 것이었습니다. 저는 그의 진짜 적이기 때문에 어떠한 대가를 치르더라도 저를 반드시 이겨야만 했습니다.

반면에 탐은 위원회를 섬기는 것을 하나님의 나라를 확장하는 데 공헌하는 시각으로 보는 사람이었습니다. 그는 강하게 그러나 예의 바르게 자기의 의견을 내세웠지만, 만일 다른 사람이 더 좋은 의견을 내놓으면, 잠시 갈등을 하다가 결국엔 상대방의 의견을 듣는 것을 기쁘게 받아들였습니다. 하나님과 사람을 향한 그의 사랑은 뜨거운 논쟁 한가운데 있을 때에라도 여전히 유지하고 있었던 것입니다. 탐은 온순함에 대한 좋은 사례입니다.

산상수훈에 나타난 예수님의 가르침에서 우리가 성찰할 필요가 있는 마지막 단어는 "애통"입니다. 애통하는 사람들을 언급할 때, 예수님은 단지 불행한 많은 팔레스타인 사람이 당하고 있었던 억압, 불의와 탈취에 대한 깊은 슬픔에 대해서만 말한 것은 아닙니다. 그는 좀 더 넓게 생각하고 있었던 것이지요. 이 말은 상처받아 부서지고, 비통과 억압에 고통받으며, 겸손하게 믿음으로 대응하는 모든 사람의 경험을 아울러서 말씀하신 것입니다.[71]

"심령이 가난한 자는 행복하다."

물질적으로 그리고 사회적으로 박탈당한 사람들이 있습니다. 그들의 극단적인 박탈감은 하나님의 은혜가 절대적으로 필요하다는 뜻이기도 하지요.[72] 이런 의미에서 그들은 부자나 권력을 가진 사람들과 크게 다르지 않습니다. 무슨 말이냐 하면, 모든 사람이 궁극적으로 하나님과 은혜가 충만한 하나님의 사랑에 전적으로 의지하게 된다는 것입니다. 중요한 것은 부유한 사람들은 이 진리를 끈질기게 붙드는 것이 좀 더 어려운 경향이 있는 반면에, 마음이 가난한 사람은 진정으로 겸손하고 온유하기 때문에 부유합니다.

그들은 오직 하나님의 은혜만을 바라보며 자신들의 희망을 흔들기 쉬운 물질적인 재물이나 힘 있는 자의 호의에 기초를 세우지 않습니다. 그들의 희망은 이미 예수님의 사역에 강력하게 나타나있는 하나님의 다가올 통치에 근거합니다.

"심령이 가난한 자는 행복하다. 왜냐하면 그들은 마음을 하늘 나라에 두기 때문이다."

하나님의 은혜와 사랑은 아픔, 불의, 그리고 고통으로 가득한 이 세상을 바꿀 수 있습니다. 깨어진 자들이 온전해지며 억압받는 자들은 축복을 받습니다. 비록 겸손하고 가난한 자들은 모든 악과 불의가 역전되는 최후의 순간

71　Cf. Keener, A Commentary, 170; Donald Senior, *Matthew* (Nashville: Abingdon, 1998), 71.
72　Cf. Senior, Invitation, 61.

이 올 때까지 기다려야 하지만, 바로 지금 여기에서 상황이 바뀝니다.

제자들은 지금 기뻐할 수 있습니다. 왜냐하면 예수님의 치유와 화해의 사역이 하나님의 통치하에서 영광스러운 미래를 보증하기 때문입니다. 예수님이 하신 약속은 절대적으로 신뢰할 만합니다. 그러나 심령이 가난한 자들은 이미 하나님이 그들을 위해 예비해놓고 계신 것을 맛보고 있지요. 미래에 맛볼 끊임없는 기쁨의 일부가 바로 지금 흘러 맛보게 되는 것입니다.[73]

산상수훈에는 이러한 놀라운 은혜의 약속이 들어있습니다. 그러나 이 약속은 올바른 행동에 대한 부르심과 밀접한 관계를 맺고 있지요. 예수님은 하나님의 통치의 약속을 믿는 사람들은 윤리적인 요구에 따라 신실하게 살 것을 매우 분명하게 강조하셨습니다. 하나님의 선물을 받는다면 우리의 마음 깊숙한 내면이 바뀔 필요가 있는 것입니다. 축복받은 자들은 의에 굶주리고 목마르며 자기 스스로를 예수 그리스도와 그의 가르침에 순종합니다. 축복받은 자들은 자비로운 마음을 가져야 한다고 예수님은 말씀하십니다.

마태복음에서 윤리적인 자비가 행해지고 있는 많은 예화를 보게 됩니다.[74] 요셉은 마리아가 많은 사람 앞에서 수치를 당하지 않도록 자비를 베풀었습니다. 그녀와 이혼을 하지 않음으로써 아내에게 자비를 보여주었던 것입니다. 마지막으로, 탕감 받은 빚 우화는 우리에게 용서는 자비에서 나온 행동임을 가르쳐주고 있습니다.

예수님은 축복받은 자들은 평화를 만드는 사람들이라고 말씀하십니다. 하

---

73 Cf. Senior, Invitation. 심령이 가난한 자, 온유하고 겸손한 자, 애통하는 자, 의에 주리고 목이 마른 자들은 미래에 있을 상으로 인해서 지금 기뻐하고 즐거워한다. 예수님의 제자들은 지금 행복할 수 있다. 왜냐하면 미래가 약속되어 있기 때문이다. 그리고 그 약속이 가지는 기쁨이 현재에 흘러넘치기 때문이다(60).
74 Cf. Gundry, Matthew, 71.

나님의 방법에 헌신하는 사람들은 서로 간에 벌어지는 모든 일 속에서 공정한 관계에 대한 거룩한 계획을 갖고 하나님과 함께 일합니다.

예수님은 축복받은 자들은 마음이 청결하다고 말씀하십니다. 유대인들의 사고방식의 핵심에는 인간적인 갈망, 사고, 감정, 그리고 결정 등이 중심을 이루고 있지요.[75] 청결한 마음의 정수는 자비, 정의와 평화의 성취를 통해서 나타나기 마련입니다.

더 많은 것이 추가될 수 있겠지만, 지금까지 위에서 언급한 모든 의로운 태도가 하나님의 은혜의 아름다움을 경험한 사람이 마땅히 행하는 반응입니다. 하나님의 은혜는 진실로 신뢰할 수 있는 것이며 예수님에게 나타난 하나님의 은혜의 행동에 희망이 담겨 있습니다. 진실로 예수님은 심지어 지금 하나님의 통치를 가져오시게 할 수도 있는데, 이것이 우리가 찬양해야 할 이유가 되는 것입니다.

억압이나 가난과 수치를 이러한 맥락에서 이해하는 사람들은 실제로 행복하며 마음이 가난한 사람은 신뢰하는 대상을 알기 때문에 기뻐하고 경배할 수 있습니다. 그들에게 어떠한 호의를 베풀어 줄 수 있는 사람은 권세를 가진 자들이 아닙니다. 심령이 가난한 사람은 오직 하나님과 예수님에게 그리고 그를 통하여 하나님이 하시는 일만 바라봅니다.

자, 이제 좀 이해가 갈 것입니다. 가난과 애통을 행복의 관점에서 보신 예수님의 반어적 결합 뒤에 들어있는 논리가 명확해질 것입니다. 하나님의 은혜는 매우 강력하며 예수님이 하신 약속은 절대적으로 신뢰할 만하기 때문에 지금 이 시간에 우리는 찬양과 경배를 올려드릴 수 있습니다. 다가올 하나님의 통

---

75 Cf. Luz, *Matthew 1-7*, 237; Warren Carter, *Matthew and the Margins* (Sheffield: Sheffield Academic Press, 2000), 135.

치에 대한 미래의 기쁨이 지금 흘러넘치고 있는 것입니다.

지금까지 우리는 성경의 이야기를 나누었습니다. 심령이 가난한 자의 이야기에 대해서 들었습니다. 그렇다면 오늘을 사는 우리와 주위 상황은 어떤가요? 우리는 고통을 당하고 있나요? 다행히도 우리는 이곳에서 억압과 지배로부터 고통당하지는 않습니다. 예수님 당시 팔레스타인의 삶의 특징이었던 물질적인 가난을 지금 우리들은 전혀 경험하지 않고 있습니다. 사실, 우리들 대부분은 꽤 잘 살고 있습니다. 물론 지금 영적인 위험이 도사리고는 있습니다. 우리들의 삶의 주위에 서성거리는 물질을 중심으로 이 세상을 만들어 가라는 유혹을 받고 있기도 합니다. 기술, 물질적 풍요, 경제 정책과 과정, 이 밖의 하나님의 은혜를 제외한 그 어떤 것이라도 믿고 있는 우리 자신의 모습을 너무나도 쉽게 찾아볼 수 있습니다.

그러나 이전에 했던 질문으로 다시 돌아가 봅시다.

우리는 무엇 때문에 고통을 받고 있나요?

아마도 극심한 가난에 의해서 억압당하고 있지는 않을 겁니다. 그런데 우리는 고통당하고 있습니다. 탄식하고 있지요, 우리는 마음이 무너진다는 것이 무엇을 의미 하는지 알고 있습니다. 삶은 항상 장밋빛으로만 차 있는 것은 아닙니다. 너무나 아프고 정신을 잃게 만드는 인생의 부침을 경험합니다. 비통, 중병, 감정적 고통, 직장의 상실, 그 밖의 일들이 우리들의 삶의 많은 영역에 영향을 미칩니다.

나를 놀라게 하는 것은 일부 사람, 다시 말하면 희망을 가지고 있는 사람들이 자신의 아픔과 불운을 다루는 방법이 심령이 가난한 사람들과 많이 흡사하다는 것입니다. 처한 상황은 서로 다르지만, 유사한 역설적 상상력이 있습니다. 고통받는 그들은 축복과 불운이라는 상극에 해당하는 단어들이 자신에게 잘 들어맞는다는 것을 발견합니다. "제인"은 암으로 죽어가고 있었습니다. 우리가 서로 대화를 나누는 중에, 그녀는 나를 정말로 놀라게 했으며, 동시에 너무나 중요한 어떤 것을 저로 하여금 생각나게 했습니다.

"목사님, 아시나요. 저는 제가 걸린 암을 선물로 보게 되었답니다. 물론 원하지 않는 선물이지요. 암이 나로부터 없어진다면 정말이지 너무나 행복할 것 같아요."

"당신이 무슨 말을 하는지 잘 이해가 되질 않네요. 암이 어떻게 선물이 될 수 있나요?"

"글쎄요, 그동안 저는 잘 살아왔었기 때문에 자신만만해 있었어요. 사업에서 성공했고요, 열심히 일했으며, 인생이 어디로 가고 있는지 아주 잘 알고 있다고 생각했었습니다. 그때 암에 걸리고 말았던 거지요. 그동안 저는 갈 수 있는 한 교회에 가곤 했으며 시간이 날 때면 가능한 많이 하나님께 드리려고 했습니다. 하나님을 믿고 있다고 어느 정도는 확신하고 있었습니다. 그런데 지금 와서 보니 저는 그렇지 않았다는 것을 알게 되었습니다.

하나님의 손에 자신을 온전히 맡긴다는 것이 무엇을 의미하는지 지금 알 것 같습니다. 제가 해야만 할 것들을 처리하는 데 정말 정신없이 살곤 했었어요. 그 모든 일이 매우 중요한 것처럼 보였거든요. 정말 그런 일들을 즐겼다고 생각했습니다. 그러나 지금은 하루 중 가장 소중한 시간은 그저 매일 아침 해변가에 앉아 하나님과 함께하는 시간입니다. 하나님과 함께하는 이 새로운 관계는 그 어떤 것과도 바꿀 수 없습니다."

누구를 신뢰해야 하는지 아는 사람은 행복합니다. 하나님의 은혜를 확신하기 때문에 기쁘게 자신의 앞날을 하나님의 손에 맡기는 사람은 행복합니다. 부유하고 권력이 있으며 너무 건강한 사람들은 하나님의 은혜에 맡기는 것이 그렇지 않은 사람들보다 더욱 어렵습니다. 아마도 예수님이 "행복," "가난," 그리고 "애통"이란 단어들을 동시에 말할 수 있었던 것은 그다지 이상해 보이지 않습니다. 아멘.

2) 기도에 나타난 반어적 상상력

희망에 대한 역설적 접근을 적용한 첫 번째 기도의 예는 "어둠 속에서 기다림"[76]이란 제목의 기도문으로, 이는 『우리를 자유케 하시는 하나님이 되소서』(Be Our Freedom Lord)라는 응답기도문 모음집에서 발췌하였다. 이 기도의 저자는 어둠이라는 은유를 사용했는데, 어둠은 보통 기독교 전통에서 부정적인 뜻을 내포하고 있다. 저자는 이 기도문에서 어둠을 영적인 삶에서의 긍정적인 경험과 연결하고 있다. 반드시 이 기도문 전체를 살펴볼 필요는 없으며 일부 발췌만 가지고도 충분히 실례로서의 역할을 할 수 있을 것이다.

> 기다림이라는 어둠
> 무엇이 올 것인지 알지 못한 채,
> 언제든 준비가 되어 있으며 조용하고 신중함을 유지하며
> 오 하나님, 우리는 하나님을 찬양합니다.
>
> **어둠과 빛은 둘 다**
> **하나님에게는 똑같습니다.**

---

76 Cf. T.C. Falla, *Be Our Freedom Lord*, 2nd edn (Adelaide: OpenBook Publishers, 1994), 99-100.

사랑이라는 어둠

항복하는 것이

자기 보호를 포기하는 것이

그리고 우리의 갈망을 억누르는 것을 그만 두는 것이

안전합니다.

오 하나님, 우리는 하나님을 찬양합니다.

어둠과 빛은 둘 다

하나님에게는 똑같습니다.

희망이라는 어둠

하나님을 갈망했던 세상에서

모든 창조물의

씨름과 고군분투를 위하여

온전함과 정의와 자유를 위하여

오 하나님, 우리는 하나님을 찬양합니다.

어둠과 빛은 둘 다

하나님에게는 똑같습니다.

호주 브리즈번의 머쉬타드부쉬커뮤니티교회(Mustard Bush community)의 성찬식에 참여했을 때, 나는 승천의 노래(Song of Ascents, 후에 참회의 기도로 이끈다)로 알려진 기도에 나오는 다음 부분에 충격을 받았다. 이 기도문은 예배자로 하여금 인간은 상이한 것 사이의 긴장 속에서 산다는 것을 상기시켜 준다.

> 우리는 패배할 때, 춤을 춘다.
> 우리는 외상을 입을 때, 신뢰한다.
> 우리는 비통에 잠겨있을 때, 찬미한다.

다음의 나오는 것은 내가 직접 만든 기도문이다. 이 기도문은 대니얼 로우(Daniel Louw)가 실천신학에서의 희망과 상상력에 대해서 쓴 에세이에 영감을 받았다.[77] 로우는 예수님의 고난이 아름다움과 추함을 어떻게 화해시키는지를 보여준다. 이 기도문은 사순절 기간에 모음집으로 사용될 수 있다.

> 전지전능하신 하나님,
> 십자가 위에서 고통당하실 때,
> 하나님의 사랑하는 아들 예수님은
> 아름다움과 추함을 하나로 묶으셨습니다.
>
> 그 안에서, 죽음과 새로운 생명은 하나가 되며
> 그의 흠에 깃들어 있는 아름다움이 우리의 희망이 됩니다.
> 예수님과 함께 죽음으로 말미암아
> 우리는 새로운 생명을 얻게 됨을 감사드립니다. 아멘.

---

77 Cf. D. Louw, "Creative Hope and Imagination".

반어적 상상력을 고무하기 위한 실례로서 제시하는 마지막 기도는 스코틀랜드 교회의 예배 전례집(Common Order)[78]에 나오는 중보기도문을 수정한 것이다. 내가 첨가한 부분을 진한 굵기로 표시하였다.

> 오 하나님, 기억해 주시옵소서
> 아픈 자,
> 아픔, 외로움, 비통으로 고통받는 자,
> 거의 죽어가는 자,
> 그리고 하나님 앞에 우리가 전심으로 말씀드리는 사람들…
> 하나님의 임재로 그들을 치유하시며,
> 하나님의 약속으로 인해 그들로 하여금 참고 견디게 하옵소서.
> 그들에게 평화를 허락하시옵소서.
> **공허함 속에서 완전함을,**
> **어둠 속에서 빛을,**
> **고통의 부조리 속에서 의미를,**
> **발견하도록 도와주소서.**
> 예수님의 이름으로 기도합니다. 아멘.

이러한 기도문의 예를 단순히 예배에 포함한다거나, 그저 희망과 역설에 대해서 설교하거나, 혹은 어떤 기도를 사용함으로써 예배자들이 본능적으로 역경이 찾아올 때 반어적 상상력을 활용할 것이라는 것을 보장하는 듯한 인상을 주

---

[78] Panel of Worship of the Church of Scotland, *Common Order* (Edinburgh: Saint Andrew Press, 1994), 163.

려는 의도는 전혀 없다. 그보다는 목회자가 정규적으로 의례를 통해서 희망의 반어적 본질이야 말로 복음서의 특징이라는 것을 강조하는 것이 중요하다는 것을 말하려는 것이다. 기독교 희망의 역설적인 본질을 선포하는 설교, 기도, 그리고 그 외의 다른 예배 요소들에 일정하게 접하면서 예배자들은 삶의 고난과 비통 가운데서 그들을 유지하게끔 해주는 태도를 형성하게 될 것이다. 위에서 지적한 것처럼, 희망의 증인의 가장 중요한 역할은 다른 사람이 고난 속에서 의미를 만들도록 돕는 것이다.

죽음을 통한 새로운 생명과 가난 속에서의 축복을 강조하는 복음서의 메시지는 역경을 다루기 위한 강력한 관점을 만든다. 인간의 모든 경험과 세상을 향한 하나님의 구원 행위의 역설적인 면을 강조하는 예배에서 그리고 그를 통하여 희망의 씨앗이 심겨지게 된다. 이러한 씨앗을 가지고 예배공동체에 속한 각자가 무엇을 해야 할지는 물론 그들 자신과 하나님께 달려있다.

PART 4

교제:
예수님 안에서 함께 살아가기

7장_개인주의화, 기독교인화, 그리고 성례전
8장_교제 안에서 자기 유지하기

교제: 예수님 안에서 함께 살아가기

목회사역의 중요한 역할 중 하나는 친교(koinonia)의 강한 유대를 발전시켜 나가기 위해서 다른 사람들과 함께 힘써야 한다는 것이다. 공동체를 이루어가는 헌신은 신약성경의 저자들이 자주 강조했던 것이다. 사도행전 2:42에서 누가는 함께하는 삶은 성령 안에서 그리고 성령을 통하여 가능하다고 말한다. "그들이 서로 교제하기를 힘쓰니라…." 그리고 사도행전 4:32에서 궁핍한 사람들이 아무도 없도록 하기 위해서 사람들이 자유롭고 관대하게 서로를 대하는 공동체 생활의 이상적인 그림을 그리고 있다.

바울이 코이노니아를 언급할 때, 물론 일반적인 관심사에 의해서 만들어진 단순한 사람들의 집단보다 훨씬 더 큰 의미를 염두에 두었다. 그는 신자들의 친교를 강하게 이끄는 역동적인 힘은 예수 그리스도의 은혜와 성령의 권능으로 나온다고 보았다. 함께 드리는 예배에서 이러한 놀랍고 거룩한 선물의 수혜자가 된다는 것은 우리가 가지는 특권이다.

우리는 심리학을 통해서 대인관계의 기술에 대해서 많은 것을 배워왔다. 많은 목회자가 교인 사이의 보다 건강한 관계를 촉진하는 데 그러한 지식을 유용하게 사용해 왔다. 그러나 기독교 공동체를 증진하는 것은 단지 의사소통 유형들에 주의를 기울이고 좋은 갈등 해결 기술을 발달하는 차원에 그치지 않는다. 성령은 신앙공동체가 예수 그리스도의 몸으로서의 진정한 정체성을 실현하도록 하기 위하여 이미 역사하신다.

7장에서 기독교인을 기독교인답게 하는 세례와 성찬식에서 성령님이 역사하시는 방법에 대해서 논의할 것이다. 개인주의화의 과정은 사람들이 그들 자신의 필요와 목적에 지나친 관심을 기울이는 경향을 보편화하도록 하였다. 이러한 경향으로 말미암아 우리는 아주 중요한 것을 잃어버리고 말았는데, 그것은 공동체를 만들고 공동선을 증진하기 위한 헌신이다. 분명한 사실은 기독교인은 이러한 부정적인 추세에 말려들지 말아야 한다는 것이다. 기독교인이 가야 할 길을 잃어버리고 있을 때, 세례와 성찬식은 우리를 "재기독교인화" 하는 힘을 가지고 있다고 사람들은 주장한다.

공동체 안에서 자기를 내어주는 것은 핵심적인 기독교 가치인 반면에, 너무나 과도하게 치우칠 가능성이 있다. 마지막 장에서 논의될 주제는 심리학자들이 부르는 소위 절제되지 않은 교제(unmitigated form)이다. 특히 여성일 경우에 더 그럴 경우가 많은데, 다른 사람들과의 관계에 자신을 너무 지나치게 투자한 나머지 그 과정에서 자기 자신을 상실하는 사람들이 있다. 과도한 자기 내어줌을 통해서 자기를 상실하는 것은 정반대의 경우, 즉 자기에 대해서 너무 많은 관심을 기울이는 현상이 가져오는 문제만큼 일반적인 것이 아닐 수 있다.

그러나 그럼에도 불구하고 과도한 자기 내어줌 역시 큰 관심을 기울일 필요가 있다. 이 장에는 두 개의 중요 요점이 있다.

첫째, 과도한 자기 내어줌과 과도한 자기 관심 사이의 반드시 필요한 상호관계를 이루는 데 알맞은 사랑윤리를 알아보려는 것이다.

둘째, 그러한 사랑윤리가 예배에 어떻게 적용될 수 있는지에 대해서 다룰 것이다.

위에서 언급한 바에 비추어 볼 때, 마지막 두 장에서 윤리가 매우 중요한 역할을 할 것이다. 그동안의 추세를 살펴보면 목회돌봄은 두 개의 중요 관심사가 있어왔다.

첫째, 목회자들은 전통적으로 삶의 어려움을 경험하고 있는 사람들을 위로

하고 지지해왔다.

둘째, 목회자들은 복음서가 강조하는 삶의 규범적인 통찰을 교인들이 형성하도록 노력하였다. 최근 들어 많은 사람이 잊고 있는 것이 바로 목회자의 두 번째 역할이다. 나는 여기서 윤리적 요소들을 소개하면서 목회돌봄의 두 번째 측면에 다시 관심을 가져야 한다는 것을 강하게 주장하는 입장을 취하고 있음을 말하고 싶다. 이것은 곧 목회사역의 "윤리적 상황"[1]이라고 할 수 있을 것이다.

---

1 이 용어는 Don Browning이 처음 사용하였다. Cf. *The Moral Context of Pastoral Care* (Philadelphia: Westminster Press, 1976). 또한 다음을 참조하라. J. Poling, "Ethical Reflectioin and Pastoral Care: Part 1", *Pastoral Psychology* 32, no.2 (Win, 1983), 106-114. and idem, "Ethical Reflectioin and Pastoral Care: Part 2", *Pastoral Psychology* 32, no.2 (Spr, 1984), 160-170; G. Noyce, *The Minister as Moral Counselor* (Nashville: Abingdon Press, 1989); R. Miles, *The Pastor as Moral Guide* (Minneapolis: Fortress Press, 1998); N. Pembroke, *The Art of Listening: Diaologue, Shame, and Pastoral Care* (Grand Rapids: Eerdmans, 2002), chp.5.

7장
개인주의화, 기독교인화, 그리고 성례전

많은 사람이 서구 사회가 언제부터인지 모르게 개인주의화 혹은 제도화된 개인주의의 과정을 거치고 있다고 지적한다. 노동 시장이나 교육과 사회복지 체제와 같은 어떤 사회 기관들은 그 체제에 종사하고 있는 사람들로 하여금 실질적으로 개인주의적인 자세를 취할 것을 강요해 왔다. 개인주의는 복합적인 현상이며 다양한 방식으로 이해할 수 있다. 일반적으로 개인주의는 "독립적이고 자기 의지적으로 되어가는 습성, 즉, 자기 중심적인 감정이나 행위로 이끄는 행동"[1]으로 해석한다. 이런 생활 스타일과 기독교적인 생활 스타일이 상충한다는 것은 쉽사리 알 수 있다. 어느 정도의 독립성과 자기 의지는 분명히 바람직한 것이다.

그러나 기독교인이 세례를 통하여 예수 그리스도의 몸으로 하나가 되었으며 세례를 받은 자로서 다른 사람들을 섬기며 살도록 부르심을 받았다는 것은 믿음으로 사는 삶은 공동체 안에서 서로 주고받음을 통해서 완전히 표현된다는 것을 의미한다. 자기를 내어주지 못한다거나 공동선에 대한 관심의 부족은 복음서의 정신과 가장 커다란 괴리를 낳는 개인주의적인 관점과 연관이 있다.

---

1 P. Hopper, *Rebuilding Communities in an Age of Individualism* (Aldershot: Ashgate, 2003), 3.

우리 문화에는 개인주의 정신이 깊이 배어있다. 기독교인이라고 해서 개인주의의 문화적 속성의 일부를 받아들이는 것을 피하기란 어려운 일이다. 기독교인들도 사랑과 정의 그리고 이 세상과의 화해를 위한 하나님의 계획에 동참하라는 예수님 안에서 받은 소명을 쉽게 상실할 수 있다. 그들의 생활 스타일은 헌신된 순례자의 모습보다는 그저 태평스러운 여행객처럼 보이기 시작할 수도 있다. 이러한 현실은 기독교인이 지속적으로 "기독교인화"[2]의 과정을 이행해야만 하는 필요성을 각인시켜준다. 성례전은 갱생의 과정에서 중요한 역할을 한다. 성례전으로 드리는 예배는 한편으로는 하나님과 타인(구원의 언약)에 대한 중심 가치와 세상을 향한 섬김(선교)을 선포하는 것이며, 다른 한편으로는 자기다움을 공동체에 속한 개인으로 이해하도록 해 준다.

만약 성례전이 개인주의화의 파괴적인 영향을 막는 데 실제적인 역할을 한다면, 그것은 분명히 성례전에 적극적이고 열린 자세로 참가하는 사람들이 그리스도인으로서의 성품을 형성하는 데 도움이 될 것임에 틀림없을 것이다. 몇몇 사람들은 성례전적 예배에서 이런 일이 일어나는 경우는 매우 드물다고 주장한다.[3] 나는 그런 주장이 너무 비관적이라는 것을 입증해 보이기를 원한다. 성례전적인 말과 행위들이 기독교의 핵심 가치를 가르치는 데 도움이 된다는 사실을 매우 효과적으로 보여주기 위해서 개인주의와 상호의존성에 대한 경험적 심리 연구로부터 나온 증거가 나중에 제시될 것이다.

그럼에도 불구하고, 여기에서는 단지 위에서 언급한 효과가 이루어지는 한 과정만을 다루려고 한다. 즉, 기독교의 핵심 사상과 가치를 인지적으로만 아

2　성례전을 통한 믿음의 회복에 대해서 다음을 참고하라. E.T. Charry, "Sacraments for the Christian Life", *The Christian Century* (Nov. 15, 1995), 1076-1079, 1076.
3　예를 들면, 다음을 참조하라. R. Hovda, "Individualists are Incapable of Worship", *Worship* 65, no.1 (1991), 69-74, 72.

는 것보다 예배를 통해서 형성하는데 훨씬 더 많은 과정이 있다. 더욱이 삼위일체 하나님이 우리가 기독교인화 하는 데 가장 중요한 동인이라는 것을 인식할 필요가 있다. 따라서 나는 성례전적인 행위의 전인적인(신체, 마음, 영혼) 참여를 통해서 예배자들은 예수님 안에서 자기의 정체성을 형성하도록 돕는 은혜의 하나님께 마음을 연다는 것을 보여줄 것이다.

여기서 내가 제시하는 목회적 접근이 정말로 목회돌봄으로 생각해야만 하는지 의아해 하는 사람들도 있다. 요컨대, 목회돌봄은 보통 존재론적, 발달적, 혹은 대인관계의 위기에 직면한 사람들을 지지하고 안내하는 행위로 이해한다. 그러나 돈 브라우닝(Don Browning)과 그 밖의 목회상담학자들이 적어도 30여년 동안 줄기차게 그리고 합당하게 주장해온 것처럼 돌봄의 사역은 삶의 가치를 형성하고 의미의 구조를 유지하는 데 또한 관심을 기울인다.[4]

목회돌봄의 일부 역할은 사람들로 하여금 성경이 주장하는 핵심 윤리적 가치들을 형성하는 데 기독교 전통의 자원을 활용하는 것을 도와주는 것으로 이해할 수 있다. 이러한 목회적 활동에 참여하는 사람들은 지금 이 시대가 전통에 대한 이해를 점점 소홀히 하고 있다는 사실을 다루어야만 한다. 전통의 영향이 약해져가는 현상은 단지 기독교에만 해당하는 것은 아니다. 다른 종교적 그리고 사회적 기관들도 유사한 운명으로 치명타를 맞고 있다. 우리가 목격하고 있는 것은 "탈전통주의화"의 과정이다. 이러한 과정들이 결국에는 개인주의의 성장에 지대한 공헌을 하고 있는 셈이다.

---

[4] D. Browning, *The Moral Context of Pastoral Care* (Philadelphia: Westminster Press, 1976), 12.

1. 개인주의화와 탈전통주의화

　독일 사회학자인 울리히 베크(Ulrich Beck)와 엘리자베트 베크-게른슈하임(Elisabeth Beck-Gernsheim)은 "오늘날 서구 사회에서 '너 자신의 삶'을 살아가라는 것보다도 더 빨리 확산되고 있는 욕구는 없다"⁵고 정확하게 지적하고 있다. 개인의 욕망의 실현에 대한 갈망과 성취에 대한 욕구는 후기모더니즘 사회의 강력한 원동력이다. 현대 서구인들이 스스로를 자기의 삶의 방향을 계획하고 만들어 갈 권리를 부여받은 자주적이고 자유로운 주체자로 보는 것은 매우 일반적인 현상이다. 나는 내 삶의 저자이며, 자신의 개인적인 정체성의 창조자인 것이다. 이러한 생각은 오늘날 어디에서나 찾아볼 수 있는 세상적인 자기관이다.

　개인주의의 문화가 출현하게 된 매우 중요한 동기는 현대 사회의 높은 분화 수준이다.⁶ 오늘날 사회 영역은 각기 가지고 있는 기능에 따라서 여러 분야로 나누어진다. 매일 다른 사람들과 관계를 맺을 때 다양한 역할과 개인적인 직책을 통해서 각각의 일을 수행한다. 이런 활동에 참여하면서 우리는 존 스미스나 메리 존즈와 같이 단순한, 즉, 단 하나의 혹은 통합된 정체성으로 기능하는 것이 아니라, 세금납부자, 유권자, 부모, 누군가의 협력자, 소비자, 그 밖의 많은 역할을 하는 것이다.

　후기모더니즘 시대의 자기는 "혼성 개성"(pastiche personality)이다(K. Gergen). 혼성 개성을 가진 자기는 "사회적 카멜레온이며, 주어진 상황에서 원

5　U. Beck and E. Beck-Gernsheim, *Individualization* (Thousand Oakes: SAGE Publications, 2002), 22.
6　Cf. ibid., 23.

하는 것을 계속해서 빌린다."⁷ 주어진 다양한 역할과 하위 자기(sub-selves) 사이에서 끊임없이 바꾸기를 강요받기 때문에(모든 역할과 하위 자기들은 그들 나름의 방식을 표현하며 그들의 논리와 사회적 규칙들에 의해서 좌우된다) 자기감이 스스로 조절할 수 없는 방향으로 가고 있다고 느낀다. 그러므로 우리는 자신의 삶을 통제할 필요성을 느낀다.

그러나 자신의 삶을 통제한다는 것이 곧 사회적 공간으로부터 완전히 자유롭다는 것을 의미하지는 않는다. 단순히 그런 사실을 경험해서가 아니라, 실제로, 우리는 정반대의 현상이 진실이라는 것을 알고 있다. 자기의 의지대로 삶을 살아가고 있는지 모르지만, 동시에 우리는 거의 전적으로 제도에 의존한다.⁸ 삶은 정부와 사적 영역이 정한 지침, 규칙, 그리고 규정에 의해서 엄격하게 통제된다. 교육체계나 노동시장 그리고 복지체계와 같은 많은 규정과 규약은 개인이 내릴 결정의 방향을 강하게 강요한다. 지침과 규칙들은 합법적이고 수용 가능한 행동에 대한 기준을 세우고 개인은 그러한 기준 내에서 자신의 삶을 이루어가야 하는 책임감이 주어진다. 최근 몇 십 년 동안 사회가 구성된 방식을 보면 우리를 개인주의로 몰아붙여 왔다. 이러한 삶의 방식은 매일의 삶에서 각 개인이 그들 자신을 표현하는 방식을 자유롭게 선택한 결과로 인한 것이라기보다, 오히려 사회 조직과 질서에 대한 특별한 접근의 결과로 이루어진 것이다.

> 이런 식으로 보는 것은 어떨까…비록 역설적인 것이기는 하지만, 개인주의화는 자기 자신의 이야기뿐만 아니라 자신을 둘러싼 것들과의 유대관

---

7 K.J. Gergen, *The Saturated Self* (New York: Basic Books, 2000), 150.
8 Cf. U. Beck and E. Beck-Gernsheim, *Individualization*, 23.

계와 네트워크를 만들고 유지해 가는 욕망이다…그러는 동안에 지속적으로 노동시장과 교육체계와 복지체계의 상황에 적응해 가는 것이다.[9]

한 사람의 삶이 시간을 초월한 전통의 질서에 의해서 세워진 관례, 구조, 가치에 의해서 거의 결정되던 때가 있었다. 사람들은 특정한 가정과 종교적 전통에서 태어나며, 그 후 자연스럽게 자신에게 주어진 규범, 질서, 기대, 책임 등을 가지며 자기의 삶을 형성하였다. 즉, 한 사람의 삶의 방식은 거의 타인과 전통이라는 지침에 의해서 결정되었던 것이다. 그러나 전통의 영향력이 약해져감에 따라서 권위의 중심이 외부에서부터 내부로 옮겨졌다.[10]

많은 사람이 이러한 변화가 매우 긍정적이라고 생각하였다. 탈전통주의화의 지지자들은 이러한 현상은 개인의 자유와 자율성의 향상을 가져왔다고 지적하였다. 종교개혁, 계몽운동, 낭만주의 운동, 교양 윤리와 민주주의(가정, 가치와 동기에 있어서 상당한 차이가 있음에도 불구하고) 등을 가져온 원동력은 사람들을 외부의 권위에 대한 무조건적이고 강압적인 복종으로부터 해방시켰던 것이었다. 그러한 발달들은 개인의 권위를 키움으로써 전통의 영향력을 약화시켰다.

많은 사람이 선택의 자유를 탈전통주의화가 가져온 주요 소득 중의 하나라고 생각한다. 권위의 중심이 외부라고 여겨왔던 생각에서부터 자유로워진 사람들은 자기 자신의 삶의 모습을 결정하는 자율적인 주체가 되었다. 더 이상 전통의 수호자들의 생각과 가치에 묶이지 않게 된 것이다. 우리가 내리는 결

---

9 Ibid., 4.
10 Cf. P. Heelas, "Introduction: Detraditionalization and Its Rituals", in P. Heelas, S, Lash, and P. Morris (eds) *Detraditionalization* (Oxford: Blackwell Publishers, 1996), 1-20, 2.

정은 개인의 선호도와 자율적인 사유의 결과에 기초를 두었다.

오늘날 대부분의 사람은 전통의 굴레에서 자유로우며 지금은 개인의 자율성의 시대라는 생각을 그저 자연스럽게 받아들인다. 그러나 과연 우리가 생각하는 것만큼이나 우리 자신이 자유로운지의 여부를 물어볼 필요가 있다. 우선 심층심리학은 우리가 내리는 선택은 무의식적인 욕망과 갈등에 의해서 종종 이끌리며 심지어는 방해받기도 한다고 지적한다.[11]

삶의 상당 부분이 단조로운 습관에 의해서 좌우되는 것 또한 사실이다. 개인적이거나 직장에서의 생활은 대개 거의 혹은 전혀 유연성이 없이 정해진 패턴에 따라서 움직여진다. 자주 자신이 하고 있는 일에 대해서 생각하지 않고, 단지 습관에 따라서 움직인다.

> 자신의 일생에 중요한 삶의 선택에 초점을 맞춘다고 말하는 것은 사실은, 그렇게 선택할 수 있는 경우가 극히 드물다는 점을 잊고 있는 것이다. 실제로 매일의 삶은 급속도로 상투적인 습성이 되어버린 수많은 작은 결정들로 이루어진다.[12]

개인적인 자율성은 중요한 사회적 가치로 정당하게 여겨지고 있다 (비록 절대적인 가치로 삼아서는 안 됨에도 불구하고). 그러나 우리가 무언가를 선택할 수 있는 자유의 정도가 종종 과대평가되고 있다. 우리는 자유롭지만, 반면에 또한 어떤 심리적이고 사회적인 요인과 필요성에 의해서 제약받는다.

---

11 Cf. A. Giddens. "Living in a Post-Traditional Society," in U. Beck, A. Giddens, and S. Lash, *Reflexive Modernization* (Cambridge: Polity Press, 1994), 56-109, 75.
12 C. Campbell, "Detraditionalization, Character, and the Limits of Agency", in P. Heelas et al (eds.) *Detraditionalization* (Oxford: Blackwell Publishers, 1996), 149-169, 163.

탈전통주의화가 가지는 긍정적인 측면이 있는 반면에, 단점도 있는데 사실 부정적인 측면이 실제로는 더 크다. 소비주의와 경제적인 합리주의가 들어와서 무자비하게 우리의 좋은 전통적 의미들을 구석으로 몰아버린 것이다. 마케팅 전문가들은 모든 것을 사고파는 상품의 시각으로만 본다. 문화 활동과 사회 행사들은 이런저런 단체를 위한 수익을 내려는 광적인 욕망으로 인해 그들 나름의 가치와 의미를 상실했다. 무기로 무장한 충돌들이 미디어가 만드는 멋있는 구경거리로 "팔려나간다."

3차 산업 교육 분야의 지도자들이 너무나 자주 그리고 쉽게 사회를 올바르게 인도해야 할 자신의 역할을 저버리고 시장성이 있는 프로그램들과 타협한다. 심지어 종교도 이러한 압력으로부터 면제되지 않는다. "소비자"가 무엇을 원하는지를 기준으로 프로그램을 짜는 데 열심인 교회와 회당들이 너무나 많이 있다.

고급 문화가 약해지고 저급 문화의 평준화라는 환경에서 사람들이 이기주의와 자기 도취주의에 거리낌 없이 빠지지 않도록 막을 수 있는 방법은 거의 없다. 서구 사회의 거의 모든 곳에서 너무나 많은 사람이 스타일과 외모에 완전히 푹 빠져있다.[13] 화장품, 패션, 다이어트와 건강 상품, 가정용 가구와 실내 디자인, 사치스런 고급차와 부품들에 대한 시장은 매우 거대하며 날이 갈수록 확대일로에 있다. 어떤 면에서 지금 벌어지고 있는 개인적인 향락에 대한 몰두는 전혀 새로울 것이 없다. 18세기 프랑스의 살롱이나 새 체제 이선 시대의 유럽의 법원이나 궁전, 심지어 그 시대보다도 더 이전 시대를 보면, 지금과 똑같은 현상들을 발견할 수 있다. 그러나 그 시대에는 자기의 외모에 대한 유난

---

13 이러한 경향에 대해서 다음을 참조. P. Hopper, *Rebuilding Communities*, 41.

스런 관심은 대개가 한가한 부자들만이 누리는 특권이었다. 반면에 지금은 많은 사람이 누릴 수 있는 일이 된 것이다.

스타일과 패션의 세계에서 확실한 것은 아무것도 없다. 다음에 어떤 방향으로 전개될지 누구도 모르는 것이다. 모든 사람에게 열려져 있고 모든 것이 가능하다. 스타일은 포스트모더니즘 현상의 중심, 즉 우발성으로 우리를 이끈다.

> 포스트모더니즘은 단지 회복 그 이상으로 알려지고 있는 우발성의 상태이다. 상상할 수 없는 것은 물론이고, 심지어 모든 것이 가능해 보인다. "존재"하는 모든 것은 더 인지될 때까지 거기 존재한다. 현재에 묶여있는 것은 아무 것도 없으며, 반면에 현재는 미래를 조금 보여줄 뿐이다.[14]

철학, 영성, 패션 등에서 일어나는 이러한 지속적인 움직임이 일어나는 환경은 새로운 형태의 자기다움, 즉, 로버트 제이 리프톤(Robert Jay Lifton)이 이름 붙인 "변화무쌍한 자기"(protean self)[15]를 낳았다. 이 용어를 사용하면서, 리프톤은 현대의 사회적인 환경에서 살아가는 삶과 연관된 자기다움에 들어있는 변화와 다원성이라는 경향을 이해하고자 하였다. 자기는 시간이 지남에 따라서 형태가 바뀔 뿐만 아니라, 하루에도 수없이 다른 많은 방법으로 표현된다. 급격한 역사적 변화, 대중매체의 혁명, 그리고 인간 멸종에 대한 위협 등의 영향으로 인해, 자기는 유연하고 다차원적으로 되어간다.

---

14 Z. Bauman, "Morality in the Age of Contingency", in P. Heelas et al (eds) *Detraditionalization* (Oxford: Blackwell Publishers, 1996), 49-58, 51.

15 Cf. R. J. Lifton, *The protean Self* (New York: Basic Books, 1993).

신뢰할 만하거나 지속적인 것이 거의 아무것도 없어 보이는 환경에서 도덕적인 삶은 위험에 처해지게 되었다. 성격 발달은 평생에 걸친 과정이며, 한편으로는 어떤 수준의 안정성이 있어야 하는 반면에, 다른 한편으로는 장기간의 통찰이 필요하다. 사회생활이 우발성에 의해서 주로 이루어질 때, 성격이 형성되는 여건들이 충분하지 못하게 되는 셈이다. 이 점을 염두에 둔 사회학자인 지그문트 바우맨(Zygmunt Bauman)은 많은 현대인의 도덕적 능력이 너무 낮은 수준으로 내려갔기 때문에 그들은 그저 "여행객"의 수준으로만 생각한다고 말한다.[16]

여행객들은 즐거움과 오락에만 열중하며 자기들의 하루 일정을 짜는데 거의 무제한의 자유가 있다. 여행객은 여행지를 중심으로 단기적인 삶을 계획하고 사는데, 그는 "독자적이며, 자유롭고, 얽매이지 않으며, 자신이 원하는 것을 선택할 권리가 있고, 자기의 바람에 적합한 세상을 재구축하며 그렇지 못한 세상은 포기할 수 있는 권한을 가지고 있다."[17]

또한 일종의 영속적인 휴가를 즐기는듯한 존재로 살아가는 현대인들이 많다. 도덕적 책임감은 즐겁고, 부담이 없으며, 가볍고, 태평스러운 생활을 보장하는 이익을 위해서 헌신짝처럼 내던진다. 이런 점들이 탈전통주의화가 가져온 자유와 자율권의 어두운 면이다. 개인적인 자유라는 특권을 가지고 사는 사람은 모두 책임감이라는 무거운 짐을 가지기 마련이다. 그는 공동선에 헌신을 할 것인지, 아니면, 이것을 버리고 편안하고 자기 만족적인 삶을 살 것인지를 선택할 수 있다.

---

16 Cf. Z. Bauman, "Morality in the Age of Contingency", 52-58.
17 Ibid., 53.

2. 여행객, 순례자, 그리고 기독교인화

여행객은 가벼운 마음으로 여행을 한다. 어떤 종류라도 도덕적인 생각을 가지고 여행을 하지 않는다는 것이다. 여행을 가는 즐거움 중에서 가장 큰 부분은 헌신과 책임감으로부터 잠시나마 해방되는 것이다. 그냥 자신을 즐겁게 하는 것일 뿐이다. 여행객은 의무감으로 얽매이기를 원하지 않는다. 다른 사람에 대한 염려의 짐을 지는 데 관심이 없다. 휴가는 짧은 기간으로 정해져 있다. 그렇기 때문에 여행객들은 단기간의 생각 위주로 움직이지, 그 이상의 복잡한 것은 전혀 생각하지 않는다. 미래에 있을 좋은 것들을 위해서 지금을 희생하려 하지 않는다.

탈전통주의화는 여행객 윤리관을 낳는다. 크리스천은 신앙과 섬김을 중요시 여기는 전통적인 공동체의 한 부분임에도 불구하고, 이 현상에서 제외되지 않는다. 우리는 이 세상을 향해서 예수님이 주신 소명을 적극적이고 용기 있게 헌신하며 살아야 하는 부르심을 너무나 쉽게 잊어버릴 수 있다. 만일 우리가 받은 소명에 신실하게 살려면 지속적으로 기독교인화되는 과정을 밟아야 할 필요가 있다.

나는 여행자 윤리관에서 순례자 윤리관으로 전환하는 하나의 방법으로 기독교화의 과정을 생각해 보는 것이 도움이 된다는 것을 발견하였다. 여기서 이 두 여행객이 서로 어떻게 다른지 살펴보면 도움이 될 것이다.

먼저 "순례자"라는 용어는 주로 이스라엘과 교회의 경험의 관점에서 사용하고 있음을 말하고 싶다. 이 두 공동체는 하나님의 인도하심 아래 그들에게 주어진 숙명적인 여행을 하기 때문이다. 여행객과 하나님의 사람인 순례자 비교에서 구분하는 두 부류는 적어도 네 개의 상반된 특성들이 있다.

① 계약 대 언약
② 권리 대 책임감
③ 자기 대 공동체
④ 단기간 대 장기간

여행객은 문서나 혹은 다른 형태로 휴가를 즐기는 데 필요한 다양한 서비스를 받기 위한 계약을 한다. 필요한 비용을 지불하고 서비스 제공서에 들어있는 조건들에 동의한다. 여행객과 서비스 제공자 사이의 계약은 두 사람 사이의 한시적인 교환을 하게끔 한다. 이전에는 거의 혹은 전혀 알지 못하던 관계였지만, 자연스럽고 효과적으로 그리고 기쁘게 각자의 일을 처리한다. 이러한 모습은 휴가라는 상황에서 일어나는 단기적인 관계를 잘 묘사하고 있다.

이에 반하여, 순례자의 경우 여행을 유지하기 위해서는 상업적인 계약보다 더 폭넓고 중요한 무언가가 필요하다. 하나님이 보여주신 길을 따라가면서 온갖 종류의 도전과 견디기 어려운 상황들을 만난다. 감정적, 신체적, 그리고 영적인 힘이 다 사라져 버리는 때도 있다. 어둠의 그림자가 덮치는 것처럼 보이며 마치 어둠이 곧 삼키는 것처럼 느끼기도 한다. 순례자로서의 여행을 포기하려는 즈음에 희망의 목소리를 듣는다.

> 두려워하지 말라 내가 너와 함께하리라 (사 41:10).

"두려워하지 말라"는 하나님의 사람과 맺은 언약 관계에서 하나님이 보여주시는 사랑의 헌신의 핵심이다. 순례자는 하나님의 사랑의 친절과 예정하심을 깊이 신뢰하도록 부름 받았다.

순례자들은 어떤 책임에 스스로를 헌신하도록 부르심을 받았다. 분명히 여행객들도 책임으로부터 완전히 자유롭지는 않다. "좋은" 여행객과 "나쁜" 여행객이 있다. 좋은 여행객은 비용을 지불하고, 지역 문화를 존중하며, 타고 갈 비행기가 탄소 배출량이 적당한지를 확인하고, 인내를 가지고 탑승구에서 줄을 서며, 공공장소에서 예의 바르게 행동한다. 이러한 책임들은 대부분의 사람에게는 제2의 본성이라고 할 수 있는 예의 바른 행동의 규칙들을 준수하는 데 지나지 않는다는 점을 감안할 때, 여행객들은 보통 그들의 권리에 좀 더 초점을 맞춘다.

그들은 서비스에 대한 충분한 돈을 지불하며, 그러한 서비스가 자신들의 기대 수준에 부합할 것이라는 강한 기대감을 가지고 있다. 만일 제공받은 서비스가 맘에 들지 않으면 보통 여행객들은 마음에 들지 않는다는 표현을 재빨리 하고 수정이나 혹은 변상을 요구한다. 그들의 기본 관심사는 푹 쉴 수 있고 즐기는 휴가를 갖는 것이다. 여행객들은 여가와 즐거움을 주기로 계약을 맺은 사람들이 그들의 의무를 다해 줄 것을 기대하고 요구한다.

여행객에 비해서 순례자의 경험은 즐거움보다는 기쁨에 좀 더 가깝다. 하나님과 맺은 언약을 지키며 살아가는 것은 상당히 벅찬 일이다. 즉, 그다지 웃음이 가득하지만은 않다. 순례자들이 그들의 언약적인 책임을 완수하지 못하는 경우가 많이 있다. 그러나 그들이 하나님과 이웃을 사랑하라는 명령에 신실하게 살아갈 때에 충만한 기쁨을 경험하게 된다. 폴 한슨(Paul Hanson)은 성경에 나오는 공동체에 대한 심층 연구에서 하나님의 사람들의 삶은 하나님의 주도와 그에 대한 인간의 반응이라는 패턴으로 이루어진다는 사실을 분명하게 보여주었다.[18] 하나님은 사람들에게 자비를 베푸셔서 그들로 하여금 자유와 행복을 확고히 하도록 하며, 사람들은 사랑과 성실함으로 반응한다. 그들의 반응의 유형은 매우 정확하게 묘사될 수 있다. 세 가지 요소가 있는데, 즉, 예배, 정의, 동정이다.

예배, 정의, 동정은 순례자의 삶을 유지하고 더 풍요롭게 하기 위해서 필요한 기본적인 행위이자 덕목이다. 이 개념들은 여행객들에게는 낯선 용어이다. 그들은 주로 자기 자신과 빡빡하고 단조로운 삶과 매일매일 해야 할 일들로부터 짧은 휴가를 즐기려는 데 혈안이 되어 있다. 매우 단순한 차원에서 보자면 여행객들도 공동체를 이룬다고 말할 수 있다. 해변가에서 어슬렁거린다거나, 산악자전거를 즐길 때, 주위를 둘러보고 같은 여행객들이 즐기는 유쾌함을 보면서 기쁨을 느낀다. 그 순간, 휴식을 만끽하는 사람들의 무리와 공유감을 느낀다. 그러나 이것은 매우 약한 차원에서 이뤄지는 교제이다. 사실상, 그들이 즐기는 "놀이터"에서 다른 사람의 행복과 안녕에 대한 일체의 책임감도 느끼지 않는다.

리차드 니버(Richard Niebuhr)는 "인간의 본성의 특성은 여행을 하고 이동하려는 갈망이다"라고 말했다.[19] 여행객은 장소를 옮겨 다니고, 순례자들은 본질을 향해서 여행한다. 물론 니버가 주로 마음에 두고 있었던 것은 후자이다. 인간 존재에 대해서 중요한 것은 신체적인 움직임이라기보다는 정신적, 감정적, 그리고 영적인 움직임에 대한 필요이다. 인간은 질문을 던지는 존재이다.

---

18 Cf. P. Hanon, *The People Called: The Growth of Community in the Bible* (San Francisco: Harper & Row, 1986), 3.
19 Niebuhr는 1982년 하버드신학교에서 열었던 "순례"라는 과목에서 이 말을 하였다. 다음 책에도 인용되어 있다. C. F. Senn, "Journeying as *Religious Education*: The Shaman, the Hero, the Pilgrim, and the Labyrinth Walker", *Religious Education* 97, no.2 (Spr. 2002), 124-140, 124.

인간에게는 가야 할 목적지와 운명을 향해서 우리로 하여금 질문을 던지게 만드는 내적 동력이 있다. 신학적 용어를 사용하면 우리는 하나님 그리고 타인과의 완전한 교제를 통해서 충만한 기쁨을 나누도록 만들어졌다.

성경에서는 이러한 완전한 교제의 경험이 종말론적인 틀 안에서 정해진다. 믿음의 사람들이 현재 가지고 있는 것은 단지 하나님이 그들을 위해서 예비하신 영광스런 미래에 기다리고 있는 놀라운 경험의 표본에 불과하다. 순례자들은 멀리 내다 볼 필요가 있다. 진실로, 그들은 마지막 때에 우측에 앉게 될 것이다. 모든 만물의 마지막 때에 하나님의 모든 백성이 식탁에 앉아 사랑과 선이라는 화려한 음식을 나눌 것이다. 이런 흥겨운 향연을 말하면서 이사야는 죽음이 사라지고 모두가 하나님의 구원의 은혜의 축복 속에서 즐거워하는 미래의 축제에 대해서 다음과 같이 말하고 있다.

> 만군의 여호와께서 이 산에서 만민을 위하여 기름진 것과 오래 저장하였던 포도주로 연회를 베푸시리니 곧 골수가 가득한 기름진 것과 오래 저장하였던 맑은 포도주로 하실 것이며
>
> 또 이 산에서 모든 민족의 얼굴을 가린 가리개와 열방 위에 덮인 덮개를 제하시며 사망을 영원히 멸하실 것이라 주 여호와께서 모든 얼굴에서 눈물을 씻기시며 자기 백성의 수치를 온 천하에서 제하시리라 여호와께서 이같이 말씀하셨느니라

그 날에 말하기를 이는 우리의 하나님이시라 우리는 그를 기다렸으니 그가
우리를 구원하시리로다 이는 여호와시라 우리가 그를 기다렸으니 우리는 그
의 구원을 기뻐하며 즐거워하리라 할 것이며(사 25:6-9).

마지막 때에 있을 이러한 연회는 사망의 권세로부터의 자유와 영원한 기쁨의 나눔이라는 특징이 있다. 하나님의 사랑과 자비는 한이 없으시다. 향연의 풍요로움은 단지 선택받은 소수만이 아니라 모든 사람을 위한 것이다.

3. 세례와 성찬을 통한 기독교인화

신구약 중간기의 메시야 연회 이미지는 유월절과 결합되었다.[20] 유월절이 최후의 만찬을 위해서 설정된 것을 고려한다면, 이 결합이 예수님이 제정하셨던 성찬식과도 충분히 연결할 수 있을 것이다. 우리가 성만찬을 축하하듯이 우리 모두를 기다리는 화려한 하늘 잔치의 예를 다음과 같이 살펴볼 수 있다.

이 땅에서의 연회 의례에서 우리는 거룩한 도시 예루살렘에서 벌어지는 화려한 하늘 잔치를 미리 맛본다. 연회의 목적은 순례자로서 성소와 참 장막을 섬기시는 이인 예수님이 하나님 우편에 앉아 계시는 바로 그곳을 향하는 것이다.[21]

20　Cf. R. Kuiken, "Hopeful feasting: Eucharist and Euchatology", in W.H. Lazareth (ed.) *Hope for Your Future: Theological Voices from the Pastorate* (Grand Rapids: Eerdmans, 2002), 192-198, 194.
21　Sacrosanctum Concilium 8, 제2차 바티칸 공의회 문헌; 다음 책에서 인용됨, A. Dulles, "The Eucharist and the Mystery of the Trinity", in R.A. Kereszty (ed.) *Rediscovering the Eucharist:*

우리의 순례는 세례에서 시작하며 이 땅에서의 모든 것의 끝이자 하나님과의 완전한 교제라는 끝없는 축제의 시작임을 알리는 하늘의 잔치로 막을 내린다. 성례전을 통하여 하늘 나라에서 우리를 기다리고 있는 놀라운 경험을 미리 맛보는 것이다. 이 땅에서 드리는 의례에서 미래에 갖게 될 완벽한 교제의 일부를 함께 경험하게 된다. 성령님이 삼위일체 하나님과의 관계 속으로 이끌어줌으로써 우리는 기독교인이 되는 것이다. 엘렌 채리(Ellen Charry)는 이 점을 특히 잘 말하고 있다.

> 성령님은 우리가 성례전을 통해서 기독교인이 되는 데 특별한 역할을 하신다. 기독교인이 세례식을 통해서 삼위일체의 삶을 살도록 연합하게 해주며, 예수 그리스도의 죽음과 부활을 통해서 이루신 구원을 성찬식에서 극적으로 재현하도록 하신다.[22]

그리스도 안에서 하나님과의 연합을 이루는 것이 세례식의 가장 핵심적인 요소이다. 로마로 보내는 편지에서 바울은 우리와 그리스도와의 연합을 그와 함께 우리가 죽고 부활하는 것과 연결한다.

> 무릇 그리스도 예수와 합하여 세례를 받은 우리는 그의 죽으심과 합하여 세례를 받은 줄을 알지 못하느냐? 만일 우리가 그의 죽으심과 같은 모양으로 연합한 자가 되었으면 또한 그의 부활과 같은 모양으로 연합한 자도 되리라(롬 6:3, 5).

Ecumenical Conversations (Mahwah: Paulist Press, 2003), 226-239, 232.
22 E. Charry, "Sacraments", 1076.

그리스도와의 연합은 우리의 기쁨과 자유의 근원이 되신 그리스도께서 이 땅에서 담당하셨던 사명을 함께하라는 부르심이기도 하다.[23] 그리스도 안에는 자유와 책임이 있다. 실로, 완전히 자유롭다는 것은 소명에 대한 부르심에 완전하게 응답하는 것을 뜻한다. 세례의 은혜와 연합한 책임감은 "소명에 대한 헌신"(Commitment to Mission)에 잘 나와 있다. 이것은 호주 연합교회의 예배서인 『예배 안에서 하나되기 2』(Uniting in Worship 2)에 나오는 "세례에 대한 회중의 재확인"을 위한 의례에 들어 있다.

> 이 세상에서 행하신 예수님의 사역에
> 헌신할 것을 서약하는지 묻고자 합니다.

> 당신은 앞으로 계속해서
> 신앙의 공동체에 속하며,
> 사도들의 가르침을 따르고,
> 떡을 떼고 기도하겠습니까?

> **하나님의 도우심으로, 우리는 그렇게 하겠습니다.**

> 당신은 그리스도 안에서 하나님의 복음을 말과 행위로
> 나타내겠습니까?

---

23 Cf. P. Atkins, *Memory and Liturgy* (Aldershot: Ashgate, 2004), 43.

하나님의 도우심으로, 우리는 그렇게 하겠습니다.

당신은 모든 사람 안에 계시는 그리스도를 구하고
이웃을 내 몸처럼 사랑하겠습니까?

하나님의 도우심으로, 우리는 그렇게 하겠습니다.

당신은 정의와 평화를 위해 노력하며
모든 사람의 존엄성을 존중하겠습니까?

하나님의 도우심으로, 우리는 그렇게 하겠습니다.

물과 성령으로 저희들에게 새로운 생명을 주신 전능하신 하나님,
저희들의 믿음이 굳건하도록 도와주시오며,
우리의 주님이신 예수님을 통하여
영원한 생명을 허락하여 주옵소서

아멘.[24]

 그리스도와의 연합을 다룰 때 개인주의화 이슈와 관련된 다른 핵심적인 측면은 이러한 연합이 우리 각자를 하나님의 가족의 구성원으로 이루게 한다는

---

24 *Uniting in Worship 2* (Snyder: Uniting Church Press, 2005), 93.

데 있다. 그리스도와 삶을 공유하는 것은 그의 몸인 공동체와 나눔을 갖게 되는 것이다. 이 땅에서 사역을 하실 때 예수님은 자신의 주위에 새 가족을 모으셨다. 그는 제자들을 가족구성원으로 여기셨다. 그의 어머니와 형제와 누이들이 그를 만나기 위해 왔을 때 예수님은 다음과 같이 말씀하셨다.

> 누가 내 어머니이며 동생들이냐 하시고 둘러앉은 자들을 보시며 이르시되 내 어머니와 내 동생들을 보라 누구든지 내 하나님의 뜻대로 행하는 자가 내 형제요 자매요 어머니이니라(막 3:31-35).

예수님이 만드신 새로운 가족 안에서 부르심을 받은 제자들에게 커다란 부담이 주어졌다. 그들은 형제자매와 부모와 자식과 전토를 뒤로 남겨야만 했다. 예수님은 그러한 행위를 뭔가 대신하기 위해 치르는 값비싼 행위로 불렀다. 즉, 오래된 삶 대신에 다가올 하나님의 통치 아래에서 새로운 삶을 살기 위해 필요한 모든 것으로 바꾸는 것이다.[25] 그러나 그들이 가진 모든 것, 중요한 모든 것을 버리지만, 그들은 백 배나 되돌려 받았다(막 10:29-30). 세례식이라는 축제의 시간을 함께 가지거나 재확인하는 예식에 참여할 때마다 우리는 믿음의 가족에 접붙임 되었다는 사실을 기억하게 된다.

믿음 안에서 하나의 가족이 된 공동체가 주의 식탁에 모일 때 긴 여행 중에 자신을 지탱하는 데 필요한 음식과 물을 공급받는다. 하나님과의 깊은 교제 안에서 이루어지는 이 순례의 길을 가는 동안에 때때로 가야 할 길을 잃어버리는 경험을 피할 수 없게 된다. 성경이 말하고 있는 것처럼 하나님의 백성들

---

25 Cf. G. Lohfink, *Jesus and Community* (London: SPCK, 1985), 41.

의 이야기는 이러한 현상에 대한 무수히 많은 예를 보여준다. 이스라엘의 변덕과 배반은 그들이 토라를 내면화하는 데 실패했음을 반증한다. 이러한 실패로 말미암아 하나님은 새로운 언약을 세우셨다. 선지자 예레미야는 이러한 하나님의 새로운 시도를 다음과 같이 말한다.

> 내가 나의 법을 그들의 속에 두며 그들의 마음에 기록하여 나는 그들의 하나님이 되고 그들은 내 백성이 될 것이라 여호와의 말씀이니라 (렘 31:33).

예레미야가 언급한 언약의 회복은 그리스도께서 자신을 희생 제물로 바침을 통하여 분명하게 성취되었다. 히브리 기자는 이렇게 말한다.

> 첫 언약에도 섬기는 예법과 세상에 속한 성소가 있더라…그리스도께서는 장래 좋은 일의 대제사장으로 오사 손으로 짓지 아니한 것 곧 이 창조에 속하지 아니한 더 크고 온전한 장막으로 말미암아 염소와 송아지의 피로 하지 아니하고 오직 자기의 피로 영원한 속죄를 이루사 단번에 성소에 들어가셨느니라…이로 말미암아 그는 새 언약의 중보자시니, 부르심을 입은 자로 하여금 영원한 기업의 약속을 얻게 하려 하심이라 (히 9:1, 11-12, 15).

"성찬식"(Eucharist)이란 말은 감사를 뜻하는 그리스 단어인 유카리스티아(eucharistia)에서 나왔다. 감사의 완전한 표현은 타인을 위해서 자기를 바치는 사람에게서 발견된다. 히브리 기자는 새로운 언약이 그리스도의 자기 희생을 통해서 이루어졌다는 사실을 일깨워준다. 그러므로 하나님의 아들이야말로

"가장 고귀한 성체"이며 "우리에게 알려진 하나님의 사랑의 교제 가운데 가장 풍부한 표현을 담고 있는 것"이다.[26]

성찬식에 참여할 때 우리는 자기-희생의 정신을 형성한다. 그리고 그리스도의 생명을 나누는 것은 치유, 화해, 그리고 해방이라는 그의 소명을 함께 나누는 것이라는 사실을 일깨워준다.

4. 성례전 참여: 그리스도인의 정체성 형성인가 아니면 단순 참여인가?

위에서 성례전을 통해서 기독교인이 되는 것에 대한 논의에 함축된 가정은 세례와 성찬식의 잔치 자리에 적극적으로 참여하는 것은 진정으로 기독교인으로서의 정체성을 형성하는 경험이라는 것이다. 바이런 앤더슨(Byron Anderson)은 이 견해를 잘 반영하고 있는데, 그는 "비록 우리가 의례를 '이행'하지만, 의례 역시 우리를 '이끌고' 있다. 이것은 우리의 마음과 영혼뿐만 아니라, 몸, 뼈와 골수까지도 기독교 신앙으로 새겨지는 것"[27]이라고 말한다.

이러한 의견을 염두에 두고, 나는 교회에서 행하는 성례전에 신실하게 참여하는 것은 한편으로는 하나님과 타인과의 친밀감(구원의 언약), 세상을 섬김(선

---

26 P. Casarella, "Eucharist: Presence of a Gift", in R.A. Kereszty (ed.) *Rediscovering the Eucharist: Ecumenical Conversations* (Mshwah: Paulist Press, 2003), 199- 225, 201.
27 E. Byron Anderson, *Worship and Christian Identity: Practicing Ourselves* (Collegeville: Pueblo Books, 2003), 58. Ron Byars는 이와 유사한 언급을 하고 있는데, 그는 "예배는 이미 여기에 존재하는 신앙을 표현할 뿐만 아니라, 신앙을 형성하고 양육한다⋯우리가 드리는 예배에서 표현되는 신앙만큼 우리는 자란다"(*The Future of Protestant Worship* 〈Louisville: Westminster John Knox Press, 2002〉, 26).

교), 그리고 다른 한편으로는 공동체에 속한 개인으로서의 자기다움의 관점 등과 같은 핵심 가치들을 깨우치는 것임을 말하였다. 이렇게 함으로써 개인주의화의 과정과 그와 연관된 부패한 영향에 대항하여 보호받게 된다. 이때, 직면해야 하는 질문은 다음과 같다. 성례전의 참여가 신앙공동체의 일원과 선교적 소명을 창조하는 데 어떻게 효과적인가? 예배와 개인주의화의 문제를 주제로 한 자신의 에세이에서, 로버트 호브다(Robert Hovda)는 성례전을 통한 기독교인화는 드문 경험이라고 주장한다.

> 종종 우리는 스스로 성경을 읽고 찬양을 부르며 기도하는 등 성서적이고 의례적인 요소들에 의해서 "기독교인이 되었다"고 말한다. 그 말은 오히려 기독교인의 정체성을 형성하고자 하는 갈망을 안고, 그러한 구원을 이루는 원천인 "의례"에 노출되었다고 말하는 것이 좀 더 믿을 만할 것이다. 그러나 우리를 둘러싸고 있는 문화적인 외피에 너무나 두껍게 쌓여 있기 때문에 우리가 진짜로 이러한 자원들에 다가가거나 혹은 반응할 수 있는 경우는 극히 드물다.[28]

호브다가 지적한 것보다 예배와 성례전이 기독교인으로서의 정체성을 형성하는 데 훨씬 더 긍정적인 영향을 끼친다고 나는 주장한다. 물론 사람들 가운데는 주일마다 교회에 가서 그저 자리에 앉아있을 뿐, 계속적으로 이스라엘과 예수님에 대한 강력한 이야기를 들음에도 불구하고 하나님의 부르심에 대해서는 그다지 별다른 반응을 보이지 않는 경우도 있는 것 또한 사실이다. 의

28　R. Hovda, "Individuals are incapable of Worship", .69-74, 72.

례가 가지는 힘에 저항하는 것은 이상한 일이 아니다.

그러나 하나님의 은혜에 진실한 마음으로 열려지면 예배를 통해서 자신이 변화되는 경험을 한다. 세례와 성찬식에서 우리는 그리스도 안에서 이루어진 구원의 메타 이야기를 계속해서 듣는다. 메타 이야기가 의례를 통해서 말해짐으로써 예배자들은 기독교인으로서의 특별한 정체성과 세상을 보는 특별한 방식을 가지게 된다. 이런 방법으로 주요 이야기를 자기의 것으로 만들고, 생각하고, 느끼며, 행동하는 방식을 형성하는 것이다.

그것은 마치 배우가 자신이 맡은 역할을 연습하는 것과 매우 흡사하다.[29] 자신이 맡은 극중 인물처럼 말하고, 습관을 가지며, 표정과 몸짓을 짓고, 생각하면서, 배우는 당분간 극중 인물이 된다. "당분간"이란 말은 극중 인물 역할을 그만 두는 때가 있다는 것을 암시한다. 배우는 연기에서 벗어나는 시간을 갖는다. 무대를 떠나면 재빨리 역할에서 벗어나 다시 원래의 자기 자신으로 돌아온다. 기독교인은 시간제가 아니라 전임제로 하나님의 아들 혹은 딸이라는 정체성을 갖기를 원한다.

어떤 역할을 잘 연기하는 중요한 비결은 맡은 인물의 몸짓을 연습하는 것이다. 배우가 자신이 맡은 인물의 몸짓과 버릇을 인식하면서 실제의 자기를 잊어버리고 "역할에 몰입"하게 된다. 몸짓 또한 윤리적 삶의 중요한 부분이다. "몸짓만큼 더 중요한 것은 삶에 없다. 몸짓은 가치 있고 중요한 것을 지탱해 줄 뿐만 아니라 그것을 구체화하기 때문이다. 몸짓을 통해서 우리는 우리의 세상을 만들고 형성해 간다."[30]

---

29 Cf. J. Fodor, "Reading the Scriptures: Rehearsing Identity, Practicing Character", in S. Hauerwas and S. Wells (eds) *The Blackwell Companion to Christian Ethics* (Oxford: Blackwell, 2004), 141-155, 150.

30 S. Hauerwas, *Christian Existence Today* (Durham: The Labyrinth Press, 1988), 106.

스탠리 하우어워스(Stanley Hauerwas)는 의례를 몸짓으로 생각해야 한다고 제안하였다.[31] 세례와 성찬식은 우리를 예수님의 삶, 죽음, 그리고 부활로 이끌어 하나님의 생명을 받게 하기 때문이라고 주장하였다. 이러한 의례를 통한 몸짓이 없이는 "끊임없이 하나님을 우리의 소원과 필요성을 공급해 주시는 관념으로 바꾸려고 하는 유혹에 부딪히게 된다. 사실은 우리의 욕망과 바라는 것들은 나사렛 예수님이 보여주신 이 땅에서의 삶을 통하여 우리들을 바라보시는 하나님에 의해서 변화되어야 하는 것이다."[32]

사고방식과 자신을 이해하는 방법은 의례를 구성하는 말, 몸짓, 개념에 의해서 형성된다는 견해를 지지해주는 경험적 연구가 심리학 분야에서 실행되었다. 개인주의와 상호의존성 간의 관계에 관한 연구는 특별한 자극이나 자세에 대한 노출이 사람의 인지에 영향을 미친다는 사실을 입증하였다. 예를 들면, 책을 읽으면서 대명사 "우리"와 "우리들"에 동그라미를 치는 활동은 개인주의에서 집단적인 자기 인식으로 초점을 바꾸게 해 준다. 매릴린 브루어(Marilynn Brewer)와 웬디 가드너(Wendi Gardner)는 "'우리'라는 개념이 개인적인 자기 개념보다 자기의 사회적인 표상을 더 잘 나타낸다는 가설을 시험하였다."[33] 그들이 실행했던 세 번째 실험이 우리에게 가장 흥미로울 것 같다.

이 실험에서 참가자들은 하나의 기술적인 단락(도시를 여행하는 것에 대한 이야기)을 읽고 그 안에 나오는 모든 대명사에 동그라미를 칠 것을 요청받았다. 본문은 다를 수 있기 때문에 똑같은 자료가 피실험자들에게 주어졌으며, 그 안에 나오는 대명사는 거의 우리 혹은 우리들, 그들 혹은 그들을, 또는 그것 등

---

31 Cf. ibid., 107.
32 Ibid., 107.
33 M.B. Brewer and W. Gardner, "Who is this 'We'? Levels of Collective Identity and Self Representations", *Journal of Personality and Social Psychology* 71, no.1 (1996), 83-93, 87.

이었다. 이 작업을 마친 후에, 참가자들은 자연스럽게 자기를 묘사하는 수단으로서 20문항 테스트(Twenty Statement Test, TST)를 작성하였다.

브루어와 가드너는 미국사회의 만연한 개인주의적인 경향을 보여주듯이 TST를 활용한 다른 연구 조사에 의하면 연구 전에 백인 대학생으로 구성된 응답자 중 58퍼센트는 개인적인 특징과 특성을 나타냈으며, 단지 10퍼센트 미만의 응답자만이 사회관계 혹은 단체 가입을 언급하고 있음을 발견하였다. 이와 비교해서, TST를 적용한 후에, 연구가들은 "그들이나 그것에 비해서 우리라는 단어에 의해서 사회적인 맥락으로 자기를 묘사하는 경향이 전반적으로 향상되었음"을 발견하였다.[34]

가족 충성심과 명성을 강조한 한 전사에 관한 이야기를 읽고 피실험자로 하여금 대명사 우리에 동그라미를 치도록 한 연구에서도 위와 동일한 결과를 얻었다.[35] 이야기는 다음과 같이 시작한다.

> 고대 수머의 전사인 소스토라스는 사르곤 1세가 모든 메소포타미아 지역을 정복하는 데 가장 커다란 수훈을 세웠다. 그 공을 인정받아 그는 자신이 다스리는 조그마한 왕국을 상으로 받았다.
>
> 거의 10년 후에, 사르곤 1세는 새로운 전쟁을 위해서 전사를 징집하였다. 소스토라스는 사르곤 1세를 돕기 위하여 군사들을 보내야만 하였다. 그

---

34 Ibid., 90.
35 Cf. D. Trafimow, H.C. Triandis, and S.G. Goto, "Some Tests of the Distinction Between the Private Self and the Collective Self", *Journal of Personality and Social Psychology* 60, no.5 (1991), 649-655.

는 파견군을 지휘할 사람을 결정해야만 하였는데 오랫동안 고심한 끝에 소스토라스는 마침내 틸가스를 선택하였다.

여기까지 읽었을 때, 피실험자들은 두개의 대본 중 하나를 받았다. 사적인 자기를 강조한 대본에서, 이야기는 다음과 같이 이어진다.

…능력이 출중한 장군. 그를 결정한 데는 여러 가지 이점이 있었다. 소스토라스가 최고의 장군이 될 수 있었던 데에는 그의 공로가 크다. 틸가스는 소스토라스가 그의 나라를 굳건하게 지키는 데 기여한 것이다. 게다가, 틸가스와 같은 장군을 대표로 세운다는 그 사실 자체만 가지고도 소스토라스의 영예를 한껏 높여주는 셈이다. 마지막으로 자기의 가장 뛰어난 장군을 파병함으로써 사르곤 1세로 하여금 자신에 대한 고마운 마음을 갖도록 할 것이다. 그 결과, 사르곤 1세로부터 상을 받을지도 모르는 일이었다.

집단적 자기를 강조한 대본에서는, 이야기가 다르게 전개된다.

그의 가족 구성원. 이 임명은 몇 가지 장점을 가진다. 소스토라스는 그의 가족에 대한 성실함을 보여주었다. 또한 역으로 그에 대한 가족의 성실을 공고히 할 수 있었다. 더군다나 틸가스를 지휘관으로 세우는 것은 그 가족의 세력과 명예를 진작시켰다. 마지막으로, 만일 틸가스가 전쟁을 잘 수행하다면, 사르곤 1세는 그 가족에게 신세를 지는 셈이다.

이 이야기를 읽은 후, 피실험자는 "나는"으로 시작되는 20개의 문장을 완성하는 자기태도 테스트를 마쳤다. 연구자들은 "다른 사람과 관계가 없는 개인적인 특성, 태도, 믿음 혹은 행동을 가리키는" 자기 중심적인 반응과, 다른 한편으로는 "피실험자들이 '공동의 운명'으로 경험하는 경향이 있는 인구학적인 분류 혹은 집단을 가르키는" 집단 반응 사이를 구별하였다.[36] 그들은 집단적인 자기 대본에 대한 노출이 "집단 인지를 상기하도록 자극했다"는 사실을 발견하였다.[37]

이러한 연구 결과를 고려할 때, 성례전적 예배를 통해서 공동체의 가치, 언약, 자기 희생, 정의를 강조하는 기도, 찬양 그리고 이야기에 지속적으로 노출되면 예배자들이 공동체적이고 선교적인 성향을 형성할 것이라는 사실을 기대할 수 있을 것이다. 이러한 단어들을 자주 사용한다는 단순한 사실만으로도 이러한 성향을 자극한다. 예배자들이 위에서 언급한 가치들이 하나님의 뜻과 목적을 반영하며 따라서 그들의 삶에 중심이 되어야 한다는 메시지에 반복적으로 노출되는 것 또한 어느 정도 영향을 끼친다.

대명사 "우리"에 동그라미를 치고 가족 중심의 이야기를 읽는 활동들이 집단적인 자기 인지를 형성하기 위한 특별한 도구라고 할 수 없을지도 모른다. 그렇기에 그러한 단순한 작업이 효과가 있다는 것은 놀랄 만한 일이다. 의례에 사용되는 언어와 상징은 그러한 연구 도구들보다 훨씬 더 풍부하고 효과가 있다. 더군다나, 세례와 성찬식은 많은 차원에서 자기다움과 정체성에 영향을 주는 다양한 의례적 행위이다.

성례가 인지의 수준보다도 훨씬 더 깊은 수준에서 변화를 가져온다는 사실

---

36 Ibid., 650.
37 Ibid., 653.

에 주목하는 것은 중요하다. 기독교 정신을 형성해 가는 행위는 심오하고 다차원적인 과정이며, 어떤 기본적인 기독교 가치의 정신적 작용보다도 훨씬 더 많은 것을 포함한다. 예배를 드리는 행위의 핵심적 의미는 예수 그리스도 안에서 자기의 정체성을 나타내는 것이다.[38] 자신의 정체성이 형성되고 변화되는 것은 성례전적인 의례를 구성하는 다양한 모든 행위에 참여함으로써 이루어진다. 행함과 아는 것은 필연적으로 기독교 이야기 안에서 살아가는 것과 밀접한 연관이 있으며 기독교인으로서의 자기는 의례에 적극적으로 참여함으로써 형성된다.

세례와 성찬식은 매우 많은 상징 체계를 가진 의례로서 같은 차원에서 이해할 수 있다. 그러나 이 말은 그저 다양한 의례적인 상징들에 정신적으로 참여함으로써 내적인 변화가 이루어진다는 것은 아니라는 사실을 반드시 인식해야만 한다. 빵, 와인, 물과 기름이 중요한 것이 아니라, 오히려, 의례에서 표현되는 손짓과 몸짓 등의 행위가 그러한 의미구조에 의해서 형성된 한 사람을 이루는 것이다. 의례적인 행위는 "대안적인 존재론, 기존의 공동체에 저항하는 공동체, 다른 도시, 다른 존재 방식을 낳는다."[39]

만약 우리가 이러한 관점을 받아들인다면, 세례는 일종의 무언가를 표시하는, 즉, 그리스도 안에서 새로운 탄생을 상징하는 의례적인 행위로만 보아서는 안 된다. 세례는 기본적으로 하나님의 새로운 백성이 되도록 이끄는 거룩한 행위이다. "세례 혹은 침례 (mikvah)의 물에 잠겼다가 올라오는 것은 죽음

---

38   이 점에 대해서 많은 신학자가 언급하고 있다. 예를 들면, 다음을 참조하라. E. Byron Anderson, *Worship and Christian Identity*; D. Ford, *Self and Salvation: Being Transformed* (Cambridge: Cambridge University Press, 1999); C. Pickstock, *After Writing: On the Liturgical Consummation of Philosophy* (Oxford: Blackwell, 1998); D.D. Murphy, "Worship as Catechesis: Knowledge, Desire, and Christian Formation", *Theology Today* 58, no.3 (Oct. 2001), 321-332.
39   Murphy, "Worship", 326-327.

과 부활을 상징하는 것이라고 말할 수 있을지도 모르나, 그러나 더 나아가 그러한 행위는 세례 받는 이가 새로운 시대의 역사적인 공동체의 한 구성원이 되도록 하는 것이다."[40] 이 대안적 공동체의 구성원은 그리스도와 그의 인간 평등주의 사상과 섬김에 대한 전적인 헌신에 함께하는 것이다.

이와 유사하게, 떡을 떼고 잔을 나누는 행위가 가지는 가장 깊은 의미는 이러한 행위가 그리스도 공동체에서의 일치와 개인주의를 초월하는 사회생활의 한 유형을 상징한다고만 이해해서는 발견할 수 없다. 떡을 먹고 잔을 마시는 것 그 자체가 공동체이며 개인주의를 초월하는 것이다.[41] 성찬식에서 행하는 말과 몸짓에 신실하게 참여함으로써 사랑과 섬김의 대안공동체가 이루어진다.

다른 예를 든다면, 성찬식에서 그리스도의 평화를 나누는 것을 비폭력과 가난한 사람들과의 연대의 상징으로만 이해하지 않아야 한다. 드보라 딘 머피(Debra Dean Murphy)가 지적한 것처럼, 평화를 나누는 것은 강력한 정치적 진술을 하는 것이다.

> 평화를 나눌 때 우리는 서로 평화롭게 살아가는 모험을 기꺼이 감수하겠다는 몸짓을 하면서 서로를 향해서 각자의 몸을 내미는 것이다. 우리는 단지 성스러운 주일 아침 인사를 나누는 데서 그치는 것이 아니라, 사실은 기독교 공동체와 성찬 교제의 본질에 대해서 의례 도구와 우리의 몸을 사용하여 급진적인 정치적 주장을 하는 것이다.[42]

---

40 J.H. Yoder, "Sacrament as Social Process: Christ the Transformer of Culture", *Theology Today* 48, no.1 (Apr. 1991), 33-44, 38.
41 Cf. Yoder, ibid.
42 Murphy, "Worship", 326.

기독교인으로서의 정체성이 형성되는 것은 바로 이러한 의례적인 몸짓을 하는 가운데 이루어진다.

마지막 예로서, 공동체 안에서 찬양을 부르는 것은 고립된 사람들로 하여금 그곳에서 나와 다른 사람들과 관계를 이루도록 이끄는 행위이다. 다른 사람들과 즐겁게 노래를 부르는 것은 다른 이들에 대해서 주의를 기울이는 것이다. 만일 나만의 세계에 몰입해서 내가 원할 때에만 노래를 부른다면, 그것은 전체 교인들이 찬양을 하는 과정을 방해하는 것이다. 데이비드 포드(David Ford)가 말한 것처럼, "함께 노래를 부르는 것은 각자 다른 사람을 기다리는 등 책임감을 서로 지는 것이며, 공동의 조화를 이루려는 의도에 주의를 기울이는 것이다."[43] 예배 시간에 찬양을 드리는 단순한 초대가 실제로는 각 개인으로 하여금 삼위일체 하나님의 임재와 축복에 감사한 마음으로 그리고 다른 사람이 즐겁게 응답하며 내는 공동체의 목소리에 의해서 변화를 받으라고 초대하는 것이다.

지금까지 언급한 모든 것이 강조하는 점은 성령님이 기독교인으로서의 정체성을 형성하게 해주는 원동력이라는 것이다. 기독교 정체성의 형성의 가장 깊은 의미는 어떤 거룩한 말이나 행동을 하는 것이 아니라, 말이나 행동을 중재하는 영적인 능력, 즉, 삼위일체 하나님의 사랑과 은혜에서만 찾을 수 있다. "성찬식의 생명은 하나님 그분 자신의 생명이다…그것은 또한 하나님과의 교제의 생명이다. 이것은 삼위일체 안에 존재하며 성찬식을 나누는 공동체의 구성원 안에서 실현된다. 아는 것과 교제는 동일한 것이다."[44]

43　Ford, Self, 122.
44　J. Zizioulas, *Being as Communion: Studies in Personhood and the Church* (London: Darton, Longman & Todd, 1985), 81.

8장
교제 안에서 자기 유지하기

앞 장에서 여행객의 개인주의적인 성향을 순례자의 공동체주의적인 헌신과 비교하였다. 여행객은 자기와 자신의 필요 그리고 욕구에 초점을 맞추는 반면에, 순례자는 자기를 내어주고 타인을 섬기는 것에 자신을 헌신한다. 논지의 핵심은 개인주의화 문화의 악영향에 저항하기 위해서는 교제를 증진할 필요가 있다는 것이다.

이 장에서는 타인과의 친교에 대한 진정한 본질을 이해하는 데 주안점을 두려고 한다. 돌봄과 섬김의 행위를 통해서 표현되는 다른 사람의 행복에 대한 사랑의 염려가 기독교 윤리의 핵심을 차지하고 있는 반면에, 이러한 방향이 너무 지나치게 강조될 가능성 또한 있다. 일부 심리학자는 건강하지 못한 관계의 유형을 분류하였는데 이것을 "절제되지 않은 교제"[1](unmitigated

---

[1] Cf. D.M. Buss, "Unmitigated Agency and Unmitigated Communion: An Analysis of the Negative Components of Masculinity and Femininity", *Sex Roles* 22, nos 9/10 (1990), 555-568; V.S. Hegelson, "Relation of Agency and Communion to Well-being: Evidence and Potential Explanations", *Psychological Bulletin* 116, no.3 (1994), 412-428; H.L. Fritz and V.S. Hegelson, "Distinctions of Unmitigated Communion from Communion: Self-Neglect and Overinvolvement with Others", *Journal of Personality and Social Psychology* 74, no.1 (1998), 121-140; and V.S. Hegelson and H.L. Fritz, "Unmitigated Agency and Unmitigated Communion: Distinction from Agency and Communion", *Journal of Research and Personality* 33 (1999), 131-158.

communion)라고 부른다.

반면에 관계에서의 돌봄에 대한 균형 잡힌 접근을 가리키기 위해서 "교제" (communion)라는 용어를 사용한다. 이 말에는 다른 사람의 필요성을 생각하고 그를 돕고 지지하는 데 자신을 준비시키는 뜻을 포함하고 있는 반면에, 다른 한편으로 교제는 타인의 도움이 필요할 때는 도움을 요청하고 감사하게 받아들일 줄 아는 자세도 뜻한다. 한마디로 말해서, 교제는 주고받는 모든 행위를 말한다.

절제되지 않은 교제는 관계에 있어서 불균형적인 접근을 가리킨다. 이 관계는 자기 자신을 거의 전적으로 남을 돌보고 염려하는 행위에 기초해서 정의 내리려는 경향이 있으며 그 결과 자기 자신을 상실하게 된다. 즉, 다른 사람을 위해서는 너무 많은 관심을 쏟는 반면에, 정작 자기 자신에게는 거의 관심을 가지지 않는 것이다.

신학 윤리의 용어로 말하면 절제되지 않은 교제는 자기 희생을 기반으로 해서 기독교인으로서의 정체성을 형성한 결과 발생하는 것이다. 자신은 전혀 돌보지 않는 순전한 희생적인 사랑은 기독교인에게는 이상적인 것이라고 받아들여지고 있다. 그러나 많은 윤리신학자가 이것은 건강하지 못한 것이며, 더 나아가, 실제로 성경이 말하고 있는 것이 아니라고 주장한다.[2] 성경과 신학적인 전통을 보는 그들의 입장은 사랑하는 관계에서의 상호성이 일방적인 자기

---

2 예를 들면, 다음을 참조하라. D. Browning, *Religious Thought and the Modern Psychologies* (Philadelphia: Fortress Press, 1987), 150-156; S. Pope, "Expressive Individualism and True Self-Love: A Thomistic Perspective", *The Journal of Religion* 71, no.3 (Jul. 1991), pp.384-399; S. Post, "Communion and True Self-Love", *The Journal of Religious Ethics* 16 (Fall 1988), 345-362, and idem, "The Inadequacy of Selflessness", *Journal of the American Academy of Religion* 56, no.2 (1989), 213-228; G. Outka, "Universal Love and Impartiality", in E. Santuri and W. Werpehowski (eds) *The Love Commandments: Essays in Christian Ethics and Moral Philosophy* (Washington: Georgetown Universiy Press, 1992), 1-103.

희생보다 더 적절한 이상적인 모습이라는 것이다.

그들의 이러한 관점은 여성주의 신학자와 철학자들의 입장과 맥을 같이 한다. 여성주의 신학자와 철학자들은 자기 희생의 윤리는 모범적인 여자란 자기 가족 구성원의 개인적이고 전문적인 목표를 후원해 주기 위하여 자신의 갈망과 야망을 희생할 준비가 되어 있는 여자라는 문화적인 구성을 하도록 한다는 사실을 관찰하였다.[3]

절제되지 않은 교제는 많은 심리적이고 신체적인 건강의 문제들과 연관성이 있다. 일반적으로 교제는 그러한 문제들과 별다른 관계가 없지만, 몇몇 연구조사는 미미하지만 교제와 양호한 정신 건강 사이에 긍정적인 연관이 있다는 것을 지적한다.[4] 이러한 점을 염두에 두고, 앞으로 이 장에서는 예배지도자들은 사랑을 위한 기독교인의 이상적인 모습으로서 나눔의 상호성을 향상시키는 데 목회적인 책임감을 가진다는 점에 대해서 살펴보려고 한다. 우리가 사용하는 기도와 찬양, 그리고 설교에서 교제가 기독교인의 삶의 규범으로서 뒷받침되어야 할 필요가 있다.

---

3 예를 들면, 다음을 참조하라. B. Gill-Austern, "Love Understood as Self-Sacrifice: What does It Do to Women?", in J.S. Moessner (ed.) *Through the Eyes of Women: Insights for Pastoral Care* (Minneapolis: Fortress Press, 1996), 304-321; K. Ramsay, "Losing One's Life for Others: Self-Sacrifice Revisited", in S. F. Parsons (ed.) *Challenging Women's Orthodoxies in the Context of Faith* (Aldershot: Ashgate, 2000), 121-133; R.E. Groenhout, "I Can't Say No: Self-Sacrifice and an Ethics of Care", in R.E. Groenhout and M. Bower (eds) *Philosophy, Feminism, and Faith* (Bloomington: Indiana University Press, 2003), 152-174.

4 Cf. H. L. Fritz and V. S. Hegelson, "Distinctions of Unmitigated Communion from Communion", 121.

1. 교제와 언약 예배

여러 교단들 가운데 회중교회, 감리교와 장로교의 의례전통의 일부인 언약 예배를 간략하게 알아봄으로써 논의를 시작하려고 한다. 예배는 앞선 7장의 핵심 주제인 언약과 교제 사이의 친밀한 관계를 강조한다. 기본적으로 하나님이 언약을 맺은 것은 개인이 아니라 공동체이다. 이 의식은 하나님의 규율에 대한 신실함을 바탕으로 세워진 이스라엘과의 언약과 예수 그리스도 안에서 그리고 그를 통하여 세워진 새로운 언약에 초점을 맞춘다.

스코틀랜드 교회의 의식에서, 목사는, "하나님이 그의 백성과 맺은 / 언약의 힘에 힘입어 / 은혜 안에서 자신을 우리와 결합하신 / 하나님에게 스스로 결합할 수 있도록 인도하여 주소서"[5]라고 말한다. 언약을 통해서 이루어진 교제는 세례식에서 시작하였으며 성찬식이 행해질 때마다 더욱 강화된다. 언약 의식 의례에서 예배자는 세례에 의해서 그리스도와 함께 죽고 부활을 통하여 새로운 언약이 시작되고 있다는 것을 상기한다. 또한 성만찬을 기념할 때마다 언약이 새로워진다는 사실을 기억해야 한다.

언약에 대한 헌신을 새롭게 하면서 신실하고 순종하면서 살아가는 것이 커다란 도전임을 기억한다. 예수님의 제자로서 훨씬 더 많은 것을 할 것을 요구받을 때도 있다. 집례 목사는 다음과 같이 말한다.

> 예수님은 많은 일을 하셨습니다.
> 쉬운 일도 있었지만 매우 어려운 일이 많았습니다.

---

5 *Book of Common Order of the Church of Scotland* (Edinburgh: Saint Andrew Press, 1996), 346.

어떤 것은 우리들의 자연적인 성향과
세상적인 이익에 부합하지만,
다른 것들은 정반대이기도 합니다.
우리는 예수 그리스도와 우리 자신을 기쁘게 하지만,
그렇지 못할 때도 있습니다
오직 우리 자신을 부인하는 것만이 예수그리스도를
기쁘시게 할 수 있습니다.[6]

목사는 계속해서 예배자들에게 "기쁨의 순종이라는 멍에"를 매라고 초대한다.

우리는 더 이상 우리 자신의 것이 아니라, 하나님의 것입니다.
우리를 하나님이 뜻하신 것에 사용하여 주시며
우리를 하나님의 뜻에 합당한 자가 되게 하시고
우리로 하여금 행하게 하시며,
고난을 피하는 자가 되지 않게 하옵소서.
하나님을 위하여 우리를 사용하여 주시며
혹은 하나님을 위해 우리 자신을 내려놓을 수 있게 하옵소서.
하나님을 위하여 우리를 높여 주시며, 때로는 하나님을 위하여
우리를 낮추게 하옵소서.
우리의 마음을 채우시며, 때로는 비우게 하옵소서.

---

6 Ibid., 346.

> 모든 것을 다 가지게 하옵시며, 동시에 아무것도 가지지 않게 하옵소서.
> 하나님이 기뻐하시며 사용하실 수 있도록
> 우리가 가진 모든 것을
> 자유롭게 그리고 기꺼이
> 포기하옵나이다.[7]

위의 기도문을 보면 자기 희생은 신실한 기독교인이 해야 할 일이라는 인식이 있다. 만일 항상 우리 자신만을 기쁘게 해야만 한다고 주장한다면 예수 그리스도를 충성스럽게 섬기는 것은 불가능하다. 사랑은 때때로 우리의 필요와 욕망을 도움이 필요한 다른 사람을 도와주고 돌보기 위해서 내려놓아야만 할 것을 요구한다. 그리스도인으로 살아가는 데 자기 부인의 역할을 인식하는 것은 매우 중요하다.

그러나 다음으로 논의할 것은 사랑의 윤리가 매우 중요한 위치를 차지하고 있지만, 반면에 그것이 이상적이지 않다는 점이다. 가장 이상적인 것은 서로 나누는 것이다. 우리가 이웃을 섬기고 그들도 우리를 섬기도록 하는 것이다. 여기에서 언약적인 섬김이 잘못되었다고 비난할 의도는 전혀 없다. 기독교의 섬김이 항상 우리에게 편안하지만은 않을 것이라고 주장하는 것은 분명히 틀리지 않을 것이다.

신실한 제자도에서 자기 부인은 정말로 매우 중요하다. 다음에서 말하고자 하는 핵심은 만일 우리가 특별히 여성을 비롯한 일부 사람들이 다른 사람을 돌보고 그들이 발전하는 데 자기의 모든 것을 전부 쏟아붓는 건강하지 못한

---

7 Ibid., 347.

경향을 우려한다면 우리의 예배에서 사랑의 요구에 대한 균형 잡힌 접근이 필수적으로 필요하다는 것을 말하려는 것이다.

언약 섬김에서 커다란 희생이 요구되는 제자도에 대한 헌신에 집중하는 것은 적절하다. 반면 다른 경우에 우리는 사랑의 관계에서 상호성의 이상적인 모습을 촉진하는 것이 필요하다. 기도, 찬양, 메시지 등을 통해서 무의식중에 절제되지 않은 교제가 지니는 문제를 더 악화시키지 않도록 우리가 드리는 예배의 전반적인 유형을 점검할 필요가 있다.

2. 절제되지 않은 교제

절제되지 않은 교제를 조사한 심리학자들은 인간 존재를 위해서 필요한 두 개의 가장 기본적인 양식인 주체성과 교제에 대한 데이비드 바칸(David Bakan)의 작업으로부터 큰 도움을 받았다.[8] 주체성은 개인으로서의 한 사람의 존재를 말하며, 교제는 사회 생활에 참여하는 것을 의미한다. 주체성은 "자기 보호, 자기 주장, 자기 확장"[9] 안에서 스스로 명시된다. 교제는 다른 사람과의 연합과 일치에 대한 갈망과 경험에서 표현된다. 고립과 고독은 주체성의 특징이며, 접촉, 열림, 연합은 교제를 이루며 살아가는 삶의 표현이다. 바칸의 논지는 심리적, 영적, 사회적인 온전성을 이루려면 주체성과 교제가 균형을 이루어야 한다는 것이다. 그는 랍비 힐렐(Hillel)의 영향을 받았다.

---

8 Cf. D. Bakan, *The Duality of Human Existence: Isolation and Communion in Western Man* (Boston: Beacon Press, 1966).

9 Ibid., 15.

> 만일 내가 나 자신을 위하지 않는다면, 누가 나를 위할 것인가? 그러나 만일 내가 단지 나만 위해 있다면 나는 도대체 누구인가?[10]

그는 현대 서구 사회의 전반을 지배하는 것은 개인의 주체성이라는 것이다.[11] 우리가 이전 장에서 살펴본 것처럼, 이 주제에 관해 실질적으로 모든 사회 논평가가 그와 동의한다. 만일 우리가 선을 구현하는 사회를 만들기 원한다면 주체성은 교제에 의해서 완화될 필요가 있다.

바칸은 절제되지 않은 주체성의 위험을 잘 인식하고 있지만, 자신의 책에서 절제되지 않은 교제가 가지고 있는 문제에 대해서는 그다지 자세하게 논의하고 있지 않다. 많은 경험주의적 심리학자는 그가 간과하고 있는 부분들을 주목하였으며, 절제되지 않은 교제라는 어려운 문제를 조사하였다. 절제되지 않은 교제는 자기를 철저하게 배제한 채 타인에게만 초점을 맞춘다.

좀 더 구체적으로 말하면, "자기보다 타인의 필요성을 우선하며, 타인의 문제에 대해서 과도하게 걱정하고, 자기 자신은 해를 당하면서까지 남을 도와주려는 현상이다."[12] 윤리적으로 말하면, 이러한 현상은 대인관계를 자기 희생적인 접근으로 보는 것이다. 자기 희생은 성별과 관련된 개념이다. 여기서 성적인 개념이라고 할 때, 여성들이 남성보다 더 자기 희생적이라거나 혹은 그 반대일 필요는 없다. 이 말은 남성과 여성은 자기 희생을 다르게 표현한다는 점을 지적하고자 한 것이다.[13] 예를 들면, 어떤 남성은 자신의 가족이 남들 보기에 버젓한 생활수준으로 살아가도록 하기 위해서 두 개 혹은 그 이상의 직장

---

10 Ibid., 14.
11 Cf. ibid., 14
12 V. S. Hegelson and H. L. Fritz, "Unmitigated Agency and Unmitigated Communion", 132.
13 Cf. R. E. Groenhout, "I Can't Say No", 157-158.

에서 일한다.

　이 경우의 헌신은 배우자와 자녀들과 관계를 쌓아가고 유쾌하게 보낼 수 있는 시간을 희생하는 셈이다. 많은 중년 남성이 지나온 삶을 뒤돌아보며 너무나 바쁜 생활로 인해 가족과 함께 보낸 시간이 너무나 적었던 것에 대해서 크게 후회한다.

　공급자로서 남성에 대한 전통적인 역할과 더불어 들 수 있는 것은 보호자로서의 남성이다. 이 경우에서도 역시 자기 희생에 대한 헌신을 찾아볼 수 있다. 많은 남성이 공격자로부터 그들의 사랑하는 사람을 보호하기 위해서 부상이나 그보다 더한 것도 감수할 준비가 되어 있다. 무장한 갈등상황에서 자기의 생명을 희생할 준비는 타인을 보호하기 위한 헌신을 나타낸다.

　남성이 가장 희생하지 않는 부분은 바로 직장에서의 자기 개발과 자기 실현의 기회이다. 남성의 역할은 직장에서의 주체성, 독립, 경쟁력 등을 통해서 이루어진다. 남성들은 활력이 넘치고 정력적으로 일해서 높이 올라가야 한다는 기대를 주위로부터 받는다. 그들이 선택한 직업에서의 성공을 위해서 자신을 쏟아붓는 것인데, 이를 위해서 희생하라고 요구받는 것은 여가와 오락을 위해 보내는 시간이다.

　반면에 현대 서구 사회에서 여성의 역할은 양육과 보호의 틀 안에서 이해되어왔다. 물론 여성운동들은 이러한 견해에 강력한 도전을 해왔지만, 자기의 역할을 이루기 위해서 여성들은 자기 자신보다는 다른 가족구성원들의 목표를 개발하는 것을 우선해야만 한다는 사고방식이 여전히 팽배하다. 그 결과 남성은 주체성에, 여성은 교제에 집중하는 경향이 있다. 일반적으로 남성은 그들의 자기감을 성취와 발전에 기반을 두는 반면에, 여성은 자신들의 정체성을 양육과 돌봄을 통해서 강한 관계를 형성하는 것에서 찾곤 한다.

비록 남성들 역시 절제되지 않은 교제에 전혀 해당되지 않는다고 볼 수는 없지만, 이 문제는 여성들에게서 훨씬 더 많이 찾아볼 수 있는 것이다. 여성은 다른 사람을 돌보느라고 자기의 개인적인 중심을 상실할 가능성이 남성들보다 훨씬 더 많다. 브리타 길-오스턴(Brita Gill-Austern)은 자신의 임상심리치료 상담에서 나누었던 대화를 예로 들면서 여성의 이러한 경향을 아주 잘 보여주고 있다. 앤은 자기가 속한 그룹에서 본인을 소개할 것을 상담가로부터 요청받았다.

> 앤: "저는 사람들을 돌봅니다. 간호사이지요. 엄마구요. 딸을 돌보고 있습니다. 저는 딸이구요. 지금 알츠하이머에 걸린 엄마를 보살피고 있어요. 지금 우리와 함께 살고 있답니다."
> 상담가: "자기 자신에 대해서 우리에게 말해 주세요."
> 앤: "저는 할 수 없어요. 제가 누구인지 잘 모르겠어요."[14]

길-오스턴은 "남성은 다른 사람과의 책임있는 유대감 대신에 "나"를 강화할 것을 요구받지만, 여성은 "우리"를 위해서 "나"를 희생하도록 배워왔다"라고 매우 적절하게 지적하고 있다.[15]

심리학적인 연구조사는 다른 사람을 돌보느라 자기를 상실하는 경향과 연관하여 어떤 건강하지 못한 심리적 역동성이 있다고 지적한 바 있다. 절제되지 않은 교제(이하 UC)에 관해서 비키 헤겔슨(Vicki Hegelson)과 헤이디 프리

---

14 M. Glaz and J. Stevenson Moessner, *Women in Travail and Transition* (Minneapolis: Fortress Press, 1991), 198. B. Gill-Austern의 "Love Understood as Self-Sacrifice", 305에서 인용함.

15 B. Gill-Austern, "Love Understood as Self-Sacrifice", 306.

츠(Heidi Fritz)가 실시한 일련의 연구는 다음과 같은 점들을 이끌어 내었다.[16] UC경향이 있는 사람들은 건강한 자기감이 부족하였다.

이 사실과 밀접하게 연관된 점은 이런 사람들이 우울증에 걸릴 가능성이 매우 높다는 것이다. UC 현상은 낮은 자기 존중감, 자기의 가치를 높이기 위해서 타인 의존하기, 그리고 대인관계에서 자기 소홀히 하기 등과 관련이 있다. 자기 존중감을 높이기 위해서 UC 성향이 있는 사람들은 다른 사람들의 삶에 지나치게 개입한다.

절제되지 않은 교제는 특정한 신학적이고 윤리적인 지침에 의해서 뒷받침 되는데, 그것은 바로 자기 희생을 사랑의 궁극적인 표현이라고 확고하게 믿는 것이다. 자기의 정체성과 가치를 거의 전적으로 다른 사람을 돌보고 섬기는 데서 찾는 기독교인은 자기 희생적 사랑의 신학에 의해 이런 건강하지 못한 방식을 취할 수밖에 없다. 그러나 더 적절하고 이상적인 사랑윤리는 서로 주고받는 상호성을 기반으로 한다. 자신을 잃어버리지 않으면서도 다른 사람에게 사랑을 표현하는 것을 목표로 하고, 목적은 창조적인 긴장 안에서 주체성과 교제, 둘 다 유지하는 데 있어야 한다. 사랑의 관계에서 상호성은 삼위일체 하나님의 생명 안에서 가장 완전하게 그리고 실제로 완벽하게 나타나고 있다.

---

16 Cf. H. L. Fritz and V. S. Hegelson, "Distinctions of Unmitigated Communion from Communion", and V. S. Hegelson and H. L. Fritz, "Unmitigated Agency and Unmitigated Communion".

3. 삼위일체와 교제

절제되지 않은 교제는 일반적인 교제와 확실하게 구분할 수 있다.[17] 교제는 긍정적인 형태를 띠며 타인을 위한 돌봄과 염려가 적절한 수준에서 이루어진다. 브리타 길-오스턴은 삼위일체론을 살펴보는 것이 관계에서 사랑을 표현하는 건강한 접근을 개발하는 데 도움이 된다고 제안한다.[18] 삼위일체에는 완전한 자기 내어줌이 있으며 다음과 같은 특징을 갖는다.

① 상호적이다.
② 차이와 개성을 존중한다.
③ 지배와 복종이란 전혀 없다.

그녀가 언급한 특징들은 매우 도움이 되는 것들이며 좀 더 살펴보는 것이 도움이 되리라 생각한다.

바칸이 지적한 요점은 주체성과 교제가 건강하고 균형 잡힌 삶을 살아가는 데 필요하다는 것이다. 삼위일체론과 연결시키고자 할 때, 이것을 직접적으로 우리의 경우와 나란히 놓고 비교하는 것은 적절하지 못하다. 삼위일체 하나님 안의 주체성을 언급하는 것은 분명히 부적절한 일이다. 신적인 삼위에는 자기 주장이나 자기 확장에 대한 압박감이 없다. 그리고 삼위는 완벽한 교제 속에서 서로 내재해 있지만, 각자의 독특성을 유지하고 있다. 사랑 안에서 서로 가깝게 이끄는 행위 속에서 그들은 또한 서로를 위한 공간을 마련해 준다.

---

17 Cf. ibid.
18 Cf. B. Gill-Austern, "Love Understood as Self-Sacrifice", 319.

신격 안에는 절대적인 통일성과 함께 특이성이 함께 존재한다. 신적인 삼위는 완벽한 조화 속에서 거하기 위해서 각자의 독특성과 정체성을 포기해야 할 필요가 없다. 삼위일체의 독특성을 이야기할 때마다, 세 위격들이 삼위에서 각각 세 개의 중심을 대표한다는 생각을 떨쳐버리기가 힘들다. 이러한 생각을 극복하는 방법은 삼위일체를 관계성의 맥락에서 보는 것이다. 성부, 성자, 성령은 독특한 일련의 관계를 나타낸다.

관계성은 캐서린 모우리 라쿠나(Catherine Mowry LaCugna)의 삼위일체 신학의 핵심 주제이다.[19] 라쿠나는 하나님의 관계적 신학을 교제에서의 위격이라는 개념으로 풀어간다. 그런 다음 그녀는 인간 존재의 진정한 본질을 밝히기 위하여 신격을 이용한다. 먼저 그녀는 삼위일체에서 각 위격은 고립되거나 자기 중심적인 실체가 아닌 것에 주목한다. 한 위격은 관계 안에서 존재한다. 여기서 라쿠나는 부버(Buber)나 로젠버그(Rosenzweig)와 맥머레이(MacMurray)와 같은 대화 철학자들에 의해서 처음으로 전개된 사상을 수용한다. 그들은 자아와 주관성보다 앞선 것이 나 - 너 관계라고 주장하였다.

이와 유사한 입장을 따르고 있는 테드 피터(Ted Peters)는 삼위일체는 절제되지 않은 주체성의 잘못된 점을 알려주고 있음을 지적한다.

> 우리의 정체성은 다른 사람과의 상호작용을 통해서 지속적으로 성장한다…자기 경계를 긋거나, 독립적인 개인, 사회에 반하여 홀로 선 고립된 개성 등의 이미지는 지나가 버렸다.[20]

---

19 Cf. C.M. LaCugna, *God for Us: The Trinity and Christian Life* (San Francisco: HarperSan Francisco, 1992)
20 T. Peters, *God as Trinity* (Louisville: Westminster/John Knox Press, 1993), 15.

삼위일체 신학을 통해서 라쿠나는 성부, 성자, 성령 삼위가 사랑의 교제 안에서 함께 어울릴 때 인간의 삶의 참된 본질과 의미가 나타나는 것이라고 지적하고 있다. 라쿠나는 삼위일체의 필수적인 의미는 하나님이 예수 그리스도 안에서 그리고 성령의 능력과 임재를 통해서 세상과 소통하는 것이라고 말하며, 그 목적은 인간을 비롯한 모든 창조물을 삼위와의 사랑의 교제 안으로 초청하려는 데 있다.

> 하나님이 완전하시다는 것은 그의 사랑, 교제, 특성이 완전하다는 것을 뜻한다. 신적인 완전함은 인간의 자기 공급과는 정반대이다. 그것은 다른 사람을 돕고 도움을 받는 존재가 됨으로써 자신의 존재와 행위에 있어서 절대적인 능력을 말한다. 살아계신 하나님은 관계 안에서, 창조물과의 교제 안에서, 그리고 모든 창조물과 연합하기를 원하시며 살아계시는 하나님이시다.[21]

하나님은 그리스도와 성령을 통하여 이 세상과 사랑 안에서 관계를 이루시며 하나님과 사랑의 교제를 나누라고 우리를 초대하신다. 데이비드 커닝햄(David Cunningham)은 위에서 언급한 하나님의 내적인 생명과 하나님과 우리 사이의 서로 맞물려지는 연결이라는 개념을 "생산"이라는 은유를 사용하여 설명한다.[22] 그는 거룩한 "생산"은 "자신을 생산하시는 하나님"과 "세상을 생산하시는 하나님"이라는 두 의미를 모두 포함한다고 보았다.

---

21 C.M. LaCugna, *God for Us*, p.304.
22 Cf. D. Cunningham, *These Three are One: The Practice of Trinitarian Theology* (Oxford: Blackwell, 1998), cha.2.

이 세상을 생산한다는 견해는 창조의 행위뿐만이 아니라, 말씀과 성령의 사명을 가리킨다. "자신을 생산하는 하나님"의 개념을 말하면서 커닝햄은 아퀴나스의 하나님 안에서의 진행과 관계의 사상을 언급하고 있다. 아퀴나스의 신학 체계에서 하나님은 "낳음"(말씀)과 "숨을 내 쉼"(성령)의 과정을 통해서 자신을 생산하다.[23] 이러한 과정은 번갈아 가며 낳고, 낳음을 입고, 숨을 내쉬고, 숨을 받는 등의 네 개 형태의 "실제 관계"를 함축하고 있다.

그러나 말씀과 성령을 통한 행위는 생산되는 것이기 때문에 사실은 세 개의 독특한 관계로 압축할 수 있다. (낳는 것과 숨을 내쉬는 것은 똑같은 일반적 유형이다.) 따라서 세 개의 독특한 관계들은 낳고(숨을 내쉬는 것을 포함한다), 낳음을 입고, 그리고 숨을 받는 것이다. 여기서 아퀴나스가 묘사하고 있는 것은 삼위일체를 뜻하는 관계의 네트워크이다. 이 독특한 관계를 묘사하기 위해서 그가 사용했던 용어는 자립성(subsistent)이다. 여기서 자립성이란 삼위 존재의 근거가 바로 그들 자체라는 것을 의미한다. 하나의 관계의 각 끝에는 어떤 위격도 없다. 즉, 성부, 성자와 성령은 관계로만 이해해야 한다.

아퀴나스는 이런 관계들의 자립성은 세 위격이 하나의 신적인 실체와 동일하다는 사실로 설명될 수 있으며, 하나의 신적인 실체는 그 자체가 자기 존재의 근거라고 계속해서 말한다. 세 위격이 스스로 자기 존재의 근거가 되는 하나의 신적인 실체로서 동일하기 때문에 세 위격의 관계가 존재한다. 삼위일체가 세 개의 "무언가"로 이루어져 있으며 관계를 형성하는 것이 아니라, 온전히 자립 관계를 이루는 하나의 네트워크라는 그의 주장은 매우 커다란 공헌을 하고 있음에도 불구하고, 그의 신학 사상이 신성을 형이상학적으로 다루고 있다

---

23 Cf. Aquinas, *Summa Theologiae*, Ia. 2, 1-5. 나는 다음의 번역판을 사용하였다. T. Gilby (London: Eyre & Spottiswoode, 1964, 1965).

는 비판을 받고 있다. 형이상학적인 관점보다는 삼위 하나님에 대한 보다 역동적인 이해가 있어야 한다는 것이다.

폴 피데스(Paul Fiddes)는 보다 역동적인 하나님 이해를 위해서 하나님이라는 개념을 "관계들의 사건"으로 이해하려고 하였다.[24] 그는 우리는 "관계의 움직임" 이나 "하나의 사건 안에 내재하는 관계의 세 움직임"을 주목해야 할 것을 제시하였다.[25] 물론 세 개의 서로 얽혀있는 관계를 상상하거나 시각화할 방법은 없다. 우리는 관계를 떠올릴 때 자연스럽게 교제 안에서 공유하는 두 대상을 그린다.

우리가 하나님의 내적 생명을 그리지 못한다는 사실이 그리 나쁜 일은 아니지만, 하나님은 그저 다른 모든 것과 나란히 하나 더 있는 존재가 아니다. 심지어 하나님을 지고의 존재로 묘사하는 것도 정확한 것은 아니다. 하나님의 실체를 설명하고 이해하려는 모든 시도는 시간과 영원성 사이에는 무제한적인 질적인 차이가 있음을 인식하지 못하고 있다는 것을 나타낼 뿐이다(키에르케고르). 하나님은 절대적인 타자로서 존재하시며, 그러한 하나님이기에 인간이 만드는 그 어떤 객관화도 초월하시는 분이시다.

커닝햄은 "관계의 사건"을 설명하기 위해서 참여(participation)란 용어를 사용한다. 이 용어를 사용하면서, 그는 신적인 생명은 무엇보다도 상호내주의 사건이라고 지적한다. 초기 그리스 시대의 신학자들은 삼위일체를 설명하기 위해서 상호내주(이하, perichoresis〈페리코레시스〉)라는 용어를 사용하였다.

---

24 Cf. P. Fiddes, *Participating in God: A Pastoral Doctrine of the Trinity* (LOndon: Darton, Longman, and Todd, 2000), 36ff.
25 Ibid., 36.

[Perichoresis는] 서로 안에 있는 존재, 혼란 없는 침투를 의미한다. 그 어떤 위격도 홀로 존재하지 않으며 자기 자신에게 속하지 않는다.[26]

서로 안에 있는 존재의 개념을 묘사하는 다른 용어들은 상호 침투와 "상호 참여"이다.[27] 신적인 위격은 사랑과 자기 내어줌이라는 친밀감 안에서 서로 참여한다.

Perichoresis의 의미를 표현하기 위해서 일반적으로 춤추는 모양의 비유를 사용한다. 세 위격이 지속적으로 사랑의 움직임 속에서 함께 춤을 춘다.

> 사랑 안에서 성부와 성자는 무용수처럼 성령의 음악에 맞추어 서로 뒤엉키는 것이다.[28]

이 춤에는 영원한 질서와 균형이 존재하지만, 동시에 다양성이 있다.

춤추는 모양 비유와 연관된 역동성의 함축은 perichoresis를 번역하는 데 사용하였던 두 개의 라틴어 단어 가운데 첫 번째 단어, 즉, 키르쿠밍케시오(circumincessio)에서 가지고 왔다.[29] 이 단어는 다른 위격의 삶 속에서 세 위

---

26 C.M. LaCugna, *God for Us*, 271.
27 D. Cunningham, "Participation as Trinitarian Virtue", *Toronto Journal of Theology* 14, no.1 (1998), 7-25, 19.
28 T.J. Scirgha, "The Trinity: A Model for Belonging in Contemporary Society", *The Ecumenical Review* 54, no.3 (2002), 333-342, 334.
29 circumincessio와 circumsessio 에 대해서는 다음을 참조하라. R. Leupp, *Knowing the Name of God: A Trinitarian Tapestry of Grace, Faith and Community* (Downer's Grove: InterVarsity Press, 1995), 161-162; and J. Moltmann, "Perichoresis: An Old Magic Word for a New Trinitarian Theology", in M.D. Meeks (ed.) *Trinity, Power, and Community* (Nashville: Kingswood Books, 2000), 114.

격이 계속적으로 움직이는 것을 뜻한다. 다른 라틴 단어는 키르쿠민세시오(circuminsessio)이다. 이 단어 역시 상호거주를 뜻하지만, 상호거주를 하나의 완전한 행위로 본다. 상호거주의 행동 안에서 그리고 그러한 행동을 통해서 사랑에 대한 필요성이 완전하게 만족되며 신적인 세 위격들은 서로 안에서 쉬는 것이다.

참여는 신적이고 인간적인 덕목이다. 만약 삼위일체론이 우리 인간 존재의 본질에 대해서 가르쳐준다면, 그것은 코이노니아(koinonia)가 진정한 삶의 중심이라는 사실이다. 주체성과 개인적인 자유는 중요하지만, 이들 가치들이 독자적으로 다루어지지 않도록 해야만 한다. 주체성은 교제에 의해서 절제될 필요가 있다. 커닝햄은 이에 대해 다음과 같이 말한다.

> 참여를 말할 때 가장 중요한 점은 인간은 그들 자신을 이해해야만 하는데, 그러한 이해는 다른 사람과의 관계에 들어가기를 선택하거나 선택하지 않는 "개인"으로서가 아니라, 상호거주하고 있는 존재로서 이해해야 한다는 것이다. 이러한 이해는 세 위격의 상호거주가 보여주고 있는 것처럼, 인간은 완전히 독립적인 존재라는 허위가 사라질 정도로 인간에 대한 이해가 필요하다는 것을 참여의 개념은 우리에게 알려준다.[30]

참여는 바칸과 그의 생각을 지지하는 심리학자들이 교제라고 부른 것에 대해서 말하는 용어상의 차이일 뿐, 기본 개념은 동일하다. 참여는 타인과 관계를 맺는 인간의 존재 양식이며 사랑을 주고받는 것은 어느 것보다도 높은 우

---

30 D. Cunningham, "Participation", 10.

선순위를 차지한다. 삼위일체론은 인간 사이의 삶에 대한 건강한 접근을 분별하는 데 더 큰 도움이 될 수 있다. 삼위 하나님의 생명에는 상호적인 내재가 있으며, 또한 각 위격이 될 수 있는 공간이 있다.

성부와 성자와 성령은 각각의 개성과 특성을 유지하며 사랑의 친밀감 속에서 서로 참여한다. 진지하고 깊은 친밀감의 관계를 통하여 세 위격들이 "스스로 자원해서 상실"하는 것은 의심의 여지가 없다. 또한 그 어떤 통제나 지배의 증후도 없다. 위르겐 몰트만은 세 위격들이 완전한 사랑의 친밀감 안에서 서로를 가깝게 이끌며, 동시에 서로에게 열린 공간을 마련해 준다고 보았다. 이 공간에서 신적인 위격들은 자신을 안전하게 내어주는 데 자유로우며 각각 자신의 존재가 되는 데도 자유롭다. 그는 다음과 같이 말한다.

> 신적인 위격들은 그들의 상호내주를 위하여 서로 삶의 공간을 열어줌으로써 서로를 위해서 거주할 수 있도록 한다고 말한다. 각 위격은 거주하며 동시에 공간을 서로에게 내어준다.[31]

4. 교제와 사랑윤리

삼위일체론을 하나의 모델로 살펴보면서 진정한 사랑은 상호성의 정신을 가지며 동시에 주는 것이라는 점을 분명히 하였다. 또한 삼위일체론에는 주고받는 것 모두 포함한다. 각 위격은 자신의 개인적인 중심을 유지하면서 완전

---

31 J. Moltmann, "Perichoresis", 114.

히 준다. 타인을 위한 사랑과 돌봄의 헌신은 그 과정에서 자기 자신을 상실하지 않아야만 한다. 만약 "우리"를 이루면서 "자기"를 유지하려면, 타인에 대한 관심과 자기에 대한 관심이 균형을 이룰 필요가 있다.

만일 타인을 자기 자신보다 덜 사랑한다면, 나는 이기주의에 사로잡혀 있는 것이다. 만일 타인을 자기 자신보다 더 사랑한다면, 나는 낮은 자존감에 의해 상처받고 있다고 할 수 있다. 긍정적인 사랑윤리를 위해 필요한 것은 공평한 존중이다.

1) 공평한 존중

진 아웃카(Gene Outka)는 공평한 존중의 원리를 풀어가는 데 매우 유익한 신학적인 근거를 제공한다.[32] 그는 우리는 타인을 사랑해야 하는 것과 같은 이유로 우리 자신을 사랑해야만 한다고 말한다. 모든 사람은 단지 하나님의 자녀이기 때문에 사랑받아야만 한다는 생각은 나 자신과의 관계에도 적용된다. 타인은 나 자신보다 더 혹은 덜 나의 사랑을 받아서는 안 된다. 나는 타인과 나 자신에게 똑같이 관심을 기울여야만 한다.

아웃카는 다음과 같이 자신의 주장을 전개한다. 기독교인은 타인을 사랑하라는 부름을 받았다. 우리가 좋아할 만하거나, 또는 뭔가 이익이 되는 일을 한 사람들 뿐만이 아니라, 모든 사람을 사랑하라고 우리는 부름을 받은 것이다. 단지 우리가 "좋아하는" 사람만 사랑하는 것은 우리에게 주어진 일이 아니다. 우리는 하나님이 우리에게 주신 한 사람 한 사람 그리고 모든 사람을 사랑해

32　Cf. G. Outka, *Agape: An Ethical Analysis* (New Haven: Tale University Press, 1972), esp. 9-16 and 290-291, and idem, "Universal Love and Impartiality".

야 한다. 이것은 우리는 하나님의 자녀라는 신학적인 근거에 기초를 둔다. 모든 사람은 하나님의 형상으로 창조되었다. 예수님이 대신 죽은 사람이다. 모든 사람은 각자 고유한 존엄성과 가치를 가지고 있다는 것이다.

하나님이 신적인 사랑의 선물을 통해서 그 가치를 인정하신 것처럼, 우리도 그 가치를 인정해야 한다. 하나님은 편애하는 사람이 없으며, 우리도 그렇게 해야 한다. 아웃카가 공명정대의 원리를 언급한 것은 바로 이러한 신학적인 근거를 가진다. 우리는 단지 다른 사람을 하나님의 눈으로 바라보기 때문에 그들을 사랑한다. 즉, 모든 사람은 사랑으로 창조되었으며 십자가에서 돌아가신 예수님이라는 사랑의 선물을 받았다.

아웃카는 똑같은 신학적 근거를 우리 자신에게도 적용할 필요가 있다고 말한다. 다른 사람을 사랑하는 것과 똑같은 이유로 우리 자신을 사랑한다. 그러므로 "공평한 존중"의 원리가 있는 것이다. 다른 사람을 사랑하는 것보다 더도 말고 덜도 말고 공평하게 자기를 사랑해야 한다.

돈 브라우닝은 아웃카의 제안을 수용하여 많은 상황에서 발전시켜 나갔다.[33] 그는 공평한 존중의 원리는 한편으로는 자립, 다른 한편으로는 자기 희생이라는 양극단 사이의 중간지점을 이룬다는 유용한 지적을 하였다. 자립이나 사랑의 자기 실현 모델은 일단 자기 사랑을 먼저 하며, 그 후에 이웃사랑이 필연적으로 이어지는 것으로 가정한다. 즉, 관심의 초점은 주로 자기 성취와 어떤 특별한 행동이나 관계가 그것에 어느 정도 도움이 되는지의 여부이다.

이와 정반대의 입장에 있는 것은 다른 사람을 위해서 자기를 희생하는 데

---

33 Cf. D. Browning, *Religious Thought and the Modern Psychologies*, 150-156; D. Browning and C. Browning, "The Church and the Family Crisis: A New Love Ethics", *The Christian Century* 108, no.23 (Aug. 7, 1991), 746-749.

필요한 사랑의 이해이다. 브라우닝은 공평한 존중 접근이 위의 다른 두 모델로부터 유용한 가치를 얻었으며 두 모델에서 나타나는 과도한 점들을 피할 수 있도록 한다고 말한다. 공평한 존중의 원리에 따라 사는 사람은 자신의 필요성이나 요구만큼 진지하게 다른 사람의 그것도 받아들인다. 다른 사람의 욕구도 매우 중요한 것으로 인식하며, 반면에 자기 자신의 필요성 또한 매우 중요하게 여긴다. 다른 사람에 대한 사랑과 자기 사랑을 똑같은 무게로 취급해야 하는 것이다.

2) 이상적인 관계로서의 상호 내어줌

공평한 존중의 원리는 관계에 있어서 상호 내어줌의 윤리와 밀접한 관련이 있다. 만일 자신과의 관계에서 건강한 자기 사랑을 가지고 있다면, 내가 그에게 주듯이 다른 사람도 나에게 줄 것을 기대할 것이다. 스테판 포스트(Stephen Post)는 상호적인 사랑은 대인관계를 위해서 가장 필요한 적절한 기본 규범이라는 자신의 견해를 뒷받침하기 위해 설득력 있는 논증을 전개한다.[34] 그는 상호적인 사랑을 "교제"로서 언급한다. 참다운 자기 사랑은 하나님, 자기, 그리고 타인을 포함하는 3자 사이의 교제에 대한 갈망을 통해서 표현된다고 주장한다.[35]

우리는 자신의 욕구와 열망을 추구하지만, 그러한 욕구와 갈망은 삶을 함께 공유하는 사람들의 요구와 갈망에 대한 사랑의 헌신이라는 상황에서 이루어질 때 가치가 있는 것이다. 포스트는 그러한 상호적인 사랑은 많은 사람이 믿

34　S. Post, "The Inadequacy of Selflessness", 213.
35　Cf. S. Post, "The Inadequacy of Selflessness," 213.

고 있는 것처럼, 헌신적인 사랑보다 못하지 않다.

> 교제(주고 받는 사랑)가 지니는 도덕적 탁월함의 가치를 너무나 자주 잃어버린다…흔히 헌신적인 사랑이…교제보다 도덕적으로 우위에 있으며 "기독교인"이라고 부를 만한 가치를 지닌 유일한 잣대라고 생각한다. 우리 각자가 상호성의 과정을 통해서 성형할 수 있도록 하는 교제의 균형이 정말 너무나 드문 헌신적인 사랑을 위해서 옆으로 밀려난다. 그러나 우리가 보기에 삼위적 교제의 맥락에서 자신에게 좋은 것을 추구하는 "진정"하고 적절한 자기 사랑은 이기심(자기만의 이익을 추구하는)과 자기 도취, 이 둘과 분별할 수 있다.[36]

포스트는 삼위적 교제의 맥락에서 자기에게 좋은 것을 추구하는 것은 정당한 행위라고 주장한다. 그러한 자기 사랑은 이기심과 자기 도취와 구분되어야 한다. 이기심은 타인의 이익에는 적절한 관심을 기울이지 않은 채 자기 자신만의 이익을 추구하는 것을 뜻한다. 그러나 우리가 교제의 삶에 헌신하게 될 때, 타인의 욕구와 갈망에 적절한 관심을 나타나게 된다.

반면에 자기 도취에 빠진 사람은 타인들과 교제를 쉽게 가질 수 없다. 그는 자기 자신에게 너무나 빠져 있기 때문에 타인에 대해서 깊이 알려는 데 전혀 관심이 없는 것이다. 이에 비해서, 개인적인 성취의 가치는 상호성의 관계를 통해서 추구된다. 우리는 우리 자신을 위한 성취를 바라지만, 이와 동일하게 타인도 그의 성취를 이루도록 돕는 데 관심을 가진다.

---

36 S. Post, ibid., 345.

포스트는 사랑을 자기에 대한 모든 관심을 다 없애버리는 것이라는 이상적인 생각은 신적인 사랑을 잘못 이해하는 데서 기인한다고 지적한다. 자기 관심이 이기심과는 아주 다른 것이라는 사실을 인식하는 것은 중요하다. 자기에 대한 관심과 자기가 필요한 것을 돌보는 것은 정당한 것이다. 우리와 하나님과의 관계는 무관심으로 이루어지지 않는다. 하나님은 인간과 교제를 나누는 상호적인 선에 많은 관심을 가지고 계신다. 하나님이 인간에게 제시하셨던 교제가 거절당했을 때 하나님이 종종 비통을 느끼셨다는 사실을 성경에서 찾아볼 수 있다. 하나님의 사랑이 인간에 대한 무관심에 기초를 두고 있다면, 그것이야말로 전혀 논리에 맞지 않는 말이다. 신적인 사랑처럼, 인간의 사랑은 자기에 대한 관심을 어느 정도 적절하게 포함하고 있는 것이다.

3) 보편적인 사랑

공평한 존중과 교제는 적절한 사랑윤리에서 중요한 요소들이다. 아웃카는 이 외에도 자신이 이름 붙인 "보편적인 사랑"도 있음을 인식하는 것은 중요하다고 지적하고 있다.[37] 비록 보편적인 사랑이 공명정대와 밀접하게 연관되지만, 타인을 위한 삶을 살고자 하는 기독교인의 헌신을 실현하기 위해서는 그 이상을 생각해 보아야 한다. 즉, 그는 십자가를 지는 것의 중요성을 말하고 있는 것이다.

비록 "보편적인 사랑"이라는 용어를 사용하고 있지는 않지만, 브라우닝이 이 원리의 중요성을 분명하게 인식하고 있다는 점을 지적하고 싶다. 그는, "자기 희생과 십자가가 우리에게 요구하는 것이 여전히 사랑윤리에도 요구된다.

---

[37] Cf. G. Outka, "Universal Love and Impartiality".

때때로 우리의 사랑에 대해서 대가를 충분히 돌려받지 못하는 상황에서도 사랑해야만 하는 것이다."[38]

아웃카는 공명정대의 원리의 한계를 네 가지로 요약하였다.[39] 이 중에서 우리의 주제와 특히 관련이 있는 것은 처음 나오는 두 개다.

첫째, 공명정대는 아가페에 들어있는 타인에 대한 전적인 관심을 찾아볼 수 없다.

둘째, 사람들이 이타주의보다 이기심에 더 유혹당하고 있다는 사실을 공명정대의 개념은 심각하게 고려하지 않는다.

아웃카는 이타주의가 자기 사랑을 거부하는 급진적인 형태를 취한다면 이를 받아들이지 않는다는 조건에서는 공명정대를 받아들일 수도 있다고 말한다.

그러나 위에서 언급한 공명정대에 대한 두 반론을 진지하게 숙고하면서, 그는 우리는 공명정대를 뛰어넘어 자기 자신에서 벗어나 타인을 향한 관심으로 방향을 바꿀 필요가 있다고 제안하였다.[40] 타인의 필요성과 우리 자신의 필요성 사이에서 갈등할 경우 공평하게 일을 처리하는 데 많은 어려움을 느끼는 우리의 경향을 고려해 볼 때, 우리는 다른 사람에게 좋은 방향으로 지향할 필요가 있다.

요약하면, 교제에 대한 이상적인 기독교적인 모습은 상호적인 내어줌이다. 관계에서 목표로 삼아야 하는 것은 사랑을 주고받는 것이다. 확실한 것은 다른 사람에게 필요한 사랑과 돌봄을 제공하기 위하여 우리 자신과 우리가 필요

---

38 Cf. D. and C. Browning, "The Church and the Family Crisis", 749.
39 Cf. G. Outka, "Universal Love and Impartiality", 4ff.
40 Cf. ibid., 80ff.

한 것을 잠시 내려놓기를 요구받는 때가 있다는 점이다. 자기 희생은 교제에서 중요한 역할을 한다. 더 나아가, 타인과 관계를 맺을 때 우리 자신의 이익에 관심을 두는 것은 합당함에도 불구하고, 우리 모두는 정당하다고 인정되는 정도보다도 더 많이 자신의 이익에 관심을 갖는 죄된 경향이 있음을 기억할 필요가 있다. 그러므로 우리는 타인에 대해서 좀 더 많은 관심을 기울일 필요가 있다.

5. 예배와 교제 안에서 자기 유지하기

예배를 통해서 가르쳐야 할 것은 바로 신학적 원리와 가치들이다. 여기서 제안하고 있는 것이 사랑과 자기 내어줌을 주제로 한 찬송을 선택하고 설교를 준비하는 데 유용한 지침이 되기를 바란다. 지금까지 말한 것을 더 자세하게 논의할 필요는 없을 것이다. 지금까지 전개되어 온 원리들을 어떻게 적용할 것인지를 결정하는 것은 독자의 몫이다. 마지막으로 아래에 나오는 기도문을 소개함으로써 끝을 맺고자 한다. 물론 하나의 기도문 안에 복잡한 신학적 논의의 차이들을 전부 담을 수는 없다. "사랑의 기도문"을 통해서 지금까지 전개해 왔던 사랑윤리의 중요 강조점을 요약하고자 한다.

사랑의 기도문

사회자:

사랑은 우리에게 주어진 선물입니다.

예수님은 받은 사랑을 관대하게 나누어 주라고

우리를 부르셨습니다.

기꺼이 그럴 수 있나요?

회중들:

하나님의 은혜로, 우리는 그렇게 하겠습니다.

사회자:

사랑은 다른 사람의 필요에 관심을 갖습니다.

우리를 인도하시는 성령님이 기다리고 계십니다.

성령님의 부르심에 응답하시겠습니까?

회중들:

하나님의 은혜로, 우리는 그렇게 하겠습니다.

사회자:

사랑은 희생이 따릅니다.

예수님은 자기 자신을 부인하고 십자가를 지라고 우리를

부르셨습니다.

그럴 준비가 되어 있나요?

회중들:

하나님의 은혜로, 우리는 그렇게 하겠습니다.

사회자:

사랑은 단지 다른 사람을 위하는 것만이 아닙니다.

하나님은 우리가 또한 자기 자신을 사랑하기를 원하십니다.

그럴 준비가 되어 있나요?

회중들:

하나님의 은혜로, 우리는 그렇게 하겠습니다.

사회자:

사랑은 자기와 다른 사람에게 똑같이 관심을 가지는 것입니다.

하나님은 우리가 다른 사람을 사랑하고 섬기듯이 우리 자신을 돌보기를 원하십니다.

당신은 그분을 따르겠습니까?

회중들:

하나님의 은혜로, 우리는 그렇게 하겠습니다.

사회자:

다른 사람과 자기에 대한 관심은 균형을 이루어야 합니다.

예수님은 이기심을 조심하라고 우리를 경계하십니다.

그럴 준비가 되어 있나요?

회중들:

하나님의 은혜로, 우리는 그렇게 하겠습니다.

사회자:

위대하고 은혜가 풍성하신 하나님,

성부, 성자, 성령 하나님,

오늘 우리는 사랑의 섬김에 대한 우리의 헌신을 새롭게 합니다.

다른 사람을 사랑하지 못한 우리의 실수를 용서하여 주십시오.

우리에게 하나님의 은혜를 주셔서 우리 자신을 좀 더 풍성하게

내어줄 수 있도록 도와주십시오.

다른 사람을 관대하게 돌보듯이,

또한 우리 자신을 돌보게 하여 주십시오.

다른 사람을 위한 사랑과 우리 자신을 위한 사랑이 균형을

유지하도록 도와 주십시오.

모두: 아멘.

Pastoral Care in Worship

참고문헌

Adams, M.M., *Wrestling for Blessing* (London: Darton, Longman & Todd,2005).
Aden, L.H. and Hughes, R.G., *Preaching God's Compassion* (Minneapolis:Fortress Press, 2002).
Allen, R.J., *Preaching and Practical Ministry* (St. Louis: Chalice Press, 2001).
Ames, D.R. and Flynn, F.J., "What Breaks a Leader: The Curvilinear Relation Between Assertiveness and Leadership," *Journal of Personality and Social Psychology* 92, no. 2 (2007), 307–324.
Anderson, E.B., *Worship and Christian Identity: Practicing Ourselves* (Collegeville:Pueblo Books, 2003).
Aquinas, T., *Summa Theologiae: Vol. 2.*, trans. T. Gilby et al. (London: Eyre & Spottiswoode, 1964, 1965).
Assembly of the Uniting Church in Australia, *Uniting in Worship 2* (Sydney:Uniting Church Press, 2005).
Atkins, P., *Memory and Liturgy* (Aldershot: Ashgate, 2004).
Augustine, *City of God* (London: Dent, 1945).
_____, "The Punishment and Forgiveness of Sins and the Baptism of Little Ones," in *Answer to the Pelagians* I, in J. Rotelle (ed.) *The Works of St. Augustine*, Part I, vol. 23 (New York: New City Press, 1990).
_____, *Confessions*, trans. Henry Chadwick (Oxford: Oxford University Press,1991).
Ausubel, D., "Relationships between Shame and Guilt in the Socializing Process," *Psychological Review* 62, no.15 (1955), 379–390.
Averill, J.R., *Anger and Emotion: An Essay on Emotion* (New York:

Springer-Verlag, 1982).
Babcock, M. and Sabini, J., "On Differentiating Embarrassment from Shame," *European Journal of Social Psychology* 20 (1990), 151–169.
Bakan, D., *The Duality of Human Existence: Isolation and Communion in Western Man* (Boston: Beacon Press, 1966).
Barth, K., *Church Dogmatics* IV.1 (Edinburgh: T&T Clark, 1951).
_____, *Church Dogmatics* IV.2 (Edinburgh: T&T Clark, 1958).
_____, *Church Dogmatics* III.3 (Edinburgh: T & T Clark, 1960).
_____, *Church Dogmatics* III.4 (Edinburgh: T & T Clark, 1961).
Batson, C.D., Kobrynowicz, D., Dinnerstein, J.L., Kampf, H.C., and Wilson,A.D., "In a Very Different Voice: Unmasking Moral Hypocrisy," *Journal of Personality and Social Psychology* 72, no. 6 (1997), 1335–1343.
Batson, C.D., Thompson, E.R., Seuferling, G., Whitney, H., and Strongman,J.A., "Moral Hypocrisy: Appearing to be Moral to Oneself without Being so," *Journal of Personality and Social Psychology* 77, no. 3 (1999), 525–537.
Batson, C.D., Thompson, E.R., and Chen, H., "Moral Hypocrisy: Addressing Some Alternatives," *Journal of Personality and Social Psychology* 83, no. 2 (2002), 330–339.
Bauman, Z., "Morality in the Age of Contingency," in P. Heelas, S. Lash and P. Morris . (eds) *Detraditionalization* (Oxford: Blackwell Publishers, 1996),49–58.
Beck, A.T., *Depression: Clinical, Experimental, and Theoretical Aspects* (New York:Harper & Row, 1967).
Beck, J., *Cognitive Therapy: Basics and Beyond* (New York: The Guilford Press,1995).
Beck, U. and Beck-Gernsheim, E., *Individualization* (Thousand Oakes: SAGE Publications, 2002).
Bednar, G.J., *Faith as Imagination: The Contribution of William F. Lynch* (Kansas City: Sheed & Ward, 1996).
Biddle, M., *Missing the Mark: Sin and Its Consequences in Biblical Theology* (Nashville: Abingdon, 2005).
Billington, R., *Understanding Eastern Philosophy* (London: Routledge, 1997).
Billman, K.D. and Migliore, D.L., *Rachel's Cry: Prayer of Lament and*

Rebirth of Hope (Cleveland: United Church Press, 1999).
Blumenthal, D., *Facing the Abusing God: A Theology of Protest* (Louiseville:Westminster John Knox Press, 1993).
_____, "Liturgies of Anger," *CrossCurrents* 52, no. 2 (2002), 178–199.
Bohart, A., "Role Playing and Interpersonal-Conflict Reduction," *Journal of Counseling Psychology* 24, no. 1 (1977), 15–24.
Boulton, M., "Forsaking God: A Theological Argument for Christian Lamentation," *Scottish Journal of Theology* 55, no. 1 (2002), 58–78.
Bregman, L. and Thiermann, S., *First Person Mortal: Personal Narratives of Dying, Death, and Grief* (New York: Paragon House, 1995).
Brewer, M.B. and Gardner, W., "Who is this 'We'? Levels of Collective Identity and Self Representations," *Journal of Personality and Social Psychology* 71, no. 1 (1996), 83–93.
Browning, D., *The Moral Context of Pastoral Care* (Philadelphia: The Westminster Press, 1976).
_____, *Religious Thought and the Modern Psychologies* (Philadelphia: Fortress Press,1987).
Browning, D. and Browning, C., "The Church and the Family Crisis: A New Love Ethic," *The Christian Century* 108, no. 23 (Aug 7, 1991), 746–749.
Brueggemann, W., *The Message of the Psalms* (Minneapolis: Augsburg,1984).
_____, "A Shape for Old Testament Theology I: Structure Legitimation," *Catholic Biblical Quarterly* 47 (1985), 28–46.
_____, "A Shape for Old Testament Theology, II: Embrace of Pain," *Catholic Biblical Quarterly* 47 (1985), 395–415.
_____, *Hope within History* (Atlanta: John Knox Press, 1987).
_____, "Prerequisites for Genuine Obedience: Theses and Conclusions," *Calvin Theological Journal* 36 (2001), 34–41.
_____, "The Friday Voice of Faith," *Calvin Theological Journal* 36, no. 1 (2001), 12–21.
Buckman, R., *I Don't Know What to Say* (Melbourne: Sun, 1990).
Buss, D.M., "Unmitigated Agency and Unmitigated Communion: An Analysis of the Negative Components of Masculinity and Femininity," *Sex Roles* 22, nos 9/10 (1990), 555–568.
Byars, R., *The Future of Protestant Worship* (Louisville: Westminster John

Knox Press, 2002).
Calvin, J., *Institutes of the Christian Religion*, trans. Henry Beveridge (Grand Rapids: Eerdmans, 1989).
Campbell, C., "Detraditionalization, Character, and the Limits of Agency," in P. Heelas, S. Lash, and P. Morris (eds), *Detraditionalization* (Oxford:Blackwell Publishers, 1996), 149–169.
Capps, D., *Life Cycle Theory and Pastoral Care* (Minneapolis: Fortress Press,1983).
_____, *The Depleted Self: Sin in a Narcissistic Age* (Minneapolis: Fortress Press,1993).
_____, *Agents of Hope: A Pastoral Psychology* (Minneapolis: Fortress Press, 1995).
Carney, S., "God Damn God: A Reflection on Expressing Anger in Prayer," *Biblical Theology Bulletin* 13 (1983), 116–120.
Carter, W., *Matthew and the Margins* (Sheffield: Sheffield Academic Press,2000).
Casarella, P., "Eucharist: Presence of a Gift," in R.A. Kereszty (ed.) *Rediscovering the Eucharist* (Mahwah: Paulist Press, 2003), 199–225.
Charry, E.T., "Sacraments for the Christian Life," *The Christian Century* (Nov 15, 1995), 1076–1079.
_____, "May We Trust God and (Still) Lament? Can We Lament and (Still) Trust God?" in S.A. Brown and P.D. Miller (eds) *Lament: Reclaiming Practices in Pulpit, Pew, and Public Square* (Louisville: Westminster John Knox Press,2005), 95–108.
Christ, C., "Expressing Anger at God," *Anima* 5 (1978), 3–10.
Clebsch, W.A., and Jaekle, C.R., *Pastoral Care in Historical Perspective* (Englewoods Cliffs: Prentice-Hall, 1964).
Clements, R.E., *Jeremiah* (Atlanta: John Knox Press, 1988).
Clinebell, H., *Basic Types of Pastoral Care and Counseling*, rev. edn (Nashville:Abingdon Press, 1984).
Corr, C.A., "A Task-Based Approach to Coping with Dying," *Omega: Journal of Death and Dying* 24, no. 2 (1991–1992), 81–94.
Corr, C.A., Nabe, C.M., and Corr, D.M., *Death and Dying, Life and Living*,5th edn (Belmont: Thomson Wadsworth, 2006).
Crichton, J.D. , "A Theology of Worship," in C. Jones, G. Wainwright, and E. Yarnold (eds) *The Study of Liturgy* (London: SPCK, 1985),

1–29.

Cunningham, D., "Participation as a Trinitarian Virtue," *Toronto Journal of Theology* 14, no. 1 (1998), 7–25.

_____, *These Three are One: The Practice of Trinitarian Theology* (Oxford: Blackwell,1998).

Dawn, M., *Reaching Out without Dumbing Down* (Grand Rapids: Eerdmans,1995).

Delamater, R.J., and McNamara, J.R., "Perceptions of Assertiveness by Women Involved in a Conflict Situation," *Behavior Modification* 15, no. 2 (1991), 173–193.

De Spelder, L.A., and Strickland, A.L., *The Last Dance: Encountering Death and Dying*, 6th edn (Boston: McGraw Hill, 2002).

Duff, N.J., "Recovering Lamentation as a Practice of the Church?" in S.A. Brown and P.D. Miller (eds) *Lament: Reclaiming Practices in Pulpit,Pew, and Public Square* (Louisville: Westminster John Knox Press, 2005),3–14.

Dulles, A., "The Eucharist and the Mystery of the Trinity," in R.A. Kereszty (ed.) *Rediscovering the Eucharist: Ecumenical Conversations* (Mahwah: Paulist Press, 2003), 226–239.

Ellens, J.H., "Sin or Sickness: The Problem of Human Dysfunction," in *Seeking Understanding: The Strob Lectures, 1986–1998* (Grand Rapids: Eerdmans,2001), 439–489. Falla, T.C., *Be Our Freedom Lord*, 2nd edn (Adelaide:OpenBook Publishers, 1994).

Fiddes, P., *Participating in God: A Pastoral Doctrine of the Trinity* (London:Darton, Longman, and Todd, 2000).

Fodor, J., "Reading the Scriptures: Rehearsing Identity, Practicing Character," in S. Hauerwas and S. Wells (eds) *The Blackwell Companion to Christian Ethics* (Oxford: Blackwell, 2004), 141–155.

Ford, D., *Self and Salvation: Being Transformed* (Cambridge: Cambridge University Press, 1999).

Fowler, G., *Caring Through the Funeral* (St. Louis: Chalice Press, 2004).

Fowler, J., *Faithful Change: The Personal and Public Challenges of Postmodern Life* (Nashville: Abingdon Press, 1996).

Fritz, H.L., and Hegelson, V.S., "Distinctions of Unmitigated Communion from Communion: Self-Neglect and Overinvolvement with Others," *Journal of Personality & Social Psychology* 74, no. 1

(1998), 121–140.
Gee, E., *The Light Around the Dark* (New York: National League for Nursing Press, 1992).
Gergen, K.J., *The Saturated Self* (New York: Basic Books, 2000).
Gervasio, A.H., "Assertiveness Techniques as Speech Acts," *Clinical Psychology Review* 7 (1987), 105–119.
Giddens, A., "Living in a Post-Traditional Society," in U. Beck, A. Giddens, and S. Lash (eds) *Reflexive Modernization* (Cambridge: Polity Press, 1994), 56–109.
Gilbert, P., "What is Shame? Some Core Issues and Controversies," in P. Gilbert and B. Andrews (eds) *Shame: Interpersonal Behavior, Psychopathology, and Culture* (Oxford: Oxford University Press, 1998), 3–38.
Gill-Austern, B., "Love Understood as Self-Sacrifice: What Does It Do to Women?" in J.S. Moessner (ed.) *Through the Eyes of Women: Insights for Pastoral Care* (Minneapolis: Fortress Press, 1996), 304–321.
Glaz, M. and Stevenson Moessner, J., *Women in Travail and Transition* (Minneapolis: Fortress Press, 1991).
Goldstein, V.S., "The Human Situation: A Feminine View," *Journal of Religion* 40 (1960), 100–112.
Goodliff, P., *With Unveiled Face: A Pastoral and Theological Exploration of Shame* (London: Darton, Longman & Todd, 2005).
Green, R.A. and Murray, E.J., "Expression of Feelings and Cognitive Reinterpretation in the Reduction of Hostile Aggression," *Journal of Consulting and Clinical Psychology* 43, no. 3 (1975), 375–383.
Gregersen, N.H., "Guilt, Shame, and Rehabilitation: The Pedagogy of Divine Judgment," *Dialog: A Journal of Theology* 39, no. 2 (Sum. 2000), 105–118.
Groenhout, R.E., "I Can't Say No: Self-Sacrifice and an Ethics of Care," in R.E. Groenhout and M. Bower (eds) *Philosophy, Feminism, and Faith* (Bloomington: Indiana University Press, 2003), 152–174.
Gundry, R.H., *Matthew: A Commentary on His Handbook for a Mixed Church Under Persecution*, 2nd edn (Grand Rapids: Eerdmans, 1994).
Hammen, C., *Depression* (Hove, East Sussex: Psychological Press, 1998).
Hanson, P., *The People Called: The Growth of Community in the Bible* (San Francisco: Harper & Row, 1986).

Hauerwas, S., *Christian Existence Today* (Durham: The Labyrinth Press, 1988).
Heelas, P., "Introduction: Detraditionalization and Its Rituals," in P. Heelas,S. Lash, and P. Morris (eds) *Detraditionalization* (Oxford: Blackwell Publishers, 1996), 1–20.
Hegelson, V.S., "Relation of Agency and Communion to Well-being:Evidence and Potential Explanations," *Psychological Bulletin* 116, no. 3 (1994), 412–428.
Hegelson, V.S., and Fritz, H.L., "Unmitigated Agency and Unmitigated Communion: Distinctions from Agency and Communion," *Journal of Research and Personality* 33 (1999), 131–158.
Heller, A., *The Power of Shame: A Rational Perspective* (London: Routledge & Kegan Paul, 1985).
Herth, K., "Fostering Hope in Terminally ill People," *Journal of Advanced Nursing* 15 (1990), 1250–1259.
Hobfoll, S.E., Briggs-Phillips, M., and Stines, L.R., "Fact or Artifact: The Relationship of Hope to a Caravan of Resources," in R. Jacoby and G. Keinan (eds) *Between Stress and Hope: From a Disease-centered to a Healthcentered Perspective* (New York: Greenwood, 2005), 81–104.
Holt, R.R., "On the Interpersonal and Intrapersonal Consequences of Expressing or Not Expressing Anger," *Journal of Consulting and Clinical Psychology* 35, no. 1 (1970), 8–12.
Hopper, P., *Rebuilding Communities in an Age of Individualism* (Aldershot:Ashgate, 2003).
Hovda, R., "Individualists are Incapable of Worship," *Worship* 65, no. 1 (1991),69–74.
Karen, R., "Shame," *The Atlantic Monthly* (February 1992), 40–70.
Kastenbaum, R.J., *Death, Society, and Human Experience*, 9th edn (Boston:Pearson, Allyn & Bacon, 2007).
Keener, C.S., *A Commentary on the Gospel of Matthew* (Grand Rapids:Eerdmans, 1999).
Kennedy-More, E. and Watson, J.C., "How and When Does Emotional Expression Help?" *Review of General Psychology* 5, no. 3 (2001), 187–212.
Kettunen, P., "The Function of Confession: A Study Based on Experiences," *Pastoral Psychology* 51, no. 1 (Sept. 2002), 13–25.

Kinast, R., *Sacramental Pastoral Care* (New York: Pueblo, 1988).
Korner, I.N., "Hope as a Method of Coping," *Journal of Consulting and Clinical Psychology* 34, no. 2 (1970).
Kubler-Ross, E., *On Death and Dying* (London: Tavistock Publications, 1970).
Kuiken, R., "Hopeful Feasting: Eucharist and Eschatology," in W.H. Lazareth (ed.) *Hope for Your Future: Theological Voices from the Pastorate* (Grand Rapids: Eerdmans, 2002), 192–198.
LaCugna, C.M., *God For Us: The Trinity and Christian Life* (San Francisco: HarperSanFrancisco, 1992.
Laytner, A., *Arguing with God: A Jewish Tradition* (Northvale: Jason Aronson, 1990).
Lazarus, R.S., "Hope: An Emotion and a Vital Coping Resource against Despair," *Social Research* 66, no. 2 (Sum. 1999), 653–678.
Lerner, M., *Wrestling with the Angel* (New York: W.W. Norton, 1990).
Lester, A., *Hope in Pastoral Care and Counseling* (Louiseville: Westminster John Knox Press, 1995).
Leupp, R., *Knowing the Name of God: A Trinitarian Tapestry of Grace, Faith and Community* (Downers Grove: InterVarsity Press, 1995).
Lewis, H.B., *Shame and Guilt in Neurosis* (New York: International Universities Press, 1971).
Lieberman, M.A., Yalom, I.D., and Miles, M.B., *Encounter Groups: First Facts* (New York: Basic Books, 1973).
Lifton, R.J., *The Protean Self* (New York: Basic Books, 1993).
Littrell, J., "Is the Reexperience of Painful Emotion Therapeutic?" *Clinical Psychology Review* 18, no. 1 (1998), 71–102.
Lohfink, G., *Jesus and Community* (London: SPCK, 1985).
Louw, D., "Creative Hope and Imagination in Practical Theology," *Religion and Theology/Religie and Teologie* 8, nos. 3–4 (2001), 327–344.
Luz, U., *Matthew 1–7: A Continental Commentary*, trans. W.C. Linss (Minneapolis: Fortress Press, 1992).
Lyall, D., *Integrity of Pastoral Care* (London: SPCK, 2001).
_____, "The Bible, Worship, and Pastoral Care," in P. Ballard and S.R. Holmes (eds) *The Bible in Pastoral Practice* (Grand Rapids: Eerdmans, 2005), 225–240.
Lynch, W.F., "Theology and the Imagination," *Thought* 29 (1954), 61–86.
_____, "Theology and the Imagination II: The Evocative," *Thought* 29

(1954), 529–554.

_____, "Images of Faith II: The Task of Irony," *Continuum* 7 (1969), 478–492.

_____, *Christ and Prometheus: A New Image of the Secular* (Notre Dame: University of Notre Dame Press, 1970).

_____, *Images of Faith: An Exploration of the Ironic Imagination* (Notre Dame:University of Notre Dame Press, 1973).

_____, *Images of Hope: Imagination as Healer of the Hopeless* (Notre Dame: University of Notre Dame Press, 1974).

Lynd, H.M., *On Shame and the Search for Identity* (New York: Harcourt, Brace & World, Inc., 1958).

Marcel, G., *Homo Viator: Introduction to a Metaphysic of Hope* (London: Victor Gollancz Ltd., 1951).

_____, "Desire and Hope," in N. Lawrence and D. O'Connor (eds) *Readings in Existential Phenomenology* (Englewood Cliffs: Prentice-Hall, 1967), 277–285.

Marion, J-L., *God without Being* (Chicago: University of Chicago Press, 1991).

Miles, R., *The Pastor as Moral Guide* (Minneapolis: Fortress Press, 1998).

Miller, J.F., and Powers, M.J., "Development of an Instrument to Measure Hope," *Nursing Research* 37, no. 1 (1988), 6–10.

Moltmann, J., "Perichoresis: An Old Magic Word for a New Trinitarian Theology," in M.D. Meeks (ed.) *Trinity, Power and Community* (Nashville:Kingswood Books, 2000).

Moltmann-Wendel, E., *A Land Flowing with Milk and Honey: Perspectives on Feminist Theology* (New York: Crossroad, 1986).

_____, "Self-love and Self-acceptance," *Pacifica* 5 (Oct. 1992), 288–301.

Murphy, D.D., "Worship as Catechesis: Knowledge, Desire, and Christian Formation," *Theology Today* 58, no. 3 (Oct. 2001), 321–332.

Nathanson, D., *Shame and Pride: Affect, Sex, and the Birth of the Self* (New York:W.W. Norton & Co., 1992).

Niebuhr, R., *The Nature and Destiny of Man*, vol. 1 (London: Nisbet & Co.,1941).

Noyce, G., *The Minister as Moral Counselor* (Nashville: Abingdon Press, 1989).

Outka, G., *Agape: An Ethical Analysis* (New Haven: Yale University Press, 1972).

_____, "Universal Love and Impartiality," in E. Santuri and W. Werpehowski (eds) *The Love Commandments: Essays in Christian Ethics and Moral Philosophy* (Washington: Georgetown University Press, 1992), 1–103.
Paarlberg, J., "Genuine Sorrow . . . Wholehearted Joy: The Why, When, and How of Confession," *Reformed Worship* 34 (1994), 4–8.
Palmer, P.J., *Let Your Life Speak: Listening for the Voice of Vocation* (San Francisco:Jossey-Bass, 2000).
Panel of Worship of the Church of Scotland, *Common Order* (Edinburgh:Saint Andrew Press, 1994.
Pattison, S., *A Critique of Pastoral Care* (London: SCM Press, 1993).
_____, *Shame: Theory, Therapy, Theology* (Cambridge: Cambridge University Press,2000).
Pearson, C., "The Future of Optimism," *American Psychologist* 55, no. 1 (Jan. 2000), 44–55.
Pembroke, N., *The Art of Listening: Dialogue, Shame, and Pastoral Care* (Edinburgh: T&T Clark & Grand Rapids: Eerdmans, 2002).
Peters, T., *God as Trinity* (Louisville: Westminster John Knox Press, 1993).
Pickstock, C., *After Writing: On the Liturgical Consummation of Philosophy* (Oxford: Blackwell, 1998).
Plantinga, C., "Not the Way It's S'pposed to Be: A Breviary of Sin," *Theology Today* 50, no. 2 (1993), 179–192.
Plantinga, C. and Rozeboom, S.A., *Discerning the Spirits: A Guide to Thinking About Christian Worship Today* (Grand Rapids: Eerdmans, 2003).
Plaskow, J., *Sex, Sin, and Grace: Women's Experience and the Theologies of Reinhold Niebuhr and Paul Tillich* (Lanham: University Press of America, 1980).
Poling, J., "Ethical Reflection and Pastoral Care: Part 1," *Pastoral Psychology* 32, no. 2 (Win. 1983), 106–114.
_____, "Ethical Reflection and Pastoral Care: Part 2," *Pastoral Psychology* 32,no. 2 (Spr. 1984), 160–170.
Pope, S., "Expressive Individualism and True Self-Love: A Thomistic Perspective," *The Journal of Religion* 71, no. 3 (Jul. 1991), 384–399.
Post, S., "Communion and True Self-Love," *The Journal of Religious Ethics* 16 (Fall 1988), 345–362.
_____, "The Inadequacy of Selflessness," *Journal of the American Academy*

of Religion 56, no. 2 (1989), 213–228.
Purves, A., *Reconstructing Pastoral Theology: A Christological Foundation* (Louisville: Westminster John Knox Press, 2004).
Quenot, M., *The Icon: Window on the Kingdom* (Crestwood: St. Vladimir's Seminary Press, 1991).
Ramsay, K., "Losing One's Life for Others: Self-Sacrifice Revisited," in S.F. Parsons (ed.) *Challenging Women's Orthodoxies in the Context of Faith* (Aldershot: Ashgate, 2000), 121–133.
Ramsey, G.L., *Care-full Preaching: From Sermon to Caring Community* (St. Louis: Chalice Press, 2000).
Ramshaw, E., *Ritual and Pastoral Care* (Philadelphia: Fortress Press, 1987).
_____, "Ritual and Pastoral Care: The Vital Connection," in E. Berstein (ed.) *Disciples at the Crossroads* (Collegeville: Liturgical Press, 1993).
Roffman, A.E., "Is Anger a Thing-to-be-Managed?" *Psychotherapy: Theory, Research, Practice, Training* 41, no. 2 (2004), 161–171.
Rowe, D., *Breaking the Bonds: Understanding Depression, Finding Freedom* (London: Fontana, 1991).
Schneider, C., *Shame, Exposure, and Privacy* (New York: W.W. Norton, 1992).
Scirghi, T.J., "The Trinity: A Model for Belonging in Contemporary Society," *The Ecumenical Review* 54, no. 3 (2002), 333–342.
Senior, D., *Invitation to Matthew* (New York: Image Books, 1977).
_____, *Matthew* (Nashville: Abingdon, 1998).
Senn, C.F., "Journeying as *Religious Education*: The Shaman, the Hero, the Pilgrim, and the Labyrinth Walker," *Religious Education* 97, no. 2 (Spr. 2002), 124–140.
Sheehan, S., *Going the Distance: One Man's Journey to the End of His Life* (New York: Villard, 1996).
Sheppy, P.P.J., *Death Liturgy and Ritual: A Pastoral and Liturgical Theology* (Aldershot: Ashgate, 2003).
Snyder, C.R., "Hypothesis: There is Hope," in C.R. Snyder (ed.) *Handbook of Hope: Theory, Measures, and Applications* (New York: Academic Press, 2000), 3–21.
Snyder, C.R., Harris, C., Anderson, J.R., Holleran, S.A., Irving, L.M., Sigmon, S.T., Yoshinobu, L., Gibb, J., Langelle, C., and Harney, R., "The Will and the Ways: Development and Validation

of an Individual Differences Measure of Hope," *Journal of Personality and Social Psychology* 60 (1991), 570–585.

Snyder, C.R., Cheavans, J., and Sympson, S.C., "Hope: An Individual Motive for Social Commerce," *Dynamics: Theory, Research, and Practice* 1, no. 2 (1997), 107–118.

Snyder, C.R., Cheavans, J. and Michael, S.T., "Hope Theory: History and Elaborated Model," in J.A. Eliott (ed.) *Interdisciplinary Perspectives on Hope* (New York: Nova Science Publishers, 2005), 101–118.

Solomon, A., *The Noonday Demon: An Anatomy of Depression* (London:Vintage, 2002).

Sorajjakool, S., "*Wu Wei* (Non-doing) and the Negativity of Depression," *Journal of Religion and Health* 39, no. 2 (Sum. 2000), 159–166.

Staats, S.R. and Stassen, M.A., "Hope: An Affective Cognition," *Social Indicators Research* 17 (1985), 235–242.

Tangney J.P., Hill-Barlow, P., Wagner, P.E., Marschall, D.E., Borenstein,J. K., Sanftner, J., Mohr, T., and Gramzow, R., "Assessing Individual Differences in Constructive Versus Destructive Responses to Anger Across the Lifespan," *Journal of Personality and Social Psychology* 70, no. 4 (1996), 780–796.

Taylor, H.V., "The General Confession of Sin," *Reformed Liturgy and Music* 26 (1992), 179–183.

Thase, M.E., and Lang, S.S., *Beating the Blues: New Approaches to Overcoming Dysthymia and Chronic Mild Depression* (New York, Oxford: Oxford University Press, 2004).

Thrane, G., "Shame," *Journal for the Theory of Social Behavior* 92 (1979), 139–166.

Thurneysen, E., *A Theology of Pastoral Care* (Richmond: John Knox Press,1962).

Tillich , P., *Systematic Theology*, vol. 2 (London; Nisbet & Co., 1957).

Tomkins, S., "Shame," in D. Nathanson (ed.) *The Many Faces of Shame* (New York: Guilford Press, 1987), 133–161.

Trafimow, D., Triandis, H.C., and Goto, S.G., "Some Tests of the Distinction Between the Private Self and the Collective Self," *Journal of Personality and Social Psychology* 60, no. 5 (1991), 649–655.

Underwood, R.L., *Pastoral Care and the Means of Grace* (Minneapolis: Fortress Press, 1993).

Van Deusen Hunsinger, D., *Pray without Ceasing: Revitalizing Pastoral Care* (Grand Rapids: Eerdmans, 2006).
Weingarten, K., "Witnessing, Wonder, and Hope," *Family Process* 39, no. 4 (2000), 389–402.
_____, "Cancer, Meaning Making, and Hope: The Treatment Dedication Project," *Families, Systems, and Health* 23, no. 2 (2005), 155–160.
_____, "Hope in a Time of Global Despair," Unpublished paper delivered at the International Family Therapy Association Conference, Reykjavick,Iceland, October 4–7, 2006.
Westermann, C., *Praise and Lament in the Psalms* (Atlanta: John Knox Press,1981).
_____, "The Complaint against God," in T. Linafelt and T.K. Beal (eds) *God in the Fray* (Minneapolis: Fortress Press, 1998), 233–241.
Whybray, N., *Job* (Sheffield: Sheffield academic Press, 1998).
Williams, R., *The Dwelling of the Light: Praying with Icons of Christ* (Norwich:Canterbury Press, 2003).
Williamson, H.G.M., "Reading the Lament Psalms Backwards," in B.A. Strawn and N.R. Bowen (eds) *A God So Near* (Winona Lake: Eisenbrauns, 2003), 3–15.
Willimon, W.H., *Worship as Pastoral Care* (Nashville: Abingdon Press, 1979).
_____, *Pastor: The Theology and Practice of Ordained Ministry* (Nashville: Abingdon Press, 2002).
Wilson, K., and Gallois, C., *Assertion and Its Social Context* (Oxford: Pergamon Press, 1993).
Wilson, P.S., *The Four Pages of the Sermon* (Nashville: Abingdon Press, 1999).
Wimberly, E.P., *Moving from Shame to Self-worth: Preaching and Pastoral Care* (Nashville: Abingdon Press, 1999).
Witvliet, J.D., "The Opening of Worship: Trinity," in L. van Dyk (ed.) *A More Profound Alleluia* (Grand Rapids: Eerdmans, 2005), 1–5.
Wolterstorff, N., "Suffering Love," in T.V. Morris (ed.) *Philosophy and the Christian Faith* (Notre Dame: University of Notre Dame Press, 1988), 196–237.
_____, "If God is Good and Sovereign, Why Lament?" *Calvin Theological Journal* 36 (2001), 42–52.
Wurmser, L., *The Mask of Shame* (Baltimore: The John Hopkins University Press, 1981).
_____, "Shame: The Veiled Companion of Narcissism," in D. Nathanson

(ed.) *The Many Faces of Shame* (New York: Guilford Press, 1987), 64–92.

Yoder, J.H., "Sacrament as Social Process: Christ the Transformer of Culture," *Theology Today* 48, no. 1 (Apr. 1991), 33–44.

Zizioulas, J., *Being as Communion: Studies in Personhood and the Church* (London: Darton, Longman & Todd, 1985).

색 인

ㄱ

고통(suffering)

    그리고 어거스틴 (and Augustine) 32, 98, 99

    그리고 칼빈(and Calvin) 98, 104

    기쁨(joy in) 98, 100, 107

    인내(patience in) 104, 107

    그리고 예정(and providence) 96, 98, 109, 110

개인주의화(individualization)

    그리고 우발성(and contingency) 258

    정의(definition of) 250

    그리고 탈전통주의화(and detraditionalization) 253, 260

    그리고 패션과 스타일(and fashion and style) 257

그리고 개인의 자율성(and personal autonomy) 256

그리고 성례(and the sacraments) 251

그리고 사회 체제(and social systems) 250, 254

그리고 여행객 윤리성(and tourist morality) 260

교제(communion)

그리고 주체성(and agency) 287, 288, 291, 292, 298

그리고 언약 예배(and Covenant Service) 284

그리고 공평한 존중(and equal regard) 300

그리고 상호성(and mutuality) 282, 287, 291, 299, 303

신약 성경에서(in New Testament) 247

그리고 타인 사랑(and other-love) 21

그리고 심리학적 조사(and psychological research), 251, 256, 274, 290

그리고 상호 내어줌(and reciprocal giving) 302

그리고 성례(and the sacraments) 14

그리고 자기 사랑(and self-love) 21

그리고 자기 희생(and self-sacrifice) 282, 291, 304

그리고 삼위일체(and the Trinity) 292

그리고 보편적인 사랑(and universal love) 304

절제되지 않은 형태(unmitigated form) 21, 248, 281, 287

그리고 예배(and worship) 306

기독교인화(christianization)

   그리고 언약(and covenant) 16, 251, 261, 270, 277

   그리고 소명(and mission) 251, 260, 267, 272

   그리고 순례자 윤리(and pilgrim morality) 260

   그리고 성례(and the sacraments) 14, 250, 265, 271

      형성(formative power of) 272, 274, 277, 280

ㄷ

도덕적 위선(moral hypocrisy)

   그리고 목회적 반응(and pastoral response) 47

   그리고 심리적 실험(and psychological experiments) 42

ㅂ

분노(anger)

   인지의 재구조화(and cognitive reframing) 20, 137

   의례(liturgies of) 156

   긍정적 역할(positive role of) 146

   그리고 기도(and prayer) 147

   그리고 시편(in the psalms) 138, 157

   심리학(psychology of) 151

   분출(venting of) 95

비통(grief)

어거스틴의 경험 (Augustine's experience of) 99

그리고 복 (and Beatitudes) 233, 208, 236

그리고 참회 (and confession) 99

ㅅ

상상력(imagination)

유추적 형태(analogical form) 200, 205

  그리고 대조 208

반어적인 기독교 (ironic Christic form) 201 207

반어적 형태(ironic form of)

  그리고 그리스도 (and Christ) 209

  그리고 유한성(and finite) 203

  그리고 무한자(and the infinite) 202

  그리고 기도 (and prayer) 241

설교 (sermon on) 233

수치심(shame)

심미안적 형태(aesthetic form) 59

그리고 자기 경멸(and contempt for self) 71

정의(definitions of) 55

그리고 노출(and exposure) 66

다섯 가지 형태 (five forms of) 57

　　그리고 죄책감(and guilt) 74

　　그리고 숨김(and hiddenness) 68

　　그리고 아이콘(and icons) 86

　　그리고 부조화(and incongruence) 69

　　열등 형태(inferiority form) 60

　　유전적 정체성 형태(inherited identity form) 60

　　그리고 전체 자기의 관여(and involvement of whole self) 73

　　그리고 확증의 의례(and liturgy of affirmation) 83

　　윤리적 형태(moral form) 63

　　그리고 자부심(and pride) 62

　　그리고 죄(and sin) 55, 74

　　상황적 형태 (situational form) 58

　　그리고 신뢰에 대한 위협(and threat to trust) 70

ㅇ

예배(worship)

　　그리고 객체로서의 하나님(and God as object) 15

　　그리고 주체로서의 하나님(and God as subject) 15

　　목회돌봄과의 관계(relationship to pastoral care) 15, 17

　　하나님 중심(theocentric) 15

　　그리고 치료적인(and the therapeutic) 15

　　진정한 본질(true nature of) 16

어거스틴(Augustine) 32, 98, 99

언약(covenant)
그리스도 안에서(in Christ) 16
대화적인 관계(as dialogical) 141, 163
그리고 신앙 형성(faith formation) 250, 268
이스라엘과(with Israel) 16, 138
예배(worship service) 284

우울증(depression)
일반적 치료(common treatments for) 216
그리고 기분부전증(Dysthymia) 215
그리고 희망(and hope) 218
그리고 반어적 상상력(and ironic imagination) 218
주요 우울증(major depression) 215
은유(metaphors for) 213
증상(symptoms of) 213, 214, 215
그리고 진정한 자기(and true self) 220, 222

ㅈ

자기 폄하(self-diminishment)

그리고 하나님의 확증의 시선(and God's affirming gaze) 20, 28, 55

그리고 수치심(and shame) 19, 28, 82

그리고 죄(and sin) 19

죽음과 임종(death and dying)

그리고 희망(and hope) 223, 232

그리고 반어적 상상력(and ironic imagination) 223

그리고 의미 만들기(and meaning-making) 231

반응(reactions to) 226

영성(spirituality of) 227

단계(stages in) 224

ㅊ

참회(confession)

그리고 거울이신 그리스도(Christ the mirror) 28, 31, 49, 52

참회의 기도(prayers of) 53, 88, 90

그리고 설교(and preaching) 52

그리고 자기 기만(and self-deception) 26, 46, 53

그리고 자기 폄하(and self-diminishment) 19, 24

그리고 수치심(and shame) 19, 28, 82

ㅉ

쯔빙글리(Zwingli) 49

ㅌ

탄식(lament)
    그리고 분노 (and anger) 20, 138, 156, 163
    그리고 (and assertiveness research) 121
    그리고 믿음(and faith) 113
    강경한 형태 (hard form) 97, 123, 125, 163
    그리고 예레미야(and Jeremiah) 158, 270
    그리고 욥(and Job) 118
    그리고 부정적 탄원(and negative petition) 124
    온건한 형태(soft form) 97, 123, 125
    그리고 오늘날 예배(and worship today) 125

ㅎ

하나님(God)
    에 대한 분노(anger against) 135, 150
    그리고 기독교인화(and Christianization) 251, 260, 265, 272
    그리고 교제(and communion) 247, 292
    그리고 언약신학(and contractual theology) 114
    그리고 언약(and covenant) 16, 251, 261, 270, 277, 292

그리고 죽음과 임종(and death and dying) 223
그리고 공평한 존중(and equal regard) 300
하나님의 부재(hiddenness of) 97, 159, 164, 117, 124, 129, 140, 164
그리고 희망(and hope) 179, 189
그리고 개인주의화, 문제(and individualism, problem) 268
그리고 반어적 상상력(and ironic imagination) 201
그리고 이스라엘(and Israel) 16
그리고 예정(and providence) 96
그리고 성례(and the sacraments) 250, 265, 271
주권 (overeignty of) 96
그리고 고통 (and suffering) 99

화해(reconciliation)

의례(liturgies of) 53, 88, 90
그리고 목회돌봄(and pastoral care) 14, 18
그리고 수치심 문제(and shame, problem of) 74
그리고 게으름 문제(and sloth, problem of) 34

희망(hope)

그리고 감정 (and affect) 175
그리고 주도성(and agency) 180

성경(in the Bible) 188

그리고 인지(and cognition) 179

공동체적 측면(communal aspect of) 172, 185

그리고 죽음과 임종 (and death and dying) 224

정의(definitions of) 175

그리고 우울증(and depression) 214

그리고 갈망(and desire) 176

그리고 목표(and goals) 181

개인주의적 접근 (individualistic approach) 173

그리고 반어적 상상력(and ironic imagination) 212, 200

그리고 의례(and liturgy) 173, 191

그리고 의미 만들기(and meaning-making) 187, 231

그리고 낙관주의(and optimism) 182, 186

그리고 목회사역(and pastoral ministry) 170

일시적 측면(temporal aspect) 172

그리고 소원(and wishing) 178

증언(witnessing to) 20, 173, 185

K

K. 바르트(K. Barth) 98

J

J. 칼빈(J.Calvin) 98, 104

CLC 도서 안내

시편 묵상
김정훈 지음 | 크라운판 | 288면

각 시편을 장르별로 나누고 대표적인 시편 열두 편을 선별하여 히브리어 원문에서 우리말로 옮겼다. 예술과 문화와 함께 묵상하며 시편을 시답게 그리고 새로운 관점에서 읽으려고 시도한다. 시인과 독자 간의 세월을 현실의 문화 예술과 접목함으로 현실적인 적용을 돕는다

시편의 기도
Praying the Psalms
월터 브루그만 지음 | 김선길 옮김 | 사륙판 양장 | 112면

저명한 구약학자이면서 시편 전문가인 브루그만(Brueggemann) 박사는 유대인 특유의 '소망의 내용'과 강렬한 '언어의 형식'은 시편 이해에 있어 빼놓을 수 없는 부분이라 말하며 시편에서 사용된 언어의 기능, 유대적인 시 등을 중심으로 난해한 시편을 설명한다.

예배와 목회돌봄
Pastoral Care in Worship

2016년 6월 30일 초판 발행

지 은 이 | 닐 펨브로크
옮 긴 이 | 장보철

편　　 집 | 이종만 전희정
디 자 인 | 이재희
펴 낸 곳 | 사)기독교문서선교회
등　　 록 | 제16-25호(1980. 1. 18)
주　　 소 | 서울시 서초구 방배로 68
전　　 화 | 02) 586-8761~3(본사)　031) 942-8761(영업부)
팩　　 스 | 02) 523-0131(본사)　031) 942-8763(영업부)
홈페이지 | www.clcbook.com
이 메 일 | clckor@gmail.com
온 라 인 | 기업은행 073-000308-04-020, 국민은행 043-01-0379-646
　　　　　 예금주: 사)기독교문서선교회

ISBN 978-89-341-1550-2 (93230)

* 낙장·파본은 교환해 드립니다.

이 도서의 국립중앙도서관 출판시 도서목록(CIP)은 서지정보유통지원시스템 홈페이지(http://seoji.nl.go.kr)
와 국가자료공동목록시스템(http://www.nl.go.kr/kolisnet)에서 이용하실 수 있습니다.
(CIP제어번호: CIP2016013480)